作者簡介：

溫斯頓・邱吉爾（Winston S. Churchill, 1874.11-1965.1），二十世紀偉大的政治領袖。一九〇〇年當選為英國保守黨議員，以後歷任英國政府殖民副大臣、商務大臣、內政大臣、海軍大臣、不管部大臣、軍需大臣、陸軍大臣、空軍大臣、財政大臣等要職，在每一個崗位上，他都做的有聲有色，頗有建樹。一九三九年英國參加第二次世界大戰後，他開始擔任海軍大臣；後來在一九四五年五月至一九四五年七月間，擔任聯合政府首相；一九五一至一九五五年間又出任保守黨政府之首相。由於在一戰期間擔任英國海軍大臣，二戰時又擔任英國首相，故兩次帶領英國渡過最艱難灰暗的時刻，並獲得了最終勝利。他高度的文學素養亦為舉世所公認，著作等身，包括有：《倫道夫・邱吉爾傳》、《我的非洲之行》、《自由主義和社會問題》、《人民的權利》、《我的早年生活》、《印度》、《當代的偉人們》，以及描述其先祖的《馬爾博羅傳》（四卷）、記錄第一次世界大戰之宏篇鉅著《世界的危機》（五卷）和大英帝國的歷史著述《英語民族史》（四卷）等。

人類的經典
（三十二）

英語民族史
革命的年代

A History of the English-Speaking Peoples

（卷三）

溫斯頓·邱吉爾 著
Winston S. Churchill

劉會梁 譯

Original Title *"A History of the English-Speaking Peoples"*
Original Copyright © 1956 by Cassell Publishers Limited
This Edition arranged with Curtis Brown-U.K.
Through Big Apple Tuttle-Mori Agency, Inc.
All Right Reserved.

人類的經典 （32）

英語民族史(卷三)：革命的年代

作者	溫斯頓‧邱吉爾（Winston S. Churchill）
譯者	劉會梁
系列主編	龐君豪
責任編輯	李育華
協力編輯	徐鵬博　陳相如　許雅婷　鄭秀娟
封面設計	郭佳慈
電腦排版	嚴致華　曾美華
社長	郭重興
發行人暨出版總監	曾大福
出版	左岸文化
發行	遠足文化事業有限公司
	231 台北縣新店市民權路 117 號 3F
	客服專線：0800-221-029
	電話：（02）2218-1417
	傳眞：（02）2218-1142
	E-Mail：service@sinobooks.com.tw
版權代理	大蘋果版權公司
法律顧問	北辰著作權事務所　蕭雄淋律師
印刷	成陽印刷股份有限公司
初版	2004 年 3 月

ISBN　986-7854-55-1
有著作權 翻印必究（缺頁或破損請寄回更換）
Chinese (Complex character) © copyright 2004 by Rive Gauche Publishing House, An Imprint
　　of Walkers Cultural Co.
ALL RIGHTS RESERVED

國家圖書館出版品預行編目資料

英語民族史 / 溫斯頓.邱吉爾(Winston S.
　Churchill)著；劉會梁譯. -- 初版. -- 臺
　北縣新店市：左岸文化出版：遠足文化發行
　, 2004[民 93]
　　冊；　公分. -- (人類的經典；30-33)
　　譯自：A history of English-speaking
peoples
　　ISBN 986-7854-55-1(全套：精裝)

　1. 英國 - 歷史

741.1　　　　　　　　　　93000691

左岸丰華——
多采深情的追尋

午后的空氣中凝結著的，是一份亟欲掙脫但又優游沈醉的心情。
不解、鬱結、搔首、頓足——怦然心動、展眉、手舞、弄足、高歌；
這是什麼樣的心情呵！
相傳　左岸就是醞釀這樣一種心情的地方。

閱讀，是什麼動機下的行為？
思索，背裡隱含著的又是什麼樣的企圖？
是為了取得生活技藝的需求？是出於對生命困惑的自省？
抑或純粹只是找尋舒緩心靈的藥方？
聽說　左岸也是一個對生命及自身存在意義的追尋者。

挫折總是在力所不及處蔓生，
但，也正是在每一次「勉強」克服了困難、跨越了挫折之後，
才能體悟到生命所釋放的酣暢淋漓。
閱讀及思索　也正是這樣一種自我蛻變的行為。
恰巧　左岸也有一份不安現狀的執著。

不是熱愛自己生活的人，不會文章有情；
不是那樣熱切地注視著人間世的心靈，
就不會比自己想像中的更沈醉——
沈醉在浩瀚知識的無涯裡。
可喜的是　左岸懷著對知識最純粹敬虔的依戀。

且讓左岸與您一起在閱讀中搔首延佇、隨想於多采深情的追尋裡。

左岸文化
2001

編輯室報告

　　每個時代與社會，都有特別關心的議題。回應這些議題的思考，在時間歷練、眾人閱讀之後，漸漸就形成了經典。後來者如我們在面對未知時，有了前人的思考，也就不至於從頭開始；如果我們說，站在巨人的肩上望前看才能看得更遠，正是因爲前人的思考構成了巨人的臂膀。

　　本系列的出版主旨即在幫助讀者了解構成此一厚實臂膀的偉大心靈，推介對人類社會演進和自我認知上具啓發性和開創性影響力的著作。

　　當然，「經典」相對意謂著一定的時空距離，其中有些知識或已過時或證明有誤，那麼，爲什麼現代人還要讀經典？

　　人類社會的歷史是條斬不斷的長河，知識的演進也有一定的脈絡。不論是鑑往知來，或覺今是而昨非，都必須透過閱讀「經典」與大師對話，藉由這種跨越時空的思想辯難才有所得。

　　在二十世紀的科技文明即將邁入下一個新世紀之前，左岸文化出版社整理推出一系列的經典著作，希望爲社會大眾在面對未來愈趨多元的挑戰時，提供可立足的穩固基石。

左岸文化「人類的經典」編輯室　謹識

誌　謝

筆者對狄金先生（Mr.F.W.Deakin）先生與楊格先生（Mr.G.
M.Young）於第二次世界大戰前在準備此一作品時的協助，
對劍橋基督學院（Christ's College，Cambrigde）的普拉姆博
士（Dr.G.H.Plumb）、牛津基督教會（Christ Church，Oxford）
的史蒂芬・華笙先生（Mr.Stephen Watson），利茲大學
（Leeds University）的阿薩・布里格斯教授（Professor Asa
Briggs），現任加州史坦福大學（Stanford University，
California）的佛蘭克・佛雷德蘭教授（Professor Frank
Freidel），就史學知識的隨後進展對本文的審查；以及丹尼
斯・凱利先生（Mr.Denis Kelly）和伍德先生（Mr.C.C.
Wood），都願記下筆者的謝意以誌不忘。筆者對曾熱心閱讀
這些篇章和對它們發表評論的其他許多人士，也當表示感
謝。

在本卷的開始幾章中，筆者曾獲得哈拉普公司（Messers
George G. Hanap and Co. Ltd.）的允許，根據筆者所著《馬爾
博羅的生命與時代》（Marlborough: His Life and Times 1933-
1938）一書中的人物，在必要之處作個總結，並且也使用措
辭與引用引言。

序

　　在本卷描述期間，即一六八八年至一八一五年，有三項革命深深地影響人類。它們發生在一百年的時空中，全都導致不列顛與法蘭西之間的戰爭。一六八八年的英格蘭革命（the English Revolution）將最後的一位天主教國王驅逐出不列顛群島，並使不列顛與法蘭西最後的偉大國王路易十四（Louis XIV）惡鬥。一七七五年，美國獨立戰爭（the American Revolution）將英語民族分爲兩個國家，各自有獨特的展望與活動，但是基於共同的語言、傳統與法律仍然團結在一起。一七八九年，法蘭西藉由一場革命向歐洲宣揚有關平等、自由與人權的原則，只有一九一七年的布爾什維克革命（the Bolshevik Revolution）才與之相提並論。在政治動亂之下，當時還不太爲人知的是，科學與製造革命正在爲今日的工業時代（the Industrial Age）奠定基礎。宗教改革的騷動終於平息下去了。此後不列顛逐因實際的黨派目的而非教條意見分歧，而歐洲爲了物質上的權力與國家的卓越地位的問題發生爭執。較老的概念趨於宗教上的統一，而現在卻開啓了歐洲競相擴大國家版圖而鬥爭，而宗教潮流在其中扮演的角色則是每下愈況。

　　這個故事開始的時候，英格蘭的革命已經完成。國王詹姆斯棄國逃亡，不久將成爲國王威廉三世的荷蘭奧蘭治親王，已經抵達英國。他立即捲入了與法蘭西的鬥爭中。法蘭西試著將歐洲再度帶入框架，而在查理曼幾乎未曾得到的霸權之下，而且爲了這種事的例証，我們不得不回顧羅馬時代。法蘭西熱切的期望在路易十四的身上找到了具體的呈現。德意志因三十年戰爭（the Thirty Years War）而民窮財盡，西班牙的衰微，在在都有利於它的勃勃雄心。

　　同時荷蘭共和國（the Dutch Republic）的興起，產生了一

個新教國家，雖然人數甚少，但是憑著勇氣、海權與貿易而成了歐洲大陸（the Continent）的強權（the Great Power）之一。英格蘭與荷蘭的聯盟形成了抵抗法蘭西的核心。這兩個鄰著北海（the North Sea）的國家，得到神聖羅馬帝國的政治利益之助，面對著集中在凡爾賽宮（Versailles）的人才與榮耀。憑著威廉三世・馬爾博羅（Marlborough）以及尤金親王（Prince Eugene）的利劍，路易十四的權力被砸得粉碎。因此，漢諾威王朝（the Hanoverian Dynasty）下的英國，遂決定接受輝格黨的概念。這些概念將大憲章及遠古時代所有英格蘭的基本傳承都溶於一爐，並且以它們的現代形式勾勒出國家對宗教的關係，以及王室聽命於國會的情形。

這整個時間中，不列顛海外屬地的拓展都在成長。不列顛群島團結了起來，雖然人數甚弱，都對歐洲產生值得注意的、引導的影響力。但是它們追求的是與大陸截然有別的發展。在老皮特（the elder Pitt）的領導下，於新世界（the New World）與印度都獲得了龐大的領土，大英帝國（the British Empile）已首次成形。

美洲殖民地的力量一直都在成長，但不為不列顛政府（the British Government）理解，終於導致它與母國（the Mother）不可避免的分裂。藉著美國獨立戰爭（the War of Independence）──美洲人更熟知的革命戰爭（the Revolutionary War），建立了合眾國（the United States）。法蘭西與西歐聯合起來對抗不列顛。雖然這個島嶼對海的掌握未曾遭到壓制，大英帝國首次告一結束。

自宗教改革以來，次一個具有決定性的、解放的運動降落到世界權力的這些改變之上。宗教改革已在涵蓋甚廣的領域建立了信仰的自由（Liberty of Conscience）。法蘭西大革命（the French Revolution）設法宣揚人類平等，至少言明了階級與財

富可以不計的機會平等原則。在與拿破崙（Napolean）進行大戰之際，不列顛幾乎是在與整個歐洲，甚至美利堅合眾國（the United States American）爲敵。滑鐵盧戰役（the Battle of Waterloo）、有遠見的和平條約（the Treaty of peace），以及在英格蘭的工業革命，已經將不列顛建立在文明世界的巔峰之上或左右長達近一個世紀。

W. S. C.

查德維爾（Chartwell）、西罕（Westerham）、肯特

一九五六年十二月二十四日

目次

第三卷

第七部

英格蘭邁向世界霸權

第一章　奧蘭治的威廉

　　這位出色的親王為了全體的利益，奪走了岳父的不列顛王位，而他從早年便一直活在堅苦與嚴酷的環境中。奧蘭治的威廉早年喪父，後來也沒有子女；他的生活中沒有情愛，婚姻是應國家的政治要求。他由性格兇悍的祖母撫養成人，年輕時受到好幾個荷蘭委員會的規範限制。他的童年毫無樂趣可言，而且健康情形很差；他患有肺結核及氣喘病，腳也有點跛。但是在這個孱弱而有缺陷的軀殼內，燃燒著無情的怒火，歐洲的風暴在一旁搧風助勢，而嚴峻環境對他所造成的壓抑，也加深了他的冷酷性格。他在二十一歲之前便開始了他的豐功偉業，從此經常在戰場上拼鬥，歷經荷蘭國內政治與歐洲局勢的每項陰謀。他率領英格蘭國內的密謀團體反抗信仰天主教的國王詹姆斯二世長達四年之久。

　　女性對他而言幾乎毫無意義。他有很長一段時間對他鍾愛的妻子漠不關心；後來到了統治時期的尾聲，他才知道在他執行所有英格蘭政策當中，瑪麗皇后對他的幫助有多麼地重要，他對她衷心感激，一如他感激忠實的朋友或幫他維持政府的閣員。她的去世使他憂傷無比。

　　在宗教方面，奧蘭治的威廉當然是一位喀爾文派教徒，但是他似乎並未從這個教派冷峻的教義中得到安慰。他身為君主統一天下，完全沒有宗教上的偏見，沒有任何不可知論者比他更能夠展現冷靜與不偏袒。對他而言，新教徒、天主教徒、猶太教徒或無神論者完全是一樣的，沒有什麼差別；不過他畏懼而且痛恨法蘭西的天主教（Gallican Catholicism），原因在於法國的天主教比較鼓吹偶像崇拜，而並不是因為它是法蘭西教會；但是如果他的政策需要那些人來執行的話，那麼他便會毫不遲疑地加以聘雇。威廉利用宗教問題做為他政治鬥爭的制衡籌碼；英格蘭與愛爾蘭為了新教而爭戰時，他對教皇有著重大的影響力，他與教皇的關係是古往今來政治手腕的典範。人們覺得威廉幾乎是為了抗拒法蘭西與其「大王」

（Grand King）的統治而創造出來的一號人物。

由於幼時的教養與所擔負的任務，威廉因而有著殘忍無情的性格。雖然他並沒有參與一六七二年殺害荷蘭政治家德‧威特（De Witt）兄弟的活動，但是他對此事卻幸災樂禍，實際上也從中得到好處；他同時還保護兇手，給予他們金錢救濟。他曾經打算去幫助詹姆斯二世抵抗新教的蒙默思（Monmouth）公爵，但是卻沒有阻止蒙默思從荷蘭的藏身處揚帆出海。他最大的污點來自蘇格蘭；這個高地氏族因為首領在歸順的時候動作慢了點，威廉就簽署下令予以剷除，他的部隊被派前往格倫科（Glencoe）去「消滅盜賊的巢穴」。但是這段插曲被人們認為真正恐怖之處，是部隊以惡毒方式對待氏族部落。王室的士兵在山谷中與氏族部落的人民相處數週，對他們偽裝友善並且享受這些人民簡樸的待客之道；突然在一個寒冷的冬夜，兵卒轉而殺害這些東道主，不管他們是在熟睡中或是從茅舍向外奔逃。國王雖然並沒有下令採用這種手段，但是他背負著這項行徑所無法磨滅的恥辱。

威廉為人冷靜，不過私底下並不殘酷。他從不浪費時間做一些微不足道的報復，他只與路易十四鬥爭。就他年輕時所有帶兵的經驗與英勇無懼的氣概而言，他算不上是一位偉大的指揮官，因為真正的軍事天才對戰場都會有洞察力，而他卻毫無這種特長；他只不過是一位具備常識而行為果決的人，是時運讓他指揮作戰。他的長才在於外交領域；就政治才幹方面的精明、耐心與謹慎而論，很少有人凌駕在他之上。他所結合的聯盟，他所克服的困難，他熟練掌控時間與玩弄他人的弱點，以及他正確掌握目標與判斷輕重緩急的能力，都使他享有最高的聲譽。

威廉現在最關心的事是歐洲即將開始的大戰，以及他所促成的龐大聯盟。他不把對英格蘭的冒險行動當做一回事，雖然它是必要的過程，但卻也讓人感到疲累，只不過為了要達成更大的目的，他才勉為其難地這麼做。他沒有喜歡過英格蘭，對其國內事務也沒有興趣；他看到的是英格蘭的黑暗面。而此時為了歐洲的戰爭，他一

定要從陸海兩路得到英格蘭的財富與權力，而他已經親自前來獲取
英格蘭的支持。他利用了擁有共同目的而與他建立聯盟的英格蘭政
治人物，並依照他們的支持程度而論功行賞；但是以一個民族的角
度來看，他認為英格蘭在社會結構與人民忠誠等方面都不及他的荷
蘭同胞。

　　威廉在英格蘭坐穩王位之後，便幾乎完全不掩飾這些情緒。英
格蘭人對他這樣的態度以及因而顯露的心情都顯得相當憎惡。英格
蘭人雖然對不得不接納的新權威表示臣服，但他們也都像歐洲的任
何民族一樣感到自豪，沒有人喜歡成為被嫌惡與輕視的對象，尤其
當這些公然的侮辱毫不做作、自動自發、真心地表現出來時更是如
此。那些製造一六八八年革命以及之後依然死板地持續推動的重要
貴族與國會議員，忍不住懷念起查理二世宮廷輕鬆自在、歡愉優雅
的氣氛。威廉生性不喜社交，在餐桌上狼吞虎嚥，與人相處時沈默
不語鬱鬱寡歡，對婦女視若無睹，在在都使得上流社會對他存有偏
見。淑女名媛都說他是一隻「荷蘭矮熊」；英格蘭的官兵也心神不
寧，他們對這次革命的軍事問題感到羞辱，他們討厭見到所有重要
的指揮權都交給了荷蘭人。他們鬱悶地瞪著荷蘭步兵在白廳與聖詹
姆斯教堂的崗哨巡邏路線不停地邁著步伐，並且把他們寒酸的藍色
制服與現在已經從倫敦撤走的第一近衛隊與科爾斯特里近衛隊
（Coldstreamers）深紅色壯麗服飾拿來比較。只要愛爾蘭的戰爭繼
續下去，或者有法蘭西入侵的威脅，他們都會壓抑這些情緒；但是
在其他時間裡，這些情緒就會猛烈地爆發出來。將英格蘭的軍隊派
往歐洲大陸作戰一事逐漸不受歡迎，而威廉也一再被要求撤消荷蘭
近衛隊與寵佞。

＊　　　＊　　　＊　　　＊　　　＊

　　奧蘭治親王威廉於一六八八年十二月二十三日下午得知詹姆斯
國王亡命海外，他自己已經成為英格蘭的主人之後，馬上就為此渡
海而來。法蘭西大使接到命令，必須在二十四小時之內離開愛爾
蘭，英格蘭同時加入了反抗法蘭西的聯盟。因此戰端開啓，這次戰

爭禍延歐洲達二十五年之久，其間還有一段不安寧的插曲，而且注定要拖垮路易十四的霸權。

　　整個不列顛民族曾經爲了驅逐詹姆斯而聯合起來，但是現在卻沒有任何合法的政府。威廉親王依據發動革命的治國者所提出的意見而召開臨時國會（Convention Parliament），但議員被選出來的時候，便牽涉到是否符合憲法正當性等各種問題。曾經負責將威廉召來英格蘭的全國無黨派聯盟，在要求國家建立穩定政府的壓力下宣告瓦解，此時個人野心與黨派教條在錯綜複雜的策略運用中脫穎而出，最終影響憲政上的各種安排。查理國王的前任大臣丹比（Danby）伯爵對這混亂的幾星期抱著希望；在五大臣（Cabal）瓦解之後，他在英格蘭縉紳與英國國教（Established Church）教徒的支持聲中建立托利黨（Tory Party）。之前查理與法蘭西勾結的陰謀以及「天主教陰謀事件」（Popish Plot）毀掉了丹比伯爵的政治生涯，爲了拯救他免於敵人所害，查理國王將他監禁在倫敦塔過日子；到了查理王朝的統治末期，他獲得釋放，而好運則在一六八八年的革命之中再度降臨在他的身上。丹比伯爵身爲北方的大地主，這使得他能夠在這個重要時刻募集縉紳，並且提供相當可觀的兵力，讓他挾著這種聲望抵達倫敦。忠心的托利黨人警覺到斯圖亞特王位繼承的神聖權利有可能受到破壞。於是丹比與瑪麗公主連絡。一個能夠取悅托利黨人的明顯解決方式，就是讓瑪麗憑著她自己的權利登基，依照這種方式，托利黨的基本原則就可以保住；爲此丹比在匆促召集的貴族院中激辯著，因爲其他的托利黨人，包括瑪麗的叔叔克拉倫登（Clarendon）伯爵在內，都贊成任命威廉爲護國公，而由詹姆斯保持著沒有實權的國王稱號。托利黨內部的這種觀念分歧，有助於輝格黨人（Whigs）得勢。

　　輝格黨人將光榮革命看作是對自己政治信仰的證明，即認爲王室應該與人民達成契約。現在國會要來決定繼承問題，而整個情況要看威廉的決策而定。他對於只擁有身爲妻子配偶的名譽稱號感到滿意嗎？如果是的話，托利黨人就不會感到被違逆；而輝格黨人

在革命中所發揮的貢獻則會模糊不清。輝格黨人在「拉伊農舍陰謀」（Rye House Plot）中喪失了一些領袖，而一位政治人物單槍匹馬爲他們贏得遊戲，他們則獲得其利。

　　哈利法克斯侯爵（Marquis of Halifax）喬治‧薩維爾（George Savile）對於自己被稱爲「騎牆派」（the Trimmer）感到頗爲驕傲。他是當時最狡猾與特別的政治人物；他在這場危機中的優勢在於他知道威廉的意圖。詹姆斯國王在決定逃亡的幾天前曾經派遣他去與入侵的威廉親王磋商，他因此知道威廉一旦來了便會留下不走，因爲荷蘭人在英格蘭需要有穩定的君主地位，以便應付法蘭西在歐洲的侵略威脅。威廉應該代表詹姆斯出任攝政的這項提議，僅僅以五十一票對四十九票的差距在貴族院遭到否決；不過在延長的辯論之後，臨時國會接受了哈利法克斯侯爵的意見，決定由威廉與瑪麗兩人共同執掌王位。哈利法克斯大獲全勝，而且也由他代表貴族院以及平民院向兩位君主呈獻王冠與權利宣言。然而他的政治觀念與黨派的發展是敵對的；在遇到高度危機的時候，他可以扮演決定性的角色，不過他並沒有成群的黨人支持他。他掌權的時刻很短暫，不過輝格黨在後來歲月中得以重振聲勢，得歸功於他。

　　糾纏不清的問題相繼解決。在聽取約翰‧邱吉爾（John Churchill）與莎拉‧邱吉爾（Sarah Churchill）的私人意見之後，瑪麗的妹妹安妮公主（Princess Anne）願意讓步放棄權利，表示如果姐姐在威廉之前去世，她可以將繼承權讓給威廉，因此威廉便毫無爭議地獲得終生的王位；威廉欣然接受了國會的這個決定。加冕的時候許多革命領袖都加官晉爵；邱吉爾雖然從來沒有打進威廉的小圈子，卻也被封爲陸軍中將，而且實際上擔任總指揮一職，負責重建英格蘭的陸軍。他同時也被封爲馬爾博羅伯爵。一六八九年五月威廉正式對法蘭西宣戰，但是他在英格蘭無法分身，後來又捲入愛爾蘭的事端，馬爾博羅伯爵即率領英格蘭部隊八千名士兵在法蘭德斯抵抗法軍。

　　不列顛群島現在面對最危險的戰爭危機。路易十四這位「大

王」極盡自豪與機智之能事，以相當周到與同情的姿態接待流亡的詹姆斯。愛爾蘭頓時成為顯著的焦點。詹姆斯在一支訓練有素的法蘭西分遣隊、許多法蘭西軍官、大批法蘭西軍火與金錢的支持下，於三月在愛爾蘭登陸。他像是一位解放者，因此受到愛爾蘭人的歡迎。他藉著愛爾蘭議會的幫助，在都柏林進行統治，不久後就受到為數可能高達十萬人的天主教軍隊的捍衛。除了北方的新教徒居留地之外，整個愛爾蘭島都由詹姆斯二世黨人（the Jacobites）所控制。威廉向東眺望，往法蘭德斯與萊因河一帶望去，而英格蘭國會的目光卻注視著相反的方向；他提醒國會要多注意歐洲，但他們卻要他注意愛爾蘭。威廉國王犯了一個歷史上常出現的錯誤：應付兩邊的需求，而結果往往力不從心。倫敦德里（Londonderry）的禦敵與渡海而來士兵的救援，是一六八九年軍事攻勢中一段光榮的插曲。

　　新政府在結構上很快地出現了裂痕。輝格黨人認為革命的功勞是屬於他們的，他們的判斷力、行動、原則都獲得充分的肯定，那麼他們不應該擁有全部官職嗎？但威廉其實也心知肚明，如果不是騎士黨（Cavalier）與高等英國國教信徒（High Churchmen）的協助，他永遠都得不到英格蘭的王冠；而且此時此刻他身為國王，自然比較傾向托利黨的思維，因為這一派的教會完全忠於世襲的君主制度。威廉意識到輝格黨的原則最後會導致共和國的建立，他擁有聯省執政者（Stadtholder）之名，在荷蘭幾乎就是一個國王了，所以他當然無意擁有國王名義，實際上卻只做個英格蘭的聯省執政者；他因此準備解散把王冠戴在他頭上的臨時國會，而輝格黨人因而知道「工作尚未完成」。在一六九○年二月的選舉中，托利黨大獲全勝。

　　森德蘭（Sunderland）伯爵曾經擔任詹姆斯國王的主要顧問，所以新國王求助於這位性格深不可測的伯爵，看起來似乎是有些奇怪。但是詹姆斯與森德蘭現在已經不和且無法恢復舊交，詹姆斯二世黨人認為森德蘭伯爵要為一六八八年的革命負主要責任；森德蘭

此後便一心一意只爲威廉賣命，而他對於歐洲政壇的了解，對威廉國王的大計而言是相當珍貴的。在經過短暫的休息後，森德蘭伯爵重新出現在英格蘭的政壇，並且獲得了令人詫異的影響力。他並不敢爲自己尋求官職，但是他成就也同時敗壞了其他人的命運。此時威廉將眞正的政事託付給採取中間路線的政治人物，包括什魯斯伯里公爵、西德尼·戈多爾芬（Sidney Godolphin）、馬爾博羅以及現在（事實上一直總是這樣子）與所有各黨的人都有點疏遠的哈利法克斯。他們全都曾經爲詹姆斯國王效命過；他們關於黨派的觀念是利用兩個黨或其中的一個黨，而使他們自己避免被鬥倒，或是能進一步爲王室效勞。他們各自籠絡其他的人，「什魯斯伯里時常與沃頓（Wharton）勾結；戈多爾芬與馬爾博羅都與海軍將領羅素（Russell）分享機密。」[1]在隨後的二十年之間，這些人當中以戈多爾芬與馬爾博羅的關係最爲密切。戈多爾芬擁有非凡的政治手腕與謹愼超然的態度，從來沒有汲汲追求過權力，但是他也很少丟掉官職。他與各式各樣的同僚一起共事，總共侍奉過四位君主，但是沒有人會質疑他的忠誠，他知道如何運用恰當時機辭職，或是揚言辭職，來證明他正直的人格。他的天性笨拙、羞澀、愛做夢，然而他的才智全都展現在政事上。

　　　　　*　　　　　*　　　　　*　　　　　*　　　　　*

　　如果一六八九年威廉在愛爾蘭發揮他全部的優勢，他或許就能在一六九〇年脫身而將優勢延伸到歐洲大陸；但是在新的一年中，他發現自己不得不親自率領軍隊前往愛爾蘭，到了夏天總共有三萬六千人赴戰場。因此英格蘭的全部軍力離開了歐洲的主要戰區。威廉在低地區指派的指揮官沃爾德克親王（Prince Waldeck），在弗勒呂斯（Fleurus）戰役中慘敗在盧森堡元帥（Marshal Luxembourg）的妙算之下；同時法蘭西艦隊在俾赤岬（Beachy Head）的外海獲勝，擊敗了英荷兩國的聯合艦隊。在倫敦盛傳著「荷蘭人保住了榮譽，法蘭西人佔到了便宜，而英格蘭人則蒙受恥辱」。英吉利海峽的控制權暫時交到了法蘭西海軍將領圖

爾維（Tourville）的手中，他們的部隊在此時似乎可以直接入侵，在英格蘭登陸，阻止威廉從愛爾蘭返回英格蘭。

　　瑪麗王后的樞密院（馬爾博羅是其中成員之一）必須面對這個令人驚慌的局面，它們受到全國人民忠誠與熱情的鼓勵。而現在全國人民紛紛武裝起來，能找到什麼就用什麼；馬爾博羅帶著大約六千名正規軍之核心部隊，以及匆促成軍的民兵與義勇騎兵隊，準備迎敵對付入侵。不過威廉國王於七月十一日在波恩河（Boyne）獲得了決定性的勝利，將詹姆斯國王逐出愛爾蘭而趕回法蘭西去了。這位戰敗的君主請求路易十四派兵征服英格蘭，但路易十四並未理睬，因為路易的目光現在集中在日耳曼身上。七月與八月令人焦急的好幾個星期過去了，英格蘭沒有出現什麼嚴重的損失，只有法蘭西侵襲者焚燒泰恩茅斯（Teignmouth）一事值得一記。到了冬季，法蘭西的艦隊全數偃旗息鼓，而英格蘭與荷蘭的艦隊則重新裝修，再度下海，因此危機解除。這個冬季的尾聲，馬爾博羅在瑪麗王后的樞密院與威廉國王的共同任命下，率軍遠征愛爾蘭，在為時甚短、戰果輝煌的軍事攻勢中，他奪下了科克與金沙爾（Kinsale）兩地，並且降伏了愛爾蘭南部所有各郡。因此一六九〇年年底愛爾蘭戰爭就宣告結束，英格蘭重新掌握海權。威廉因此可以從容地在兩年之後親自率領強大的武力前往歐洲大陸，並指揮聯盟的主要部隊。威廉帶著馬爾博羅出征，命令他統領英格蘭部隊；馬爾博羅的天才早就已經受到盟國部隊軍官的賞識，但他卻沒有獨立發揮的空間。而且這次軍事攻勢的規模固然很大，但是卻無法決定勝負。

　　此後威廉國王與馬爾博羅之間的分歧愈來愈大。在分派次年軍事攻勢的指揮權時，威廉提議帶著馬爾博羅前往法蘭德斯，擔任他身邊的中將；但馬爾博羅對這個界定不明的職位提出異議，他並不希望被人帶到法蘭德斯一帶閒晃。只做個顧問，提供建議不見得被採納，卻要為隨後可能的失敗負起責任。他請求除非能像去年一樣指揮英格蘭部隊，否則他寧可留在國內。但是威廉國王將部隊交給了剛從愛爾蘭的奧格林（Aughrim）與利麥立克得勝歸來的荷蘭將

領金克爾男爵（Baron Ginkel）。平民院正在進行一項訴求，要
求對雇用外國人一事進行辯論；據說馬爾博羅對於討論這件事持贊
成態度，他提議在貴族院也提出同樣的動議。他的動議得到廣泛的
支持，甚至有時候這個動議在兩院看起來都可能以多數通過。而
且馬爾博羅的動作並不僅限於國會，他是首屈一指的英格蘭將
領，許多階級的軍官都聽從他的意見，大聲表達他們憎恨國王重用
荷蘭人。

　　此時英格蘭差不多所有的重要人物，都與現居巴黎附近聖日耳
曼（Saint-Germain）的詹姆斯恢復關係，戈多爾芬也對流亡的王
后懷著敬愛之情；什魯斯伯里、哈利法克斯、馬爾博羅等人全都與
詹姆斯有書信往來。威廉國王即使知道這些事，但他仍然繼續任用
這些人擔任國家要職，也信任這些人；他接受他們兩面討好的做
法，也接受他們在撲朔迷離情況中必須維持兩面討好以保護自己的
態度。他也容忍首席英格蘭諮議大臣正在為他設法，以免政府瓦解
或者是他本人戰死沙場。他知道，或者至少猜想，什魯斯伯里透過
他的母親而與聖日耳曼保持連絡，然而他仍然使什魯斯伯里保持最
高的官職。他知道海軍將領羅素已經與詹姆斯講和，然而他還是讓
羅素指揮艦隊。如果威廉與馬爾博羅發生不和，絕對不是因為馬爾
博羅與他的侄子，也就是詹姆斯國王的兒子柏立克公爵有所聯繫，
或者是馬爾博羅的妻子莎拉與她身為詹姆斯二世黨人的妹妹蒂爾科
納爾（Tyrconnel）公爵夫人有所聯繫。威廉大概也知道馬爾博羅
勸安妮公主寫信給她的父親詹姆斯，而馬爾博羅本人因此得到了詹
姆斯的原諒。關於以安妮公主取代威廉與瑪麗的說法，的確一直在
民間流傳著，而邱吉爾一家人對於安妮公主也持續有著重大的影響
力。安妮與她姐姐瑪麗王后之間的任何不和，都一定使得威廉國王
與馬爾博羅之間原來已經很嚴重的歧見變得更加不可收拾。王室人
物之間的猜忌發展得極為快速。威廉相當輕視安妮的丈夫，也就是
丹麥的喬治親王；他排除喬治，不讓後者參加所有戰爭，不帶他前
往法蘭德斯，也不讓他隨艦隊出海。安妮深愛著丈夫，因此被這些

公然的侮辱搞得火冒三丈。

　　就像在上司出現爭執之際所發生的，做屬下的總是倒楣。瑪麗王后要求安妮將莎拉·邱吉爾遣送出宮，而頑強的安妮則拒絕。談話變成了爭辯，感到困擾的朝臣紛紛退出宮去。兩姐妹分開時都怒氣沖天，好像今生不再見面似的。隔天早上九點鐘，馬爾博羅解除他身為宮廷內侍的職責，將他的服裝交還給國王，而威廉保持著他慣常無動於衷的神情；兩個小時之後，國務大臣諾丁罕伯爵交給馬爾博羅一張書面命令，要他交出所有的文武官職，並且宣布即日起解除他的軍職與所有公職，禁止他上朝。對於這個重大的打擊，政府並未給予任何官方理由。但是馬爾博羅卻毫不在乎，對解職等閒視之；而與他交遊甚密的國王首要諮議大臣們，全都感到不滿。什魯斯伯里不贊同這項做法；戈多爾芬揚言要退出政府；現為海軍總指揮的海軍將領羅素，甚至肆無忌憚當面斥責威廉國王忘恩負義，對不起「將王冠放在他頭上」的那個人。瑪麗王后現在禁止莎拉上朝，而安妮進行反擊，乾脆辭朝不上；安妮離開了她位於白廳鬥雞場（Cockpit）的住處，而到索美塞特公爵提供的錫昂府邸（Syon House）居住。沒有任何壓力會使得安妮離開她這位珍貴的朋友。而在這些不幸以及幾乎形同迫害的烈火中，英格蘭的命運即將要依賴的鏈環，已經打造完成了。

【1】　K. G.. Feiling, A History of the Tory Party, 1640-1714 (1924).

第二章　歐洲大陸的戰爭

　　威廉出兵進行歐洲大陸戰爭不久，入侵的威脅立即降落到一兵一卒都沒有留下的這個島嶼。路易十四現在計畫君臨英格蘭，而詹姆斯國王將有機會重新奪得王位。詹姆斯二世黨人在聖日耳曼的流亡朝廷敦促法蘭西陸軍部已經有兩年之久，他們表示重返英格蘭的時機已經成熟，隨時準備迎接復辟。由一萬名奮不顧身的愛爾蘭士兵以及一萬名法蘭西正規士兵組成的大軍，在瑟堡（Cherbourg）附近集結；擁有許多運輸船與補給船的法蘭西艦隊，都在諾曼與不列塔尼（Breton）的港口集中待命。

　　到了一六九二年四月中旬，英格蘭政府已經獲悉法蘭西的種種計畫，他們在海陸方面都做好了積極、有力的防衛準備，就像碰到西班牙無敵艦隊逼近的情形一樣，全國都保持著警戒。但是一切都得視海軍將領而定。羅素像馬爾博羅一樣，已經與詹姆斯二世黨人的密使有所商談。威廉與瑪麗擔心羅素會背叛他的國家與他所信奉的宗教；而詹姆斯也相信羅素會如此。不過詹姆斯二世的消息來源指出，羅素明白地告訴密使儘管他是心向詹姆斯，也很厭惡威廉的政府，但是如果真的在海上遇到法蘭西艦隊，他還是會竭盡其力將它摧毀，「即使詹姆斯國王本人在艦上也是如此。」羅素說話算話，在交戰之日他對水手們說：「如果軍官欺騙你們，你們就把他們丟到船外，而且先丟我吧！」

　　五月十九日與二十日，英荷聯合艦隊在黑格角（Cape La Hogue）與率領法蘭西海軍的海軍將領圖爾維相遇。羅素的無敵艦隊載有四萬名士兵與四千門大砲，以九十九艘船艦對付四十四艘法蘭西艦隊佔了上風。雙方猛戰，圖爾維一敗塗地。羅素與他的艦隊本來在詹姆斯二世黨人的名單上全被當做是效忠詹姆斯國王的擁護者，現在卻尾隨被擊敗的法蘭西海軍而追進它的各個港口。在接下來的五天當中，敗陣的法蘭西艦隊儘管有岸砲掩護，但都被由英格蘭划艇組成的小型艦隊擊潰。前英格蘭國王詹姆斯親眼目睹這些攜帶他返回

英格蘭海岸的入侵工具被整個摧毀了。

　　黑格角戰役與之後的行動，消除了英格蘭人對於俾赤岬戰役的回憶。它徹底粉碎了之前因為威廉與安妮的戰爭而出現的法蘭西海上霸氣。它可說是十七世紀的特拉法爾加（Trafalgar）戰役。

　　陸上軍事攻勢在一六九二年於西班牙屬地尼德蘭（現今的比利時）展開。戰爭開始時法蘭西的戰果輝煌，那慕爾（Namur）落入法軍之手。但是接下來的情況較糟。威廉於八月率領士兵夜晚行軍，攻擊盧森堡元帥；清晨時法軍在斯泰科克（Steinkrik）遭到突擊，他們的精良部隊被擊潰，軍營在一個鐘頭之內一片混亂。但是盧森堡還是適當應付了這些緊急情況，設法排出秩序井然的陣式。英格蘭的步兵擔任聯軍攻擊的前鋒，麥凱（Mackay）將軍率領八個團精銳衝鋒，在戰鬥中擊潰了瑞士軍隊，戰況的激烈，在歐洲歷史上前所未見。盧森堡現在使用法蘭西的禁衛軍，對已經戰得筋疲力盡的英軍發動攻擊，在經過一番肉搏戰的惡鬥之後，法蘭西的禁衛軍將英軍擊退。同時，法軍由四面八方挺進，後援部隊也開始抵達戰場。索姆斯（Solms）伯爵是一位荷蘭軍官，也是威廉的親戚，他取代了馬爾博羅指揮英軍的分遣隊，但是隊上的軍官士兵早就相當討厭他；他說了一句「我們現在看看這些牛頭犬能做出什麼事來！」拒絕麥凱派兵增援的請求。英軍因此喪失了兩位最優秀的將領，他們的士兵近半數非死即傷。要不是後來一位在馬爾博羅指揮的許多戰役中揚名的荷蘭副將奧弗科克（Olverkirk）採取行動，英軍都會無法脫逃。威廉無法控制戰局，看到了這場屠殺忍不住流下淚來，並且痛呼「我，我可憐的英格蘭子民！」到了中午聯軍整個撤退，雖然雙方各損失七、八千人，數字上看來不分勝負；但實際上法軍宣布他們在歐洲大陸告捷。

　　這些事件激怒了英格蘭國會，他們對於索姆斯伯爵見死不救的行為展開了最激烈的辯論。貴族院通過一項呈文，表示任何英格蘭的將領都不應該做荷蘭人的部屬，不論荷蘭人的官階為何。政府的發言人十分為難，但還是勸說平民院，表示在歐洲大陸軍事攻勢

中沒有任何英格蘭軍官適合擔任將領。雖然面對強大的反對壓
力，國會仍然表決通過了爲次年另一個調度不當、如同災難的作
戰年度提供經費補給。一六九三年七月大規模的蘭登（Landen）
戰役開打，其屠殺之慘烈，在歐洲二百多年來只有馬爾普拉開
（Malplaquet）戰役與鮑羅第諾（Borodino）戰役可以相比。法軍
的兵力相當卓越，不過威廉國王決定抵抗他們的攻擊，差不多一夜
之間便在基特（Geet）河彎彎曲曲的區域，沿著蘭登溪環抱的鄉
野，構築一個堅強的壕溝與尖椿柵籬的陣地。在英勇的抵抗之後，
英荷聯軍還是被法軍逐出了陣地，損失了差不多兩萬人馬，而法軍
的損失不到這個數目的一半。威廉聚集殘餘的部隊，並得到援兵，
再加上盧森堡忽略了趁勝追擊，所以威廉還能夠親自再上戰場。一
六九四年威廉計畫遠征布勒斯特（Brest），根據詹姆斯二世黨人
的說法，馬爾博羅對法蘭西透露了此一計畫。無論如何英國的陸軍
指揮官湯瑪斯・托爾馬什（Thomas Tollemache）率領軍隊進攻
時，遭到陣地以逸待勞的強大火力，而被逐退回到船艦上，英方損
失慘重，而他自己也因傷重而殉國。毫無疑問，控告馬爾博羅的那
封信是僞造的，沒有任何證據指出他把任何情報傳遞給法軍；可以
確定的是，法軍由於有其他來源，所以消息相當靈通。

＊　　　　＊　　　　＊　　　　＊　　　　＊

　　英格蘭政府原始的財政狀況，幾乎負不起歐洲戰爭的重擔。查
理二世在位時，英格蘭就因爲缺錢被逼得在外交事務上扮演次要
的，有時甚至是丟臉的角色。威廉三世在歐洲大陸的冒險事業，也
逼使英格蘭的政治人物重建這個國家的信貸與財政制度。

　　政治上，東山再起的輝格黨所組成的第一屆戰時政府，擁有查
爾斯・蒙塔古這位一流的財政家，因此蒙塔古負責面對這個重大的
問題。在歐洲大陸奮戰的英軍每天都需要領餉，而儲備的黃金正在
快速地減少；財政官員都憂心忡忡，擔心財政會完全崩潰。解決這
項困境最重要的步驟，就是建立全國性的信貸機構。荷蘭人多年來
都依賴與政府密切合作的國家銀行，而英荷兩國親密的合作，自然

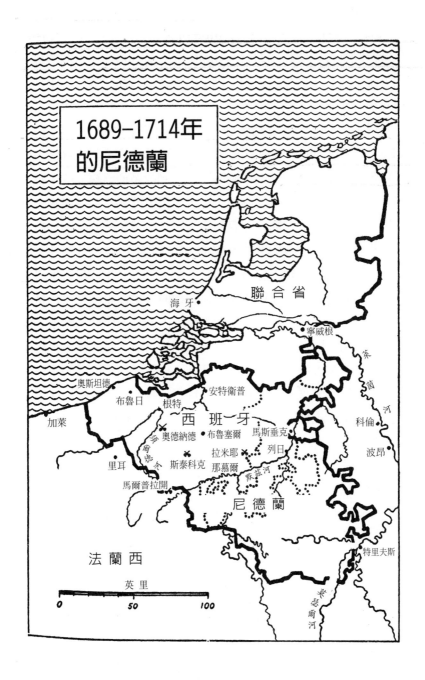

1689-1714年
的尼德蘭

聯合省

海牙

寧威根

英
茵
河

奧斯坦德

布魯日 根特 安特衛普

科倫

加萊

西班牙

波昂

奧德納德 布魯塞爾 馬斯垂克

爾
幾
弗

拉米耶 列日

里耳

斯泰科克 那慕爾

馬爾普拉開

桑
布
爾
河

尼德蘭

特里夫斯

法蘭西

英里

0   50   100

衰
慈
爾
河

使輝格黨人注意到他們的範例。身爲財政大臣的蒙塔古與蘇格蘭銀行家威廉‧佩特森（William Paterson）合作，於一六九四年創立私營財團性質的英格蘭銀行（Bank of England）。這個機構維持個人企業與私人合股公司的原則，將與政府合作，並且爲支持政府信貸而提供必要的資金。

　　蒙塔古沒有因此就感到滿意。他獲得哲學家約翰‧洛克（John Locke）與財政部的威廉‧朗茲（William Loundes）的協助，計畫對貨幣進行通盤的改進，不到兩年，幣制改革便已經完成。英格蘭藉著這個紮實改革的財政制度，在未來不但能夠承受威廉國王進行戰爭的負擔，而且還能夠面對西班牙王位繼承紛爭的長期劫難。它或許是輝格黨人一項最偉大的成就。

　　一六九四年底瑪麗王后罹患天花，於十二月二十八日去世，她最後未能與她的妹妹安妮和解，臣民對她的去世都表示哀悼，威廉國王更是思念許久。在此之前人們都以爲由於許多疾病、戰爭、陰謀的攻擊都集中對付威廉這個孱弱而暴躁的生命，所以瑪麗會比她的丈夫活得更久，然後她就可以憑著她的權利得到英格蘭的王位而一統天下。但是事實並非如此，王冠現在終身都歸屬威廉，此後也一定傳給安妮；這種情形改變了安妮公主的整個地位，也因此改變了邱吉爾夫婦之地位，他們本來就是安妮衷心耿耿的密友與擁護者。自從瑪麗王后嚥下最後一口氣的那個時刻起，馬爾博羅的利益便與威廉一致。他與威廉一樣，決定要粉碎法蘭西的權勢，而此時他對威廉外交政策的整個特性與目標都表示贊同。威廉與安妮達成了正式的和解。馬爾博羅在前線與國內被剝奪了文武官職達四年之久，但是憑著天賦的耐性與對於事件變化有先見之明，他現在堅決地支持威廉。

　　一六九五年威廉國王獲得了他唯一的勝利。他虎口拔牙，對抗法軍而收復了那慕爾。這事件使得持續長達七年以上的戰爭到了一六九六年年底還都未能分出勝負。被稱作海上強權的英格蘭與荷蘭，與日耳曼都防禦得相當好，但他們對這場戰爭都已經感到厭

倦。西班牙好戰，但卻已經力不從心；只有哈布斯堡王朝的利奧波德（Leopold）皇帝對於一直處於虛懸狀態的西班牙王位虎視眈眈，急於維持反法聯盟。大聯盟開始瓦解；而路易十四也感到長久以來四面八方的抗爭壓力，現在有意謀和。威廉無法阻止敵友雙方的謀和趨勢，不過他知道目前不和的狀態仍未能平息；他唯一的願望是延長不和的時間。可惜他並不能孤軍奮戰。

＊　　　　＊　　　　＊　　　　＊　　　　＊

　　賴斯威克條約（the Treaty of Ryswick）的簽訂，代表這次世界性大戰第一階段的結束；事實上它只不過是停戰而已，不過有很多可能性能使得這次停戰更為穩定，而變成持久的和平。威廉與路易十四互相表達最大程度的尊重。歐洲為了抵抗土耳其的侵略而暫時團結了起來，許多人安慰自己，希望藉著賴斯威克條約將反對法蘭西擁有過大力量的對抗變成均勢。不過這個遠景卻被保守黨人與他們的盟友給毀掉了。為了要達成永久的和平，英格蘭確實應該強大與武裝起來，這樣子才能夠平等地與路易十四對敵；但是此時的保守黨人在心態上對於干預歐洲大陸事務表現出強烈的反彈。平民院抱怨賦稅，對於每種限制感到不耐，他們強力宣傳撙節開支與裁減軍備；戰爭的壓力一旦鬆弛下來，他們便只知道將武器丟掉。英格蘭停戰時，還有八萬七千名正規軍，威廉國王認為，為了保障公共安全與利益，至少應該保持三萬兵員以及大量的軍官；但是他的大臣都不敢要求超過一萬人，而平民院只批准保留七千人；此外海軍也遭到削減，只是程度稍輕而已。軍官與士兵後來流落街頭或是遊蕩到鄉間為非作歹。英格蘭已經做過各種犧牲，表現出罕見的力量與勇氣，但現在卻變得柔弱且缺乏遠見，衰敗下來；英格蘭只要稍微表現毅力，儘管不會高踞其他國家之上，至少會安全無虞。

　　威廉統治期間的政治局勢明顯混亂，大部分原因是由於他不想親自處理兩個主要黨派當中任何一黨的事務；他期望組成全國聯盟支持國家力抗法蘭西，而不願在憲法上幫助任何一方。但是幾個月之後，他了解到輝格黨與托利黨對歐洲大陸戰爭各持己見，而英格

蘭政治當中一個爲大家所熟知的型態就這樣出現了。輝格黨人對於法蘭西侵略歐洲其他地區很敏感，他們了解這些鬥爭的深層本質，所以儘管他們對待威廉不夠圓滑，而且還有些輕視，但卻時時刻刻準備建立一個能作戰的、有效率的戰時政府；另一方面，托利黨人憎恨國家捲入歐洲大陸的事務，並且極力倡導人民所主張的傳統孤立主義。這個時期的政治狀況因此是兩黨此起彼落，輝格黨領導二、三年的戰事，然後托利黨會因爲反戰浪潮的興起而重新掌權。擁有土地的縉紳大都被要求繳交土地稅資助戰爭，所以他們當然反對戰時政府，而戰爭的成果也因此被輕率地拋掉了。不過英格蘭銀行的建立引起了這些縉紳更強烈的懷疑，他們看見商人階級中出現一個爭取政治影響力的對手，而難以對付的信貸機構則使得這個對手變得更強。這家銀行是輝格黨的創作，它爲政府提供貸款，並且從戰爭中牟取利潤。它可算是絕妙的政黨政策。但是一六九七年輝格黨政府正是因爲這些議題而被趕下台，而當時是托利黨希望之所寄的羅伯特‧哈利（Robert Harley）便在這樣的情況之下於平民院建立了他的權勢與地位。

　　哈利擁有今天每個人都能理解的現代特質，但在當時卻是非常特殊的人物，他是在清教徒家庭出生與長大。哈利原本是一位輝格黨人與反對國教者（Dissenter），之後成爲精通國會戰術與程序的大師。我們確信，他瞭解「延長」辯論、「攪亂」議題以及拾取與利用民眾呼聲的藝術；他在與宮廷作對的過程中逐漸轉變，從輝格黨人變成了托利黨人，由反對國教者變成了高等國教教徒，成爲托利黨在教會與國家中的主要人物。一六九八年他實際上已經成爲托利黨人在平民院的領袖，是他進行不顧後果的裁軍運動；是他設法以托利黨的土地銀行（Land Band）與輝格黨的英格蘭銀行一爭長短。不過他隨時都夢想有一天可以超越國會範疇，而在戰爭與外交的國際舞台上扮演一角。哈利受到愛德華‧西摩爵士（Sir Edward Seymour）的支持，而西摩則是這個時代著名的「虛僞傢伙」（sham good-fellow），他統御過康瓦爾（Cornwall）與

西部強大的托利黨人；此外，哈利在貴族院則受到諾丁罕與羅徹斯特伯爵的幫助。這四個人會一起利用有時存在於托利黨當中的卑鄙情緒。他們將經驗豐富的士兵與忠實的胡格諾（Huguenot）軍官逼走，讓他們的生活更爲貧窮；他們逼威廉遣走他的荷蘭近衛隊；他們竭盡所能矮化與暗中破壞國家的軍力；他們利用和平、省錢與孤立之名，卻替重啓更加可怕的戰端而鋪路。他們的行爲在我們自己的時代中也有人模仿。托利黨在一六九六年至一六九九年之間贊成這麼做的人，與他們的後輩在一九三二年至一九三七年之間所主張的極其相似，這麼相似的例子，在歷史上恐怕再也找不到了。在各個時代中的短視見解，都符合黨派的精神，但卻也損害國家的利益，將國家的所有目標都棄之不顧，而準備面對捲土重來，更爲致命的鬥爭。在托利黨的記錄中，這些一再發生的卑劣行徑，抵銷了它以高貴的愛國情操爲國家做出的許多偉大貢獻，實在是很可悲[1]。

　　　　＊　　　　＊　　　　＊　　　　＊　　　　＊

　　令人絕望的孤立主義浪潮衝擊著這個島嶼的統治階層，威廉也受到這股浪潮的侵襲，因此也想過退位返回荷蘭。雖然他保存了這個倔強民族的宗教與制度，將其名聲提升至歐洲的頂端，但他現在即將要放棄它們了。他表現出難以形容的蔑視神情，報復先前英格蘭人仇視外國人的態度；但如果我們回想一下他在統治初期常常處事不周、行爲不當、待人不公，以及他隨意賜予荷蘭人的不當恩寵、對英格蘭指揮官所施的不義、對於他的王國臣民表現出無法理解的嫌惡感，我們便能了解並非所有的責備都應該全落在某一方。威廉現在所苦惱的是他必須先償還先前幾年的債；至於英格蘭人，他們只不過因變化太快，以致於無法以辛勞和流血來彌補之前的愚蠢行爲。

　　由於苦惱，威廉再度指望馬爾博羅爲他出力，但前途似乎早已掌握在馬爾博羅的手中。威廉國王的生命與力量都正在衰退，安妮的確會繼承王位；而隨著安妮的登基，馬爾博羅實際上就會獲得統

治權，現在馬爾博羅耐心地等候事件朝此發展。威廉緩慢地去除對馬爾博羅的強烈敵意，甚至他有次曾說假使他自己是個平民，他與馬爾博羅會以單挑來解決他們的歧見。兩人的和解還有另外一個原因。一位名叫凱佩爾（Keppel）的年輕荷蘭朝臣在威廉國王面前相當得寵，國王在幾年之內將他從侍從擢升到政府要人的地位，而且也封他為阿比馬勒（Albemarle）伯爵。他們兩人很相像，都秉性誠實，而且心思敏銳；威廉孤獨一人、膝下無子女承歡，所以對待凱佩爾有如鍾愛的養子。而凱佩爾與馬爾博羅交情很好，所以凱佩爾在馬爾博羅與威廉國王的和解中扮演了重要角色。安妮唯一存活的兒子格羅徹斯特公爵現在已經九歲，公認適合擔任王位未來的法定繼承人，只要輔以優秀而有地位的監護人即可。一六九八年的夏天，威廉國王邀請馬爾博羅擔任小王子的監護人。他說：「先生，教導他。由你的才幹看來，相信我的外甥不會沒有任何成就。」同時馬爾博羅也恢復了在軍中的官階，並且回到樞密院任職。

　　長久的冰霜一旦解凍，威廉國王在與有著安祥、實際、靈活性格的馬爾博羅兩人間所出現的許多麻煩當中找到疏通之道。一六九八年馬爾博羅被任命為九位上訴法院法官（Lords Justice）之一，能夠在威廉出國時代為行使君權。從這個時候起，威廉似乎日益求助於馬爾博羅。威廉在統治時期最重要的歲月中，曾經拒絕馬爾博羅的援助；而他在和平時期反而重用這位他在戰時不予理會的戰士。馬爾博羅雖然在年輕時以軍事為職志，但在國王統治時期快結束的歲月中卻成了首屈一指、有權勢的政治人物。他在許多方面幫助威廉國王，同時則極盡小心之能事掌控托利黨；因為他知道儘管托利黨有許多惡行，但它們畢竟是英格蘭最強大的力量，代表著英格蘭人性格中某些最深刻的特色；而且他確信如果沒有托利黨的支持，他便不可能維持任何有效的外交政策。他無意成為只是個依附國王恩寵的人，同時安妮公主也是一位信奉英國國教的固執托利黨人，因此在威廉統治時期的晚年，馬爾博羅同時與威廉國王以及煩

擾國王的托利黨人相處得相當融恰，他尤其支持威廉國王防止不當的裁軍，而且事實上在這方面還領導貴族院進行鬥爭。一七○○年年幼的格羅徹斯特公爵得了流行的致命天花而夭折，使得馬爾博羅失去了官職；但他仍舊與戈多爾芬維持最親密的來往，位於政壇的正中央。

　　現在英格蘭與蘇格蘭王位都沒有新教直系的繼承人。藉著王位繼承法，詹姆斯一世那活潑又吸引人，做過短暫波希米亞皇后的女兒傳下來的漢諾威家族這一系的人士，被宣布在威廉與安妮之後繼位。這項法令成為定則，也就是未來的每位君主都必須是英國國教的成員；同時，由外國人擔任的君主如果沒有經過國會的批准，不得向歐洲大陸宣戰，他如果沒有獲得許可也不得前往海外，而且任何外國人都不得參加國會或樞密院。這項法令便記錄下英格蘭人對威廉三世的種種不滿，國會已經留意到此現象，它使得漢諾威家族將比威廉受到更為嚴格的限制，但是它也竭盡全力使得王位在新教徒之中得以代代相傳。

【1】　　Written early in 1939. − W. S. C.

第三章　西班牙的王位繼承

　　從來沒有任何一場大戰像西班牙的王位繼承戰爭（War of the Spanish Succession）一樣，交戰的雙方都不是很情願投入戰場。歐洲已經筋疲力竭，幻想破滅。在威廉與路易十四之間新建立了以往彼此就曾經有過的接觸，這個舉動表達出海權國家英格蘭與法蘭西兩國人民的衷心願望。但是在他們以及歐洲所有其他國家的民眾頭上都籠罩著遲遲不散、令人畏懼的烏雲，因為西班牙國王即將駕崩。威廉深知其實力的虛弱，他認為沒有任何事會使得英格蘭再次參戰；而缺少英格蘭的幫助，荷蘭只剩屈服一途。威廉國王因此採行瓜分西班牙帝國的政策。西班牙帝國包括尼德蘭南部、義大利很多地區以及新大陸的大部分地區；一共有三位要求繼承西班牙王位的人，他們的權利都列在所附的世系表上。

　　第一位繼承人是法蘭西王儲，或者如果在法蘭西與西班牙的王位無法結合在一起時，就由王太子的次子安茹公爵代表。第二位是神聖羅馬帝國皇帝，他極力爭奪繼承權，但是也願意將他的權利轉交給其第二位妻子所生的次子查爾斯大公。第三位是神聖羅馬帝國皇帝第一次婚姻所生的孫子，也就是巴伐利亞的選帝侯。一六九八年九月二十四日簽訂了新的分割條約（Partition Treaty），其內容是將西班牙帝國的大部分給予勢力最弱的人選，即使他沒有最充分的繼承權。路易十四與威廉都承諾該選帝侯是西班牙國王查理二世的繼承人，並建議對法蘭西的王儲給予相當的補償。路易十四與威廉三世共同進行的這個計畫，讓神聖羅馬帝國皇帝感到痛恨。而且這個計畫公諸社會之後，在西班牙引發了強烈的反彈；西班牙人表示他們最在意的是西班牙領土的完整，至於哪位王侯將統治他們，對他們來講只是次要問題。在這場長期鬥爭即將結束的時候，西班牙人採取剛好相反的態度，此刻他們唯一最好的辦法就是維持不被分割的西班牙帝國。不過，路易十四與威廉國王似乎能夠不顧所有的反抗，逕自實行他們解決這件事的辦法。

　　這時候發生了一樁令人震驚的事件。一六九八年九月在威廉位於荷蘭境內的盧洛歐宮殿中簽訂了分割條約，但在一六九九年二月，巴伐利亞選帝侯——這位龐大領土的繼承人，這幾個強國打算將最華麗的獎品交給這位兒童——突然夭折了。選帝侯為何在這個時刻去世以及死因為何，都引起各種胡亂猜測。而這件事實則冷酷地擺在世人面前，所有這些用心良苦、危機四伏的談判都必須重新開始。威廉與路易十四費了好大的努力，於一六九九年六月十一日簽訂了第二次的分割條約，查爾斯大公憑這個條約成了王位的首要繼承人，他可以繼承西班牙以及其海外殖民地、比利時等地，條件是它們將永遠都不得與神聖羅馬帝國合而為一。法蘭西王儲將獲得那不勒斯與西西里、米蘭以及義大利的其他屬地。

　　西班牙國王沒有子嗣，他柔弱的生命有如風中殘燭，已經燃燒殆盡。他除了殘廢與疾病交相摧殘，心智也備受折磨。這位受害者相信自己中了魔，他唯一的安慰僅只是病態地冥想早日歸土；而全體國民都很焦慮，繼續看著他微弱的脈搏與日益加深的癲狂。不過他繼續佇留在死亡邊緣長達三十多年，等待他去世的歐洲大政治家們反而都逐一消逝在漫漫長夜之中。查理現在走到了折磨的盡頭，但在他即將辭世的病軀中、他含混不清的心智中、他迷信的靈魂中，卻閃耀著一定要保持西班牙帝國統一的想法。他決定在彌留之際宣布廣大的領土應該完整地傳給一位王親貴冑，而且只能傳給一位。對立的利益團體彼此爭著要為他送終，此時他終於聽從勸告簽署遺囑，將他的王位傳給安茹公爵。遺囑於十月七日完成，信使便快馬加鞭將消息從艾斯科里亞爾（the Escorial）送到凡爾賽。十一月一日查理二世終於殯天。

　　路易十四現在處於法蘭西歷史上一個重大的轉捩點。他應該駁斥遺囑，堅守分割條約，聯合英格蘭與荷蘭來執行它嗎？或者是廢除條約、替遺囑背書，在戰場上保衛他孫子的繼承權而抵抗所有的敵人嗎？英格蘭會反抗他嗎？除了堅定的信仰與墨漬未乾、鄭重簽署的條約之外，這個抉擇就像許多重大的抉擇一樣利弊參半。神聖

西班牙王位繼承系表

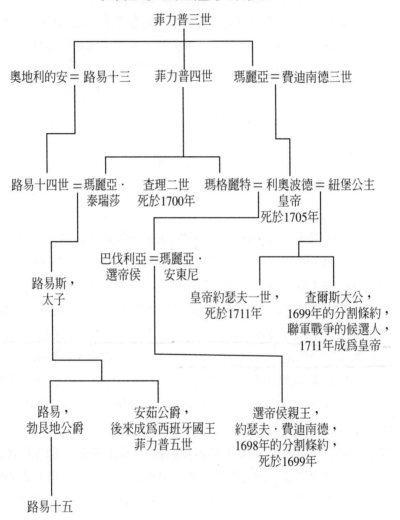

菲力普三世

奧地利的安＝路易十三　　菲力普四世　　瑪麗亞＝費迪南德三世

路易十四世＝瑪麗亞·　　查理二世　　瑪格麗特＝利奧波德＝紐堡公主
　　　　　泰瑞莎　　死於1700年　　　　　皇帝
　　　　　　　　　　　　　　　　　　　　死於1705年

巴伐利亞＝瑪麗亞·
選帝侯　　安東尼

路易斯，
太子

皇帝約瑟夫一世，　　查爾斯大公，
死於1711年　　　　1699年的分割條約，
　　　　　　　　　聯軍戰爭的候選人，
　　　　　　　　　1711年成爲皇帝

路易，　　　　安茹公爵，　　　　選帝侯親王，
勃艮地公爵　　後來成爲西班牙國王　約瑟夫·費迪南德，
　　　　　　　菲力普五世　　　　1698年的分割條約，
　　　　　　　　　　　　　　　死於1699年

路易十五

重要男性人物

法蘭西國王：路易十八
皇帝：費迪南德三世
西班牙國王：菲力普三世
西班牙王位候補：安茹公爵

羅馬帝國皇帝拒絕同意第二次的分割條約。它有效嗎？路易十四發現很難下定決心，便於十一月八日在王后德曼特農夫人（Madame de Maintenon）[1] 的宮中舉行會議，會中決定違背條約，遵守遺囑。十一月十六日著名的場面在凡爾賽宮上演：路易十四在早晨接見西班牙大使時，將他介紹給安茹公爵，並且對大使說：「你可以尊他為國王而向他致敬。」而這位大使鹵莽地說出了眾皆知的話：「再也不會重演庇里牛斯山（Pyrenees）的事情了。」[2]

面對這件事，威廉不得不承認安茹公爵為西班牙的菲力普五世（Philip V）。那時平民院議員的想法仍舊距離歐洲現實甚遠。輝格黨或托利黨都不會相信他們會被逼著進行一場違反他們自己決定的戰爭，更不相信他們的約定會被改變。先前他們剛剛完成英格蘭的裁軍；他們熱切地接受路易的保證，即路易「對現有權力感到很滿意，所以不會為了增加權力而犧牲其孫子的利益」，一位波旁家族的王子將成為西班牙國王，但是會保持獨立，完全不受法蘭西的控制。平民院被輕易承諾的甜言蜜語所騙，認為查理二世的遺囑比起兩個分割條約中的任何一個都更為可取。托利黨人的憤怒集中在這兩個被取代的分割條約上面，他們不但抨擊這些條約本身有欠考慮，更對盟國耍弄陰險，而且他們也宣稱秘密協商與簽訂條約是違憲行為；托利黨人甚至設法彈劾負責相關事件的大臣。

　　＊　　　　＊　　　　＊　　　　＊　　　　＊

外界爆發一連串的醜惡事件，影響到向來相當自滿的英國政界。梅爾佛（Melfort）是詹姆斯二世黨人在聖日耳曼的大臣，他放置在英國郵袋裡的一封信洩露了法蘭西入侵英格蘭的計畫。威廉國王急忙將這封信提交給國會做為法蘭西背信的證明；大約在同時國會也開始明白，法蘭西國王關於將法蘭西王位與西班牙王位分離這件事所使用的語言以及所持的態度都非常曖昧。此時西班牙人也給予法蘭西某家公司進口黑奴至南美洲的唯一權利，而這個舉動影響到英國的船主，雖然談不上傷到他們的自尊；另一方面，英格蘭在地中海的貿易自由也已經很明顯地陷入險境。但是喚醒所有英格

蘭人瞭解法蘭西王位與西班牙王位真正合而為一的實際重大事件，是法西兩國厚顏無恥所實施的驚人軍事作業。

　　菲力普五世在馬德里（Madrid）被擁立為國王，西屬尼德蘭對於他的登基為王也感到欣喜。比利時境內許多要塞依據條約規定由荷蘭人戍守，構成了尼德蘭防止法蘭西入侵的障礙。在一七○一年二月，強大的法軍直抵比利時的所有城市，西班牙指揮官都打開城門歡迎他們。據稱他們前來僅只是為了幫忙保護信奉天主教國王的屬地。荷蘭的衛戍部隊都被法軍的武力所震懾，沒有任何人敢破壞和約，全都蟄伏不動。安特衛普與蒙斯（Mons）；那慕爾（威廉國王唯一著名的征服之地）、洛村（Leau）、文羅（Venloo）以及十二個次要的據點，全都未發一槍一彈，幾週之內都輕而易舉地易幟，落入路易十四之手。其他據點如列日（Liege）、烏威（Huy）與鄰近的城鎮，都透過它們的統治者，也就是列日的親王兼主教對法蘭西的依附，變成由路易十四控制。在一般戰爭中已防衛許多年的堡壘──其中任何一座的失守或奪得都會被誇口說是堅苦軍事攻勢的成果──在一個月之內全都喪失殆盡。一六八九年成立的「大聯盟」在七年戰爭期間曾經保衛的低地區，現在卻像復活節的殘雪一樣地溶化掉了。

　　我們在自己的時代看到過英格蘭民族受到同樣可怕的損失，因為他們當時趨向綏靖主義，對歐洲事務不感興趣。一七○一年的變化來得很快。歐洲被喚醒了，英格蘭感到驚愕，戰士因此重拾武器；剛剛解散的軍隊以及被輕鬆解職而且受到蔑視的軍官，又再度變得重要起來。戰鼓再度開始響起，沾沾自喜的商人與詭計多端的政客，都求助於他們不久前才苛待與壓抑的軍人階級。在初夏，輝格黨覺得自己受到全國日漸成長的同仇敵愾氣氛所支持。肯特的地主向平民院提出請願，請求平民院批准供應補給，讓國王能在「為時太晚之前」幫助盟國。平民院卻將提出請願書的縉紳送入監獄，這代表國會和國王一樣專制；但是來自法蘭西的威脅日漸明顯，英格蘭人在追求安居樂業的島國上幾乎就可以聽到砲聲。平民院終於

在六月授權給國王尋找盟友，而且無論如何都保證給予他一萬名士兵調往荷蘭。威廉這時候感覺到形勢變得對他有利，到了一七○一年中葉，他在英荷兩國的反對派——英國平民院中的托利黨多數與阿姆斯特丹（Amsterdam）有權勢的自治市市民——都要求他實行他自己認為「為保持歐洲和平而需要做的」一切事，也就是要求他作戰。

　　在這過程中威廉與馬爾博羅團結起來。他們同心協力，而他們之間的夥伴關係也同樣平等。威廉國王現在知道他可以再度動用英格蘭的武力，但同時他也感到沮喪，因為他相信自己將再也無法指揮部隊。雙方都沒有時間半信半疑或者是翻舊帳；一定要有個人繼續幹下去，而威廉國王心中知道只有一個人做得到。五月三十一日威廉國王宣布馬爾博羅為派往荷蘭的英軍總指揮，而且在六月任命馬爾博羅為駐聯合行省[3]的特別大使。他賜予馬爾博羅自行決定的權力，不但可以擬定條約，而且如果需要的話，還能夠締結條約，而不必請示國王或國會。雖然這個統治時期的過去許多機會都因為他們兩人的不睦與誤解而被毀壞或喪失了，但這兩位軍事政治家最後終於聯手禦敵。雖然失去了許多機會，但它們全都可以挽回。大聯盟此時開始成形。

＊　　　＊　　　＊　　　＊　　　＊

　　就在這種沈悶的氣氛中，英格蘭發生了驚天動地的大事。一七○一年九月十六日詹姆斯二世歸天。路易十四前往聖日耳曼奔喪，對影子內閣宣布他承認詹姆斯的兒子為英格蘭的國王，並且會一直維護後者的權利。他不久就被自己這個舉動的後果給嚇到了。英格蘭被這個侮辱喚醒了對獨立的感受。王位繼承法已經明定王位的繼承方式，而賴斯威克條約不但以正式條文，而且憑著君子的協定，使路易十四受到約束，必須承認威廉三世為國王，而且不得妨礙。英格蘭的法律受到法國暴君這種傲慢行為的破壞，而英格蘭依上述條約而擁有的權利，也因為法蘭西專制君主違約而受到侵犯。輝格黨與托利黨在國會中對這種公然的侮辱爭相抗議；全國人民也

都決定作戰。馬爾博羅弄清楚國會的感受之後，擬定並且提出的一些條約全都得到批准，而且國會還給予國王充分的軍費。威廉國王與法蘭西斷絕外交關係；神聖羅馬國皇帝則已經開始對法蘭西作戰，著名的將領薩瓦親王尤金（Prince Eugene of Savoy）正在義大利北方戰鬥。

　　但是現在威廉卻不聽馬爾博羅的勸告而解散了國會。他無法抗拒誘惑而趁此時機拉下托利黨人，這些人在選民面前被許多事件弄得不知所措。他希望有個勢力強大的輝格黨多數。但是托利黨人雖然判斷錯誤，也對自己沒有信心，不過仍然進行頑強的抵抗；儘管他們的記錄不佳，但他們仍夠強大，而以四票的多數使哈利回到新國會的議長寶座。托利黨人忘記了自己的惡行，但永遠不會原諒國王，因爲國王曾經對他們玩弄黨派詭計，而詭計失敗了；他們期望他一命歸天，不過卻與輝格黨聯手支持他的戰爭。儘管因大選而使情況有所改變，馬爾博羅仍繼續進行英格蘭的外交政策，推動軍備與外交攻勢，以便與法蘭西競爭。

　　現在形成了第二次大聯盟，對那些被威廉的七年戰爭弄得筋疲力盡的人而言，這看起來無疑是不顧安危的冒險之舉。法蘭西未發一槍便已經得到了爭執已久的所有城堡與疆土。而世界上幅員最廣大的帝國則從聯盟中抽身，站到敵方，因此爲敵方添加了資源——西班牙改變立場，而隨著西班牙改變的不僅有印度群島、南美、義大利大部分地區，而且還有歐洲的古戰場比利時與盧森堡。薩瓦這背棄者仍然站在法蘭西這一方，儘管它最了不起的親王是位奧地利將領；科倫（Cologne）大主教轄區現在也是法蘭西的盟友；巴伐利亞在上次戰爭中忠貞不渝，在新的鬥爭中將與法蘭西並肩作戰。海上強權除了自己的海岸，幾乎沒有友善的港口；新大陸除了北方之外都成了禁區；地中海實際上已經成爲法蘭西的內湖；普利茅斯以南任何加強防禦的海港也都不對英國與荷蘭的船隻開放。英荷兩國都有優越的艦隊，但是沒有中途基地而無法進入內海。

　　陸地方面，整個荷蘭禦敵的防衛障礙都已經落入法蘭西人之

手。它們不但不再是保衛荷蘭的屏障，反而成了法蘭西的出擊港。路易十四占據著科倫與特里夫斯（Treves）兩個城市，儼然成為默茲河（the Meuse）流域與萊茵河下游的主人；他掌握著英吉利海峽的所有港口，並且從那慕爾經安特衛普到海邊都挖壕固守。路易十四在冬天的部署，透露了他想在來年春天的軍事攻勢中沿著幾乎導致荷蘭於一六七二年臣服的同樣路線重新入侵荷蘭。堡壘遍佈、氣氛肅殺的前線，槍砲林立，部隊雲集而補給充盈，顯示襲擊即將開始；荷蘭人都掩藏在洪水環繞的地區之內與殘餘的據點後面。最後，巴伐利亞投靠到法蘭西那一方，正好將哈布斯堡王朝領土的心臟地帶敞開在法蘭西入侵的武力之前。匈牙利人起義反抗奧地利的統治，而土耳其人再度進犯。在陸上或海上的每項策略中，還有在疆土及人口各方面，路易十四於西班牙王位繼承戰爭的開始之際，都比他在簽訂賴斯威克條約時要強上一倍。甚至連教皇都改變了立場。教皇克里門十一世（Clement XI）已經放棄了英諾森十一世（Innocent XI）的政策，開始支持路易十四的要求與他龐大的軍隊。這似乎是厄運當頭的景象，而英格蘭人早就明白，這大都是他們派系傾軋與喜怒不定的結果。

　　此時死神趕上了威廉。「一位穿黑色天鵝絨的小紳士」[4]是許多熱心的詹姆斯二世黨人一連串祝頌詞當中提到的英雄，他現在介入了威廉的命運。一七○二年二月二十日，威廉正在漢普頓宮周圍的花園騎著他的愛馬索瑞爾（Sorrel），而索瑞爾被鼴鼠新做的地洞絆倒，威廉因此跌下馬來，摔斷了鎖骨。威廉的骨折可能是治好了，但是健康卻直走下坡。這件意外引發了原來隱藏的許多併發症，在兩個星期之後，他與所有看到他的人都明白死神快來了。世界戲劇的帷幕將要升起，威廉對這齣戲的興趣使得他的頭腦格外清醒，不過死亡陰影即將包圍住他。他就要離開代表他一生辛勞與熱情的目標與聯盟，不免感到有些神傷；但是他看到了英格蘭將有個新國王與政府，他們將維持他曾經費力爭取的權利。他看到了這個唯一的人選，不管是戰爭或政策，在歐洲外交錯綜複雜的糾纏中，

在英格蘭的黨派紛亂中，或者在戰場的千驚萬險當中，他都能將這令人敬畏的，然而無法逃避的任務託付給這個人。威廉國王深思熟慮做好準備，要將領導權傳給擁護新教信仰與歐洲自由的一位新人；他在晚年將馬爾博羅編入了他的聯盟和政策的組織之中，他在彌留之際，向繼位的安妮推薦馬爾博羅，認為他是王國中能引導樞密院與統御部隊的最適當人選。威廉因為治國過分辛勞而筋疲力竭，終於在五十二歲時駕崩；馬爾博羅在同樣的年紀，則大步向前邁進，力抗敵人的絕對優勢，歷經十年征戰都只勝不敗。馬爾博羅把不列顛民族在世界上的地位提高到從未達到的程度。

【1】 譯注：Madame de Maintenon（1635-1719），法國國王路易十四的第二位妻子，原為宮廷女官，後成國王續絃。

【2】 譯注：古代庇里牛斯山中有個西班牙納瓦拉王國，後來被法國併吞，故西班牙大使才有此語。

【3】 譯注：一五八一年低地區宣布脫離西班牙而獨立，莫下建立尼德蘭基礎之北方七省。

【4】 譯注：指死神。

第四章　馬爾博羅：布萊尼姆與拉米耶

　　安妮女王的時代被公認為是英格蘭勢力空前登峰造極的時代。馬爾博羅在戰場上才華洋溢，在對王室的諫議上也表現得相當睿智，使得國家的實力日增，而能夠對歐洲發揮充分的影響力。鬥雞場小圈子[1]長期發展的親密友誼，現在於統治著英格蘭的最小、最有效率的行政部門之中找到發聲的管道。莎拉左右著女王，馬爾博羅指揮著戰爭，而戈多爾芬掌控著國會。女王在這五年光輝的歲月中相當高興，十分信賴地將她的一切政事都交給這些能臣；就像在克倫威爾的時代一樣，用英格蘭的所有力量來爭取世界的領導權，不過她此時的基礎比起克倫威爾時代更為雄厚、強大。

　　在那個時候，英格蘭統治階級裡有才能的人特別多。不但貴族，連鄉紳之中都有多如過江之鯽、身心都相當優秀的人才。所有政府的官職——軍事的或政治的——都能夠由二、三倍精明能幹、精力充沛、敢做敢為，而且雄心勃勃的人物來擔任。它也是英國文學的全盛時代。艾迪生（Joseph Addison）[2]、狄福（Daniel Defoe）[3]、蒲伯（Alexander Pope）[4]、斯梯爾（Sir Richard Steele）[5]、斯威夫特（Jonathan Swift）[6]等等都是今日閃閃發亮的名字。書籍、詩歌與小冊子大量問世；藝術與科學都很昌盛。在查理二世統治時期創立的皇家學會（the Royal Society）[7]，現在成果纍纍。伊薩克·牛頓爵士（Sir Issac Newton）在數學、物理、天文學方面完成了隨著文藝復興而開始的觀念革命。雷恩（Sir Christopher Wren）[8]使建築達到高超的成就，范布勒（Sir John Vanbrugh）[9]則為建築樹立巍然的紀念碑。

　　各方的爭議在這整個時代中走向極端。早先歲月裡的宗教熱情現在都注入了政治傾軋的元素，黨派團體的鬥爭從來沒有這麼激烈過，持續得如此兇猛，有時更是肆無忌憚。個人與黨派都對時機的訊息與重要性非常敏感，彼此拼命地爭取對國家的控制，或者在政府中分一杯羹。他們不遺餘力地鬥爭，但是在安妮統治的初期，他

們都以打倒法蘭西爲共同目標。不過這可並不是輕而易舉的小事，因爲當時英格蘭的臣民只有五百萬人而已，而由「大王」統治的巍然法蘭西，人口幾乎快二千萬人。而且在威廉國王作戰的歲月裡，英格蘭付出極高的成本，但成果卻乏善可陳。路易十四如今揚揚得意，似乎就要雄霸天下，君臨四海。然而他即將被打垮而且受到屈辱，之後的安妮女王統治時期心力大都耗在應該要和路易十四簽訂怎樣的協定條件的爭論上。

　　但是一七○二年三月安妮登上王位的時候，這一切形勢都相當不一樣。她身穿王袍，佩戴勳章，出席兩院的會議，恢復了人們對伊莉莎白女王的回憶。她說：「我知道我的心全屬於英格蘭。」她在國家政策方面接納馬爾博羅的建議，在她統治的早期，她對他相當倚重，視他爲她主要的，而且是唯一的指導者。兩大政黨也都稱讚馬爾博羅的才賦，有段時間他超然於他們的鬥爭之外；軍隊方面也瞭解如果他有權在手，一定會堅定不移地推行國王威廉三世的新教政策與好戰政策。克倫威爾與清教徒的信念在英格蘭民族中仍有著強烈的影響，也因此加強了愛國的民族情操；安妮才剛登基統治天下，臣民就忠心擁戴。這情況正是安妮公主長期以來密切期待的「艷陽天」。

　　馬爾博羅被任命爲國內外軍隊的總司令，而他受命之後立即就採取行動。安妮女王於三月八日在樞密院開會，馬爾博羅即馬上通知神聖羅馬帝國大使符拉特斯勞（Wratislaw），表示女王像已故的威廉國王一樣，會堅定支持神聖羅馬帝國皇帝的利益；當天晚上他再派人送私函給荷蘭的共和國執政（或首席大臣）安東・海因修斯（Anton Heinsius），以安妮女王之名保證進行戰爭的決心，同時堅守英荷條約；同時他也會抽空盡早揚帆前往海牙（Hague）。

　　這是荷蘭共和國（the Dutch Republic）的偉大時期。曾經在西班牙宗教迫害的火中溶鑄，英勇地在陸上抗法與海上抗英而飽受試煉的七個行省，現在團結一致，成爲歐洲非凡的重要力量。但是威廉三世的逝世使得荷蘭寡頭政治的整個結構發生動搖；他並未留

下奧蘭治家族直系的繼承人成爲聯合行省首屆一指的聯省執政。誰能夠統率它們的軍隊抵抗聚集的敵人呢？誰能夠保住海上強權的共同大業呢？伯內特（Burnet）主教談到荷蘭議會（the States-General）時說：「他們一接到國王殯天的消息，就立即聚在一起，驚愕得彼此相視。他們彼此相擁，承諾團結，共同維護國家的利益。」在威廉逝世的消息之後，緊接著馬爾博羅的信也送達了。

馬爾博羅不久就身處在他們之中。他之前已經根據威廉國王的旨意談成建立大聯盟的一套協定，所以荷蘭各方的勢力都掌握在他手中。他立即使大小各省以及時常衝突的利益團體團結一致，達到甚至威廉的王室威權也做不到的程度。

安妮女王有個想法，就是她的夫婿喬治親王將成爲海上強權聯軍的大元帥（Generalissimo）；而荷蘭也有一些人希望由荷蘭人來率領她的部隊。但是最後一切大權都落入了馬爾博羅手中。荷蘭聯省執政暨總指揮的官職暫時擱置，而馬爾博羅被任命爲荷蘭的副總司令（Deputy Captain-General），因此位尊權高，同時指揮兩個西方強權的軍隊。當時剛成爲獨立王國不久的普魯士（Prussia）以及萊茵河日耳曼聯邦（the Germanic States of the Rhine），不久便自然地與英荷兩國聯合在一起。雖然馬爾博羅擁有最高的官銜與普遍的敬重，但是他都以極大的耐心與說服來維護其威權；他從來不像拿破崙那樣下達不容置辯的命令，他爲了每項行動，幾乎都必須徵求目標不同、意見分歧的利益團體一致同意，以及靠著各種不同且微妙的方法來建立他的優越地位。馬爾博羅從來就不是倫敦政府的首腦，他與履行許多首相職責並且才幹卓越的財務大臣戈多爾芬緊密無間地合作。但是在擬定計畫的時候，兩人都必須考慮到西敏寺宮所施加的壓力以及大公們的強大影響力。他們從來都沒有獲得不受質疑的特權，所以他們必須謹慎注意每一步。馬爾博羅身爲軍事天才，名聲響遍歐洲大陸，但是他迄今從來沒有指揮過大軍；而現在卻要統率近來已參與過數次戰役的十幾位荷蘭與日耳曼的將領。這個時候成功地在義大利進行軍事攻勢的神

聖羅馬帝國將領尤金親王也嶄露頭角，成了聯軍的首席名將。

＊　　　　＊　　　　＊　　　　＊　　　　＊

　　一七○二年，路易十四決定用他最強大的軍隊進攻荷蘭。他知道威廉國王的逝世已經讓這個共和國意見分歧、前途未定，他也相信荷蘭與英格蘭的關係至少已經減弱不少；他期望英荷兩國有個猶豫與中斷連繫的階段，若是採取軍事行動而使他在這個階段變得有利，他便有可能擊潰荷蘭人與嚇走英格蘭人。路易十四認為馬爾博羅是得寵的宮廷人物，具有能耐，並且忙於運用權謀，但是他的影響力卻應歸功於女王與他的妻子交情不錯。因此法蘭西最高指揮部就在軍事攻勢開始時，將大軍的主力安置在距離寧威根（Nimwegen）不到二十英里的範圍之內，默茲河流減與萊茵河流域之間的地方。

　　馬爾博羅於五月率軍前往寧威根。他發現聯軍部隊的士氣低沈，將領勾心鬥角；但是當他接觸到陸軍的軍事行動時，這種心情截然改觀。對部隊的調動具有否決權的荷蘭戰場副將領們全被說服，而且授權進攻敵軍。雖然馬爾博羅因為在皮爾（Peer）石南荒原的決戰受阻而失去了有利的機會，但法軍也立刻被逼著採取守勢。這位總司令在輝煌的軍事攻勢中征服了默茲河沿線的所有堡壘，打通了整個河道，這一切具有實質效果的挺進，取代了威廉勇敢但毫無成果的努力；迄今積極侵略的法軍受到了阻礙，踟躕不前，終於開始撤退。在猛攻並佔領列日之後，馬爾博羅千鈞一髮地在默茲河上逃過伏擊，回到海牙，受到荷蘭人熱烈的歡迎；他回到英格蘭時也被女王封為公爵。就在戰爭的頭一年，戰爭的浪潮對聯軍不利，整個聯盟似乎就要崩潰；但不久就因為態度堅定不移而且勝利有望，聯盟又再度得以鞏固。

　　一七○二年英格蘭另一項冒險，是海軍遠征卡地茲（Cadiz）。威廉三世明白地中海與防守其入口的港灣對英格蘭的重要性。英格蘭與黎凡特地區（the Levant）[10] 的貿易受到法蘭西野心的嚴重威脅，而且法蘭西人在西班牙繼承王位會危及到英格蘭的商業利

益。因此在七月底，一支強大的艦隊在奧蒙德（Ormonde）公爵
與海軍將領喬治‧羅克爵士（Sir George Rooke）率領下啓航前
往卡地茲。這兩位指揮官都缺乏勇氣，未能突擊而一舉強行奪下這
個港口，而是自行採取了比較容易的做法。他們派遣部隊登陸，奪
取海岸上的要塞，發生了一連串拖延時間並且雜亂無章的爭戰；英
軍大肆劫掠，做了許多傷天害理的事。關於這種暴行的消息傳遍了
西班牙。同時，港口的防禦愈來愈強，西班牙人在港口放置了柵
欄，在航道上擊沈英國船艦。一個月之後，英軍將領終於決定讓士
卒重新上船，啓航返國。

　　他們運氣好而出現意外的收獲，因此減輕了這次遠征的不光
彩。羅克與奧蒙德交惡，互相責備，正敗興返國之際，卻傳來消息
指出西班牙運寶船隊載著來自印度群島數以百萬計的財寶駛入了維
哥灣（Vigo Bay）；於是他們興奮地召開作戰會議，決定襲擊這
個港口。黃金的誘惑與卡地茲受挫的恥辱刺激著這些指揮官，最後
他們決定放縱他們的士兵奮力作戰。等到夕陽西下，他們都成了維
哥灣的主人；敵人全部船隊遭到擊沈、焚燒或被擄獲，沒有一艘船
逃脫。在戰鬥之前，印度群島的財寶已經忙亂地由騾子載著運往陸
上，不過剩下的百萬純銀也足夠讓勝利者帶回國去支助財政部以及
安撫國會了。儘管如此，英國政府仍然下令徹底調查羅克與奧蒙德
在卡地茲的作爲。馬爾博羅批准遠征，並且視奪下卡地茲爲進入地
中海以及攫取米諾卡島（Minorca）的踏腳石，他現在則要出面保
護這兩位受指責的指揮官。不過如果他們在卡地茲表現出在維哥灣
一半的勇氣，海上強權在一七〇三年早就是地中海的主人了。

　　　　＊　　　　＊　　　　＊　　　　＊　　　　＊

　　安妮女王的即位，似乎開啓了托利黨興盛的階段。威廉國王任
用的輝格黨大臣都已經失勢。在戈多爾芬的政府中，女王的叔叔羅
徹斯特（Rochester）以及威廉國王的托利黨重臣諾丁罕，都扮演
著極有分量、不可一世的角色。但是打從一開始，與戈多爾芬休戚
與共的馬爾博羅，便和他們的托利黨同僚有著很深的分歧。傳統托

利黨的觀念是，英格蘭不應該期望在歐洲大陸的鬥爭中扮演領導的角色，它眞正的政策應是僅以海軍力量從事干預，而趁歐洲發生衝突的時候奪取新大陸的土地。托利黨人很討厭派遣大軍到歐陸，他們也對英國在歐洲得到的勝利不屑一顧；他們時常抱怨或假裝抱怨軍事支出費用。他們聲稱那些敦促干預歐洲事務的利益團體，利用政府提供的貸款而大發戰爭財；他們說鄉紳的財產正遭人騙取，同時倫敦市、銀行家與商人大量收買抵押的土地。

另一方面輝格黨人雖然失勢，但仍然熱烈支持建立最大的軍事力量。他們支持馬爾博羅的所有政策；他們嘲笑殖民遠征的錯誤戰略，並認爲如果不能在具決定性的主戰場獲得勝利，國家的任何利益都不會安全。雙方各執一詞的意見衝突，主控著安妮統治時期的政治。馬爾博羅與戈多爾芬發現他們自己在應該如何作戰的重大問題上，一直不斷地與其他托利黨同僚的意見相左；他們兩人認爲如果英格蘭不全心全意地參加歐洲大陸戰爭，路易十四就會贏得此戰。這是個根本問題，而馬爾博羅感到很遺憾，發現非得運用他對女王的影響力來對付托利黨的領袖。

此外，還有宗教方面的糾葛。安妮女王、馬爾博羅與戈多爾芬都是出身托利黨人，而且全都是國教教徒。安妮長久以來認爲她父親的兒子——流亡的威爾斯王子——並非她的兄弟，現在她已經放棄了這種想法。王子在法蘭西的保護下度日，英國歷史視他爲「老王位覬覦者」（Old Pretender）；在法蘭西歷史上他的名字比較氣派，被視爲聖喬治的騎士（the Chevalier of St. George）。安妮女王的內心自覺是個篡位者，而她也因爲感到沒有善待過她去世的父親而感到內疚。她對這些自省唯一感到寬心之處，是她絕對信仰英國國教；她認爲，不惜一切代價捍衛與珍惜這個神聖的制度是她的職責，而英國國教的維護與她自己的稱號以及她王國的安寧息息相關。爲了她信仰天主教的哥哥而退位不但會背叛她的宗教，而且還會讓內戰的恐怖降臨在這塊她統治、愛護以及在許多方面就等同於她的土地上。

　　平民院的托利黨人士針對不信國教的人進行鬥爭。宣誓法
（Test Acts）仍舊施行，但由於戰爭中的袍澤之情以及人民對新
君的忠誠，有人規避了這些法令，而且也得到默許。根據英國國教
的慣例，一個希望擔任官職的清教徒商人只要在這一年中的某日參
加聖餐禮（Sacrament）之後，便可持續前往非英國國教的小教堂
做禮拜。一七○二年的秋天，托利黨人提出「臨時遵奉國教法案」
（Occasional Conformity Bill），目的在於藉著取消這些逃脫刑
罰的立法方式，使他們的政敵失去擔任官職的資格。他們認為只是
形式上順從國教是虛偽的也是褻瀆的，這麼做的目的是為了求公職
而逃避法律。這種做法應該立即予以禁止。這個法案在平民院中通
過數次，但卻被貴族院拒絕。在威廉國王統治之下所建立的主教法
庭反對這項法案。安妮女王的丈夫喬治親王本身即是一位路德派教
徒，他自然會受到影響。女王在對英國國教的忠誠與懲罰涉及王室
臣民（包括自己丈夫在內）的不當行徑之間掙扎，而且這些人都是
馬爾博羅戰爭方針最強而有力的支持者。不過因為托利黨的勢力十
分可觀，以致於馬爾博羅與戈多爾芬都不敢公開反對此一法案，他
們只好公開地對它表示贊成，而在幕後成功地運用他們的影響力企
圖將它消除。

　　　　＊　　　　＊　　　　＊　　　　＊　　　　＊

　　對於一七○三年的軍事行動而言，馬爾博羅足以將盟國的「大
軍」集中在前一年戰役的起點寧威根以南八十英里的馬斯垂克
（Maastricht）一帶。他打算奪下奧斯坦德（Ostend）與安特衛普，
因為奧斯坦德會為他與英格蘭之間提供新的交通線；安特衛普控制
著須爾德河（the Scheldt）、利斯河（the Lys）與許多運河的水
道，再加上默茲河，便形成向法蘭西要塞挺進的主要路線。馬爾博
羅順從荷蘭人的意見，先開始包圍萊因河畔的波昂（Bonn）；攻
陷波昂後，他企圖攻下安特衛普，隨即便快速地調動兵馬與強行
軍。然而這個他所謂的「大計」並沒有成功，原因是荷蘭士兵不願
意進行馬爾博羅極為凌厲的攻勢戰。這項軍事行動最後奪下了默茲

河畔的烏威以及林堡（Limburg）。荷蘭人對於他們自認為成功的一年感到樂不可支，在勛章上刻下「不殺而勝」（Victorious with-out Slaughter）的字句。但是同時間神聖羅馬皇帝的部隊在多瑙河（the Danube）與萊茵河上游（the Upper Rhine）卻經常失利；他們在巴伐利亞的戰場上戰敗，而堡壘森嚴的名城如奧格斯堡（Augsburg）、拉迪斯本（Ratisbon），尤其是蘭道（Landau），都宣告失守，使得法蘭西得以控制日耳曼南部與萊茵河上游地區。

托利黨人將這些戰局的逆轉歸咎於輝格黨的歐洲大陸戰爭政策；而輝格黨人在下野與飽受責難的雙重壓力下大為沮喪。一七〇三年的冬天，大聯盟的盟國在國內外的運氣都很不好；而安妮女王在此時則表現出她崇高的地位，她使用在鬥雞場小圈子裡流行的私人暱稱寫信給莎拉說：「我絕不放棄親愛的妳、妳的自由人先生（指馬爾博羅），也不放棄蒙哥馬利先生（指戈多爾芬），我永遠都是你堅定不移的忠僕。在死神用公正的手將我們的性命奪去之前，我們四個人都一定不分離。」馬爾博羅得到這種支持，便在冬季策畫最優秀的戰略，打算將戰爭整個扭轉乾坤。

但是在馬爾博羅奔向歐洲大陸之前，還得先改造托利黨強硬派組成的政府。羅徹斯特此時已經解職，諾丁罕不久後也要去職，一定要有個新人來填補這個空缺。我們已經見過積極裁軍與反對威廉國王外交政策的哈利，他這時候是平民院議長、托利黨溫和派的領袖以及平民院實際的領袖；他現在應邀出任國務大臣，政府的內層圈子為了容納他而擴大。現在的聯合陣線包括馬爾博羅、戈多爾芬、哈利以及女王與莎拉；此外，哈利的隨扈亨利・聖約翰（Henry St John）是位年輕的職員，他因為發表了才華洋溢的演說，贊成「臨時遵奉國教法案」而嶄露頭角，成了軍務大臣而與馬爾博羅保持密切的連繫。馬爾博羅將所有這些都安排好了，並且在國會獲得托利黨溫和派與輝格黨人的多數支持之後，便啟航前往荷蘭。

巴伐利亞的選帝侯背棄神聖羅馬帝國皇帝，成了法蘭西的盟

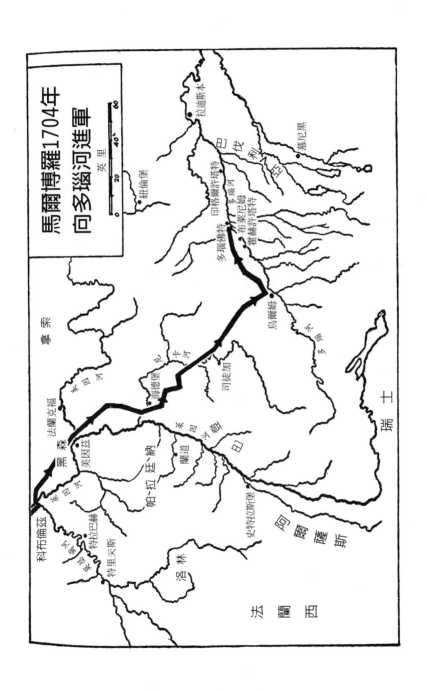

馬爾博羅1704年
向多瑙河進軍

英里
0 20 40 60

友；馬桑元帥（Marshal Marsin）率領的法軍已經奉命前往援助
他，而神聖羅馬帝國的首都維也納顯然會在來年曝露在致命的危險
之下。馬爾博羅靠著巧妙的說服與欺騙，加上海因修斯的配合，獲
得了荷蘭議會的首肯，率領英軍與拿英國薪餉的部隊攻擊莫瑟爾河
（the Moselle）。馬爾博羅自己卻離開駐守在荷蘭的主力部隊，
並且迅速行軍通過波昂而直搗科布倫茲（Coblenz）。此時，他的
敵人與戰友都料想他應該會朝右轉，向南上溯莫瑟爾河到達特拉巴
赫（Trarbach）與特里夫斯，而他此時才顯露出其真正意圖的第一
部分而已。一長列的紅衫軍通過河流的匯合處，利用浮橋渡過萊茵
河，日夜行軍通過美因茲（Mainz）與海德堡（Heidelberg）而進
入日耳曼的心臟地帶。渡過尼卡河（the Neckar）之後，馬爾博
羅與普魯士以及日耳曼其他各邦的部隊會師，並於六月十一日與統
率神聖羅馬帝國萊因軍隊的邊防大臣，也就是巴登的路易親王，以
及並沒有實際指揮權，卻代表神聖羅馬帝國最高軍事當局的尤金親
王兩人會合。馬爾博羅公爵與尤金自此開始持續了七年互不猜忌、
所向無敵、令人讚嘆的袍澤之情。

英國軍事史中所提及的英勇事蹟，都遠比不上馬爾博羅從北海
前往多瑙河的行軍。在馬爾博羅行軍的同時，法蘭西的所有軍事作
戰計畫都還沒確定。馬爾博羅一離開低地區，維魯勒魯瓦元帥
（Marshal Villeroy）便移師到默茲河迎擊其軍隊。馬爾博羅到達
海德堡之後，法蘭西的將領都等著在萊茵河上游交戰，一直到他抵
達多瑙河一帶時，他們才明白他要攻打巴伐利亞與拯救維也納。帶
領法蘭西第二支軍隊的塔拉爾元帥（Marshal Tallard）立刻
奉命去增援選帝侯與馬桑元帥麾下的法蘭西部隊。馬爾博羅與邊
防大臣路易親王已經到達多瑙河，浴血出擊攻下施倫貝格
（Schellenberg）的塹壕，將那裡的守軍都趕進河裡，強行進入巴
伐利亞。由於選帝侯並沒有屈服，馬爾博羅便對這個國家進行軍事
制裁，繼之以悲慘的蹂躪與摧殘。

同時，尤金因為塔拉爾擁有的兵力優勢而決定後撤，調度士兵

以便與馬爾博羅會師。法蘭西與巴伐利亞的軍隊現在結合起來，重新渡過多瑙河。塔拉爾自信能夠將盟軍打得落花流水。雖然邊防大臣路易身邊的意見都傾向予以阻擋，但馬爾博羅還是說服了路易去包圍印格爾許塔特（Ingolstadt），他自己則行軍去與尤金會師。這兩位被描述爲「兩體一心」的虎將於八月十三日清晨撲向位於多瑙河畔霍赫許塔特（Hochstadt）的法軍與巴伐利亞軍。法軍人數較多一點，大砲威力遠較盟軍強大，而且有勒貝河（the Nebel）沼地溪流保護的堅強陣地。雙方交戰，猛烈空前。尤金指揮右翼，馬爾博羅指揮左翼及中軍。英軍先前攻下的布蘭德海姆（Blindheim）──或者歷史上稱爲布萊尼姆（Blenheim）──此時失守。有幾個小時之久雙方僵持，難定勝負。但是馬爾博羅大約在下午五點三十分時，在一連串錯綜複雜的調動人馬之後越過了勒貝河，集中佔壓倒優勢的騎兵，由步兵與砲兵支援，攻擊因爲抵禦兩翼而曝露的法蘭西中軍。在八十個騎兵大隊前方馬爾博羅打垮了法蘭西中軍，擊潰了法蘭西騎兵，將數千名敵兵趕入多瑙河溺死，將殘餘的法蘭西方陣打得七零八落，並將擠入布萊尼姆的大批法軍包圍起來。在這個紀念日的黃昏時刻，他已經有時間寫信給妻子：「我沒有時間細述，但是請你代我向女王致意，讓她知道她的軍隊已經獲得光榮的勝利。塔拉爾先生與另外兩名將領已經被俘，坐在我的馬車中，而我正在追擊殘敵。」

　　布萊尼姆的勝利幾乎消滅了法蘭西與巴伐利亞在多瑙河一線的軍隊，共約有四萬多人陣亡、負傷、被俘或潰散，而殘兵穿過黑森林（Black Forest）向萊茵河上游撤退。法、巴兩軍總數的三分之一都伏屍沙場；一萬三千名未受傷的俘虜，其中包括法蘭西最有名的兵團，都於十三日的晚上落入英軍手中。烏爾姆（Ulm）在經過短暫的包圍之後開城投降。馬爾博羅馬不停地朝萊茵河西方的三角地區行軍，不久後在那裡就集結了將近十萬人。他與尤金以及邊防大人路易沿著萊茵河左岸追逐法軍直到史特拉斯堡（Strasbourg），並且包圍蘭道。而蘭道也在十一月豎起白旗。馬爾博羅並沒有因爲

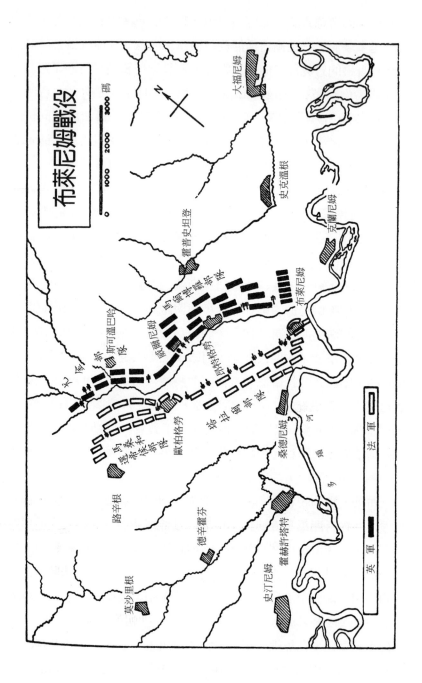

布萊尼姆戰役

碼
0 1000 2000 3000

大福尼姆

史克溫根

克蘭尼姆

霍普史坦登

斯可溫巴哈 部隊

歐爾尼姆

馬爾博羅 部隊

布萊尼姆

歐普格勞

頓特部隊

塔拉爾部隊

桑德尼姆

馬桑和希侯部隊

涅勃 河

路辛根

德辛霍芬

史汀里根

霍羅許塔特

法軍

英軍

這些卓越的努力而感到疲累，他在十月間從萊茵河行軍到莫瑟爾河；他在那裡奪下特里夫斯與特拉巴赫而結束了整場軍事行動，完成了戰爭史的典範。

整個歐洲面對這些驚人的事件噤聲不語。路易十四無法瞭解為什麼他的精兵會被打敗，而且還被消滅；從這個時刻起他不再考慮掌管天下，而只想從自己挑起的這場戰爭中全身而退。大聯盟的整個武力恢復了，而且趨於鞏固；它也粉碎了先前歐洲已承受長達一個世代的法國軍事恐懼。馬爾博羅崛起，甚至還在他的袍澤尤金之上，成為那個時代最為卓越的軍人；而且由於同時還主持大聯盟的外交與實務，他有一陣子也成了對抗路易十四聯盟的實際首領。英格蘭隨著馬爾博羅升到了榮譽的巔峰，而自四個世紀前克雷西與亞金科特兩役以來便從來沒有嘗過凱旋滋味的英國人，此時簡直喜不自勝。托利黨人之前曾經因為馬爾博羅不可饒恕地深入歐陸而反對他，他們曾宣布如果他失敗，他們會「像獵犬一起對付野兔一樣地將他搞垮」；但此刻他們也因為愛國而完全無法抑制自己對馬爾博羅所發出的讚揚。脫離困境的安妮女王也被獲得的光榮樂昏了頭，對馬爾博羅厚賜財富與勳獎。新年那一天，豪華的車輛插滿旌旗，滿載戰利品馳過倫敦街頭前往西敏寺宮，塔拉爾元帥與其他有名望的法蘭西俘虜都被安置到鄉下宅邸軟禁。這段期間黨派的爭執，甚至個人的猜忌都似乎因此而停了下來。

＊　　　　＊　　　　＊　　　　＊　　　　＊

同一年，英國在海上的成果也很輝煌。不久之前與葡萄牙簽訂的盟約，使得英國可以有效地介入地中海，因為里斯本（Lisbon）港現在由英國海軍掌控。一七○四年五月海軍將領羅克率領的強大英荷艦隊駛入地中海，這是持久海戰勝利的前奏。由於克洛迪斯利・蕭維爾爵士（Sir Cloudesley Shovell）率領艦隊支援，羅克於七月起開始注意直布羅陀（Rock of Gibraltar）這個要塞；當時這個要塞只比停泊處大一點，但是它在地中海門戶的重要性都已經為人所公認。在一連串砲擊之後，這個要塞於八月四日陷落，同

一個月分黑森達姆許塔特（Hesse-Darmstadt）的喬治親王也率領
聯合軍隊從陸上攻擊布萊尼姆。法蘭西與西班牙政府都因為一個新
強權突然闖入地中海而感到煩惱。海上戰爭的權力均勢受到了威
脅，法蘭西整個艦隊傾巢而出，尋敵挑戰；但是他們在馬拉加
（Malaga）外海的一場血戰並沒有佔到便宜，因此他們決定用包圍
來收復直布羅陀。一七○四年年尾到一七○五年年初的這整個冬
天，英荷的衛戍部隊在達姆許塔特的率領下擊退了法軍的猛攻。
由於遲遲無法攻下直布羅陀，法蘭西與西班牙為了戰略相異而失
和翻臉；直布羅陀仍然掌握在英格蘭的手中，並且成為擁有海權
之鑰。

＊　　　　＊　　　　＊　　　　＊　　　　＊

這場戰爭現在出現了奇怪的律動。當盟國運氣不佳的時候，大
家就全都服從馬爾博羅，並且依賴著他找出安全的道路；但是當他
似乎萬無一失地製造可望勝利的局面，原先的恐懼與困難都因而得
以舒緩時，馬爾博羅便再度受到阻撓與控制。一七○二年軍事行動
相當輝煌，一七○三年則令人失望，一七○四年有重大的轉折，一
七○五年卻又不團結。馬爾博羅計畫在一七○五年上溯莫瑟爾河向
巴黎進軍，他為此已經在一七○四年年底做好了準備。馬爾博羅於
四月抵達海牙，五月到達戰場，他與六萬名英荷部隊先後在科布倫
茲、特拉巴赫、特里夫斯等地建立基地，在艱難且危險的行軍之後
抵達薩路易（Saarlouis）；維拉爾元帥（Marshal Villars）率領
較多的兵力在那裡等候著他。馬爾博羅時常期望著準備好集結邊防
大人路易的軍隊與萊茵河沿岸幾位親王的部隊，但是這些部隊全都
遲遲才到達會合地點。邊防大人路易因為未能分享布萊尼姆戰役的
光榮而耿耿於懷，故意與馬爾博羅作對，但也由於健康不佳而沒有
表現出過度的怨氣。然而馬爾博羅還是孤立無援，被逼著放棄率領
十萬人進行決戰與直搗巴黎的計畫，十天之中他所在的位置相當危
險，軍需補給更是難以應付。他寫道：「我們身在一個找不到任何
食物的國家，假如我們缺少一天的麵包，我們都將毀了。」六月十

七日馬爾博羅長行軍回到特里夫斯，隨後經過當時幾乎是荒野，位於莫瑟爾河與默茲河之間林木蔥籠的多山地區，抵達馬斯垂克，解救了被法軍圍困的列日。

荷蘭軍隊看到總司令回到他們的戰區，高興萬分。法軍構築了從安特衛普到那慕爾長達六十英里的著名布拉邦特（Brabant）防線，維魯勒魯瓦元帥正率領著精兵防衛於此。馬爾博羅知道他無法說服荷蘭戰場上的副將或將領直接攻擊；但他再度藉著欺騙雙方的那套老謀深算的策略，假裝前往那慕爾，然後突然進行沒有人知道目的為何的長行軍，突襲法軍，在提洛蒙特（Tirlemon）附近未損一兵一卒地切斷這條令人恐懼的防線。他親自率領騎兵漂亮地衝鋒，將匆匆趕到戰場的法軍逐退，使自己站穩在比利時的堡壘之間。他企圖進行更加了不起的戰鬥；他下令將運貨馬車載滿供八天使用的補給，然後離開基地，向維魯勒魯瓦元帥的右翼迂迴行軍，於八月十八日這一天在稱為滑鐵盧戰場（Field of Waterloo）的地方以優勢的兵力與這位法國元帥正面作戰。

馬爾博羅像是一百年後的拿破崙，目的在攻下布魯塞爾（Brussels）；而且他也像拿破崙一樣，預先做好打敗敵軍取得勝利的準備。兩軍的陣式很奇特，各自面對他們自己的祖國。但是荷蘭的將軍與副將卻由懷恨馬爾博羅的斯蘭根柏格將軍（General Slangenberg）率領，他想要拖延而且阻止這場戰役，結果馬爾博羅車載的補給幾乎用盡，於是被迫返回基地。如此一來一七〇五年的軍事攻勢再度在失望與盟軍之間的爭吵中結束了。馬爾博羅之前曾經譴責邊防大人路易未能在莫瑟爾河畔幫助他，現在他則撤銷了斯蘭根伯格將軍在荷蘭軍旅中的職務。但是英格蘭現在民情高漲，托利黨人現在了解到，因為荷蘭的阻撓而使得歐洲大陸戰爭令人感到厭煩。馬爾博羅返國後面對困境。布萊尼姆戰役的勝利似乎被烏雲所籠罩；大聯盟的命運再度走下坡，而法蘭西君主的中央權力再度聚集巨大的實力。

由於厭倦了與荷蘭人以及萊茵河沿岸各個親王合作的困難，馬

爾博羅在整個冬天計畫更大膽地重演他於一七○四年行軍至多瑙河的壯舉。他個人對普魯士國王有很大的影響力，也已經從後者那裡獲得了強大的普魯士軍力，到義大利北部幫助尤金親王。他現在計畫率領大約二萬五千名英軍，以及由英國支餉，從科布倫茲、斯圖加特以及烏爾姆等地募來的部隊，穿過阿爾卑斯山的隘口，在義大利北部與尤金會師。這兩位將領在葡萄園與橄欖樹叢中再度贏得另一次布萊尼姆大勝，並且由南方攻入法蘭西。荷蘭議會比起在一七○四年要表現出更多的想像與信心；而他們的條件很簡單：如果馬爾博羅要進攻法蘭西，他一定不能帶領荷蘭的部隊前去。不過由於安妮女王與英格蘭內閣充分支持他的計畫，所以他將這計畫弄得十分完美，甚至下令英軍各營都必須帶六個手磨，以便在戰區碾磨穀物。

　　但是一七○六年初的戰役毀掉了出兵義大利的計畫，法軍在萊茵河以及義大利境內的戰場上對盟軍先發制人。萬拓姆元帥（Marshal Vendome）在卡爾西納托（Calcinato）讓神聖羅馬帝國部隊遭到嚴重的挫敗，還好戰役的規模較小。在日耳曼，維勒元帥撲向邊防大人路易，追過了萊茵河，而蘭道的主要堡壘也都受到威脅。馬爾博羅的希望被粉碎了。他開始進行最輝煌的軍事行動時可說是滿懷憂思，他寫信給神聖羅馬帝國的特使說道：「我滿懷悲哀地渡海出征。」他寫信給戈多爾芬表示：「丹麥國王與其他所有親王對情勢幾乎都毫不關切，使我備感淒涼，以致於讓我幾乎對成功絕望。」他現在懷著悲痛，但毫不猶豫地抽調了會讓他在低地區佔有絕對優勢以及可能「轟動一時」使自己立功的部隊，全力支援尤金。他在這個極為重要的時刻放棄機會（如果成功，他在英格蘭的地位一定會大大提升），而故意以微不足道的兵力在布拉邦特的要塞之間從事「全面的軍事攻勢」。然而馬爾博羅曾經嚴峻摒棄的「命運女神，帶著她最令人目眩神迷的禮物，陰魂不散地回來了。」

　　路易十四在布拉邦特防線遭到突破以及馬爾博羅對布魯塞爾構成威脅以後，深信不能以防禦戰對付這樣的敵人。他堅定地授權維魯勒魯瓦元帥，在軍事攻勢一開始時便設法尋求交戰，並且為他提

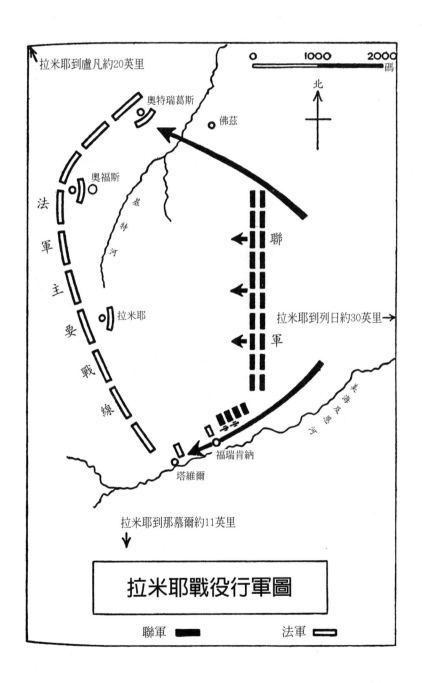

拉米耶到盧凡約20英里

0　　1000　　2000
　　　　　　　　碼

北

奧特瑞葛斯

佛茲

法軍主要戰線

奧福斯

葛特河

拉米耶

聯

拉米耶到列日約30英里→

軍

福瑞肯納

塔維爾

拉米耶到那慕爾約11英里

拉米耶戰役行軍圖

聯軍　■　　法軍　▭

供法蘭西裝備最精良、全都身著嶄新制服，軍容最爲完善的軍隊。五月十八日馬爾博羅的情報處報告，說法蘭西的重兵在瓦弗雷（Wavre）與盧凡（Louvain）之間的戴爾河（the Dyle）左岸集結；十九日消息傳來，說法軍已經渡過戴爾河，向前挺進到離提洛蒙特不到四英里之處。雙方對這個區域都很熟悉，長久以來都視它爲大規模的戰場，它有著歐洲一個最讓人徹底理解的地形。馬爾博羅召集迄今因爲沒有領到軍餉而一直未上陣的丹麥騎兵隊前往迎戰維魯勒魯瓦。

五月二十三日破曉時分，兩軍都在拉米耶（Ramilles）附近現身。馬爾博羅已經做好部署，大約在中午時開始利用英軍佯攻，重擊法軍右翼。他自己利用戰場的起伏地形，將整整超過二萬五千人的荷蘭、英國、丹麥全部騎兵用來攻擊位於塔維爾（Taviers）與拉米耶之間的法蘭西精良騎兵，其中包括著名的王室禁衛軍。馬爾博羅這次不採用他虛實並用的一貫作風，大喊「我有數量上以五敵二的騎兵部隊。」實際上戰爭一開始時，他是有以四對三，最後有以五對三的騎兵部隊；這個數目足夠得勝。在四萬名騎兵交戰廝殺之後，馬爾博羅攻破了法軍防線，將他們的右翼逐出戰場，並且也影響到他們的中軍。但是他忘了身爲總司令的職責，一手執劍，衝入了混戰的騎兵陣仗當中；他被敵軍打下馬來，落到敵人的馬腿下。他的掌馬官賓菲爾德上校（Colonel Bingfield）幫助馬爾博羅跨上第二匹戰馬，砲彈貼著他大腿飛過，也削走了上校的腦袋。但是馬爾博羅立刻就重新整個掌握這驚天動地的戰局；他的步兵將主要攻勢放在已經被攻破的拉米耶村，同時他獲得勝利的騎兵，也在原來的前哨列陣排出適當的角度，衝入法軍防線的整個後方。整個盟軍現在都向前挺進，法軍徹底潰敗。實力與素質都幾乎旗鼓相當的兩軍在這場戰爭中互鬥，而馬爾博羅發揮軍事天才摧毀與擊敗對手，死傷慘重，並且俘虜數千人，而己方的損失不到五千人。夜色掩護著敗兵逃亡，但是脫逃的人數未超過四分之一，而他們所有的大砲都丟棄在戰場上。

　＊　　　　＊　　　　＊　　　　＊　　　　＊

　　拉米耶戰役的影響甚至比布萊尼姆戰役更為驚人。如果像某些人所說的，布萊尼姆一役拯救了維也納，那麼拉米耶之役就征服了比利時。奪下任何一個堡壘都需要長時間的軍事行動，而這次攻陷的堡壘居然有十二個之多。安特衛普與布魯塞爾都投降了，驚恐的荷蘭人看到自己再度掌控整個對抗法國的屏障，而這個屏障之前在威廉國王統治的最後一年陷落到敵人手中。尤金親王在北義大利也連連告捷，對這些大勝更有如錦上添花；他行軍跨越義大利半島寬闊的底部，在以寡擊眾的巧妙行動中解救了杜林（Turin），因此將法軍完全逐出了義大利北部。

　　同時，在西班牙，盟軍聲名大噪，取得驚人的勝利。他們選定的西班牙王位候選人查理大公已經在里斯本定居，而盟軍的計畫便是致力依法提出他的繼承權利。起初他只有高威（Galway）伯爵所率大約五千名英荷小批人士的支持；這位伯爵是位胡格諾教徒，曾經在威廉國王的戰爭擔任總指揮而贏得令人崇敬的名聲。高威得到了比他自己軍力大上兩、三倍的葡萄牙軍隊協助，擁有這些資源，他只能夠沿著西班牙邊境擺出威脅的姿態。一七○五年盟軍決定大動干戈。英格蘭派彼德博羅（Peterborough）伯爵率領六千多名部隊，與海軍將領蕭維爾指揮的可觀艦隊來到葡萄牙，他們在里斯本獲得支援，搭載查理大公，並且向地中海出擊。

　　將領之間對於他們的目標有許多爭執，而他們最後決定奪取巴塞隆納（Barcelona）。巴塞隆納是加泰隆尼亞（Catalonia）人口眾多的首都，長期以來不甘受到馬德里的管轄，並且與法蘭西出生的國王菲力普五世（Philip V）不和。八月盟軍在這個城市的北方登陸，並且準備圍城；然而主要的障礙是蒙特惠奇（Montjuich）山丘，它位在南方，聳立海面幾乎達六百英尺，丘頂上有個槍砲林立的堡壘。彼德博羅是位想法多變人，時而大膽，時而躊躇。在經過一段諸如是否移盟軍在西班牙的所有行動的爭執之後，彼德博羅突然大膽夜襲蒙特惠奇山丘；他在一場混戰之後於次日攻下這座山

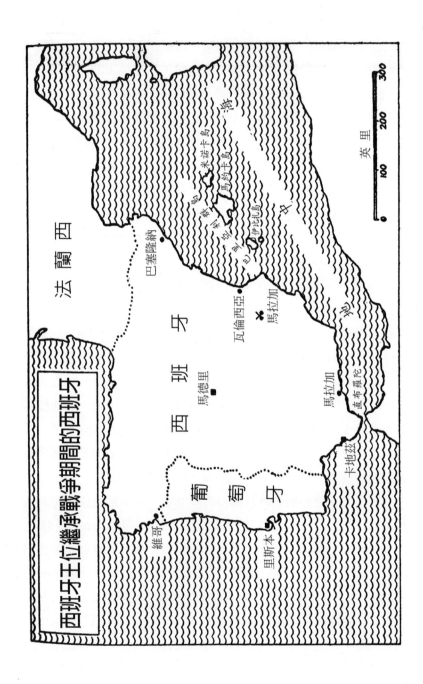

西班牙王位繼承戰爭期間的西班牙

法蘭西

西班牙

葡萄牙

馬德里

巴塞隆納

瓦倫西亞

馬拉加

馬拉加

卡地茲

直布羅陀

里斯本

維哥

新卡米諾卡島
馬約卡島
伊比札島
巴

地　中　海

英里

0　100　200　300

丘。在混戰中，直布羅陀的防衛者達姆許達特陣亡；巴塞隆納現在
向查理大公投降，而加泰隆尼亞、亞拉岡與瓦倫西亞（Valencia）
全都響應盟軍而宣布對「查理三世國王」效忠。西班牙東部行省一
致支持他，而倫敦到處都洋溢著歡愉。

　　一七〇六年春天，馬爾博羅正朝拉米耶調動兵馬，在巴塞隆納
的盟軍成功地抵擋法蘭西大軍的圍城。加泰隆尼亞的游擊隊不斷騷
擾法軍，破壞他們的通訊，所以法軍雖然在長時間的攻擊之後奪回
了蒙特惠奇山丘，但卻無法強行攻入巴塞隆納。城內守軍正面臨著
生死關頭，而英國艦隊及時前來援助，法軍因此放棄攻城而朝北面
庇里牛斯山脈撤退。現在是盟軍利用法軍的混亂而向馬德里進軍的
時刻；從葡萄牙向前挺進的高威，也於六月抵達了西班牙的首都。
倫敦所稱的「勝利年」可能就在這個時候結束了。

【1】　譯注：指安妮身邊的小圈子。

【2】　譯注：Joseph Addison（1692-1719），英國散文作家、劇作家、詩人，曾
　　　　與 R. Steele 合辦《旁觀者》雜誌，著有悲劇《卡托》、詩歌《戰役》等。

【3】　譯注：Daniel Defoe（1660？-1731），英國小說家，報刊撰稿人。寫過諷
　　　　刺詩和大量政治小冊子，曾自辦《評論》雜誌，後從事冒險小說創作，代表
　　　　作《魯濱遜漂流記》。

【4】　譯注：Alexander Pope（1688-1744），英國詩人，長於諷刺，著有長篇諷
　　　　刺詩《奪髮記》、《群愚史詩》等，曾翻譯荷馬史詩《伊利亞特》和《奧德
　　　　賽》。

【5】　譯注：Sir Richard Steele（1672-1729），英國散文家、評論家、創作家，
　　　　曾與 J. Addison 合辦《閒談者》和《旁觀者》雜誌，著有喜劇《葬禮》等。

【6】　譯注：Jonathan Swift（1667-1745），英國作家，諷刺文學大師，著有寓
　　　　言小說《格列佛遊記》等。

【7】　譯注：成立於一六六二年，全名為 the Royal Society of London for Im-
　　　　proving National Knowledge。

【8】　譯注：Sir Christopher Wren（1633-1723），英國建築師、天文學家和數
　　　　學家，於倫敦大火後設計了聖保羅大教堂，還有許多宮廷建築，圖書館和府
　　　　邸。

【9】　譯注：Sir John Vanbrugh（1664-1726），英國戲劇家，建築師，所設計
　　　　的牛津郡市蘭希姆宮是巴洛克風格的代表作。

【10】　譯注：黎凡特指地中海東部法國屬地以及島嶼，即包括敘利亞、黎巴嫩等在
　　　　內，從希臘至埃及的地區。

第五章　奧德納德與馬爾普拉開

　　對於荷蘭人而言，那個時候的成功阻礙了他們進一步的必要努力。一七〇二年時，他們的軍隊待在寧威根堡壘的下方，他們新的英格蘭指揮官手執軍刀，請他們採取攻勢。不過這些日子已經遠逝。暢通的默茲河直抵那慕爾的城門；萊茵河整個航道與其部分據點都在盟軍手中；布魯塞爾被盟軍攻陷；安特衛普是最有價值的戰利品，未經圍城便不戰而降；布魯日（Bruges）、剛特、奧德納德（Oudenarde）與奧斯坦德等地都被盟軍占據；紐波特（Nieuport）、伊普雷（Ypres）、麥南（Menin）、阿特（Ath）也很可能都被盟軍所占領。過了這些地方，則林立著法蘭西的邊境堡壘。但是這些戰利品對於保存荷蘭共和國是那麼地重要嗎？荷蘭人想要削弱法蘭西的力量。當然它已經受到了削弱。路易大王的特使不是正匆匆忙忙經由五、六條管道來提出單獨媾和的建議嗎？如果馬爾博羅在贏得拉米耶之役後攻下盧凡，或者揮軍進入布魯塞爾的話，那麼一七〇六年的軍事行動就很可能成功，並且將盟軍帶向一七〇七年的勝利。但是他現在開始感受到荷蘭人百般阻撓地抵制他，以及他們的貪婪，這一切注定會將盟軍的命運再度帶到最低潮。

　　這些在巴伐利亞的反應也出現在英國境內。在戰場上馬爾博羅與尤金克服他們面前的一切困難，但同時間英格蘭一連串的黨爭與私怨也準備將勝利的命運整個翻轉過來。身為戰爭支持者的輝格黨人，而女王的政府也依賴他們的支持，所以他們要求能夠分享公職。他們選擇森德蘭（Sunderland）伯爵——詹姆斯二世反覆無常的大臣之子，一位堅持正統、固執己見而能力高強的人——做為他們的突破點，他們靠著他強行進入政府的圈子。根據現代的觀念，他們在國會兩院中所佔的多數給予他們權利，在國家事務上擁有發言權。由於森德蘭娶了馬爾博羅的女兒，輝格黨的領袖便認為，「他（馬爾博羅）不會將他們的行動視為對他的攻擊。」但是他們

讓戈多爾芬知道，如果戈多爾芬不能說服女王將森德蘭納入內閣，他們就會利用在國會的權力來對付政府以及戈多爾芬本人。馬爾博羅與戈多爾芬都急於從平民院得到戰爭的補給，於是對女王施壓要把森德蘭納入內閣；她固執地不答應此事，直到拉耶米戰役之後才改變主意。

　　英國人的軍事威力在歐洲執牛耳的意識，現在更產生了長久的影響。與蘇格蘭的合併正接近完成階段；自從女王登基以來英格蘭與蘇格蘭就辯論著這個問題，有時還相當劇烈。最後，英格蘭打算在財政上慷慨地對待蘇格蘭；而蘇格蘭因此也願意接納漢諾威家族的成員繼承王位。馬爾博羅是位和這件事有關的信使，他認為與蘇格蘭修好的議案對英國的實力而言相當重要；兩個國家以及它們的國會都因此結合在一起。如果蘇格蘭在安妮女王去世時選擇一個有別於英格蘭的王室，那麼中世紀的所有舊恨宿仇都可能死灰復燃；雙方都認為為了避免兩個王國之間再發生這樣的破裂，很值得做一點犧牲。一七○七年終於通過了王國合併法（the Act of Union），儘管有所摩擦，但一般來說都為人所接受。蘇格蘭人逐漸從英格蘭與其殖民地現在對他們開放的自由貿易當中獲利，而英格蘭人也慢慢地習慣蘇格蘭在他們政治與商業中所扮演的重要角色；這個聯合王國愈持久，實力便愈加成長。在十八世紀的晚期，蘇格蘭的思想與文學如百花怒放，出了些重要人物，如哲學家大衛・休謨（David Hume）[1]、經濟學家亞當・史密斯（Adam Smith）[2]、歷史學家威廉・羅伯遜（William Robertson）[3]。不久之後還有羅伯特・彭斯（Robert Burns）[4]及偉大的華爾特・史考特爵士（Sir Walter Scott）[5]。聯合王國帶來的和平繁榮與參與感，無疑有助於哲思與文學的蓬勃發展，而這一切的影響仍然持續到現在。

　　　　＊　　　　＊　　　　＊　　　　＊　　　　＊

　　大約在此時，莎拉與安妮女王的關係卻進入了危險期。莎拉必須忍受她的女主人對於輝格黨人加入內閣所表現出來的嫌惡；安妮打從心底討厭輝格黨，但是她的大臣都知道，如果沒有輝格黨支

持，而只有半數托利黨人為他們撐腰的話，哪有可能進行戰爭。莎拉在盡責敦促女王與國會和諧相處的過程之中，也對她與女王的友誼感到厭倦。在此同時，有一位第三者闖了進來。莎拉的年事已高，身為貴婦的她，所掌管的事務卻超過內閣大臣的權限，多年來侍候女王使她備受壓力，經常感到緊張而缺乏調劑。安妮對莎拉的苛求甚多，她要她的朋友整天相伴，玩牌一直到深夜方休。莎拉漸漸地設法減輕這種不分晝夜陪她的負擔；她找到一位窮親戚阿比蓋爾・希爾（Abigail Hill）做她的替補者，帶她進入女王的生活，做個侍候梳妝者或侍女。經過一陣子之後，女王對她這位新的女侍很友善；而莎拉體驗到責任已減，更常到鄉下享受家庭生活。阿比蓋爾到了一七〇七年初便建立起她對女王的影響力，而這種影響力注定要使歐洲歷史稍稍轉變。

　　阿比蓋爾是森德蘭的表妹，同時也是哈利的表妹。哈利因為輝格黨的森德蘭進入內閣而感到十分驚惶，他是位足智多謀的政客，眼光獨到，認為這件事是輝格黨擴大勢力的前奏；他身為托利黨溫和派的領袖，對自己的地位不免感到困窘。

　　某天有位園丁轉交給他來自安妮女王的一封密信，女王在信中請求他幫助。對於十八世紀的一位政治人物而言，這是最大的誘惑。而且這項誘惑與哈利的政治盤算以及他天生對機密與陰謀的喜好都很契合。他立刻就自行計畫，打算以女王的寵臣為基礎暗自組閣，其中包括托利黨人以及輝格黨的溫和派，而且希望借助馬爾博羅的名聲與效勞。這個計畫暗示著戈多爾芬的垮台。哈利原以為不會有任何障礙；但是馬爾博羅在意識到這一切時，並不肯與他忠實的同僚兼朋友斷絕往來，因此哈利的陰謀必然會惹惱馬爾博羅。而這時莎拉對於女王的影響力很明顯地趨於暗淡。

　　一切都在一七〇七年出了差錯。馬爾博羅的計畫是：尤金藉著普魯士的部隊以及英國增援隊伍的協助，從義大利出發進入法蘭西並且奪取土倫（Toulon），馬爾博羅打算利用這個萬無一失的海軍基地掌握地中海，而且於次年大舉入侵法蘭西。他使用當時到達

巔峰的權力，推行這項影響深遠的計畫。在克服無數反對與分歧的意見之後，尤金率領帝國軍隊沿著里維那河（the Riviera）攻擊土倫。同時，馬爾博羅在低地區的戰區面對與嵌制著萬拓姆元帥的優勢兵力，他屈就自己在北方進行牽制性軍事行動，以便他的袍澤能在南方對敵人施以決定性的打擊。因此他減少兵卒，以致於他的兵力不夠強大，不足以從事重大的圍城攻堅工作；但是他保持警戒，留意機會，即使是兵力懸殊仍以寡擊眾。但是萬拓姆過於精明，以致於不讓他如願。有時一連幾週兩支大軍在近距離內互相虎視，然後接下來便是快速與危險的行軍；然而萬拓姆除非是正面交鋒，否則常常都設法避戰，而馬爾博羅的兵力不夠強而無力對戰。因此這場北方的戰事陷入僵局。

　　西班牙發生了大不幸的局面。難以對付的柏立克元帥（Marshal Berwick）奉路易十四之命，派遣前往半島去重振菲力普國王的希望。柏立克元帥得到來自法蘭西源源不絕的援軍。到了一七○六年的初秋，在西班牙中部率領一萬五千名士兵的高威伯爵發現士兵數目嚴重不足。他在馬德里受到冷漠對待，焦急地等待查理大公、彼德博羅與分別來自巴塞隆納與瓦倫西亞的援軍；但過了許多週之後他們才開始行動，而且也只帶來杯水車薪般的增援。卡斯提爾與其他中部以及北方的行省都表示毫無意願以奧地利的查理大公取代已經做了五年國王的菲力普五世。聯軍指揮的軍隊太少，無法強行克服西班牙人的漠不關心。高威、彼德博羅與查理大公都必須朝地中海海岸撤退。一七○六年結束了，菲力普國王再度在馬德里復辟，不過聯軍也牢牢地掌握西班牙東部。一七○七年聯軍將領犯了致命錯誤，他們分散了兵力，僅帶著部分兵力朝馬德里的方向挺進，在阿曼沙（Almanza）遭遇到柏立克公爵所率領的法蘭西大軍，並且交戰。法軍的指揮官是一位信天主教的英格蘭人，不列顛的指揮官卻是一位信奉新教的法蘭西人。不同的忠誠使他們怪誕地各行其事。最後聯軍慘敗，一七○六年他們在整個西班牙的局面幾乎是高唱凱歌，但現在完全逆轉。邊防大臣路易在萊茵河畔著名的斯托霍

芬（Stollhofen）防線遭到維勒元帥的突擊；所有這些構成日耳曼
有效防禦的巨大工事，一夜之間都落入了敵人手中。大部分日耳曼
地區隨後都遭到入侵和劫掠。

　　馬爾博羅因為籌備土倫進攻計畫而將所有其他事情都擺在次要
地位，而這個計畫結果也失敗了。在長時間的爭戰之中，尤金似乎
只有這次沒有維持他的最高水準，同時名義上統率聯軍的薩瓦公爵
甚至更沒有作為。尤金是個適合陸地的將領，他從來不喜歡過分依
賴海上作戰計畫，但一支壯大的英格蘭無敵艦隊在海濱迎接他。海
軍將領蕭維爾深深受到馬爾博羅戰略的薰陶，沿著海岸線幫助尤金
的軍隊，供給軍需，並且使用艦隊砲火襲擊敵人陣地的側翼；他來
到土倫之後，將數以千計的水手與海軍，還有數以百計的大砲都運
到陸地。他向這位顯赫的尤金親王保證，如果尤金的通路被切斷，
艦隊會載他的所有人馬前往他想去的任何地方。

　　法蘭西人集中強大的兵力不僅要防禦，而且要解救土倫。尤金
幾度攻擊，損失慘重，由於圍城不成功，只好將帝國軍隊撤到義大
利。英國艦隊在砲擊與摧毀土倫大部分的港口、擊沈困在那裡的法
蘭西戰艦之後，就啟航返國或尋找港口過冬。最後艦隊遇上一場災
難。克洛迪斯利・蕭維爾爵士在多天啟航返國，在濃霧遮天的惡劣
天氣下撞上了錫利群島（the Scillies）尖銳的岩石而發生船難。
兩艘主力艦與一艘護航艦被撞得粉碎，一百五十名水手溺斃；最糟
的是這位不列顛最優秀的海軍將領，馬爾博羅最信任的海軍領袖，
在上岸後也去世了。

＊　　　　＊　　　　＊　　　　＊　　　　＊

　　馬爾博羅在經歷這些苦難之後，回到英格蘭猛烈的黨派風暴
中。哈利的計謀現在很明顯，他的實力因為軍事上的不幸而增長。
馬爾博羅與戈多爾芬決定共同將他逐出內閣，而緊張的政治危機隨
即發生。這個時候在哈利官邸一位名為葛雷格（Greg）的書記被
抓到洩露最機密的文件，將它交到法蘭西政府手中。這件事削弱了
哈利的實力；哈利的確在管理機密信件方面怠忽職守，未能掌權的

輝格黨人自然感到憤怒，一致要判哈利犯了叛國罪。不過葛雷格自承犯罪，在泰伯恩被絞死，臨死前發誓說他的上司清白無辜。據說他原本可以歸咎於哈利而拯救自己一命。

馬爾博羅根據這一切情事，要求解除哈利國務大臣之職。安妮現在完全疏遠了莎拉而與阿比蓋爾形影不離，並且極力保護她寵信的大臣哈利。馬爾博羅拒絕與哈利在內閣中共事，所以遞上了辭呈。女王回答說「他如果做了那樣的事，那還不如直接拔出匕首，當場把她刺死。」身爲眞正斯圖亞特家族的人，以及詹姆斯二世的女兒，安妮女王是不會辭退哈利的；馬爾博羅因此返回故鄉聖奧班斯（St Albans）。之後某天內閣開會，哈利起身閱讀某項文件時，有位大臣粗魯地質問女王，表示馬爾博羅將軍與財政大臣戈多爾芬都不在場，他們要如何辦事；女王情緒激動得幾乎窒息，氣得離開了房間，內閣大臣在混亂中各自散去。消息傳遍四方，說馬爾博羅與戈多爾芬已經被撤職，而國會的兩院都決定等待他們兩人可以復職的消息出現，否則國會就不運作。倫敦市陷入驚慌。安妮的丈夫喬治親王被所聞所見的反應弄得煩惱不堪，強打起精神，懇求他的妻子對這場風暴低頭。甚至此時連哈利都讓步了，但女王仍不讓步，他勸女王接受他的辭職。她哭了，而他也去職了。隨著他離職的還有馬爾博羅幾乎視爲養子的亨利·聖約翰。

這場鬥爭使得馬爾博羅最後又掌權了一段時間，但他已經失去了女王的支持，也失去了托利黨溫和派的支持；他現在必須與輝格黨交好，而在這個過程中，他與女王的裂痕就愈來愈大。就在這些危險的基礎上，他進行一七○八年的軍事行動，計畫重演上一年兩路入侵法蘭西的舊事。不過這一次的主攻在北方，而由南方進攻法蘭西的薩瓦公爵，將扮演次要但仍然重要的角色。馬爾博羅希望將尤金的萊因河部隊帶入低地區，並且以較優勢的兵力在戰場上粉碎法軍，突破堡壘的障礙；但是發生了一連串沒有預料到的不幸。萊茵河畔的情況迫使尤金必須將他的軍隊留在原地；荷蘭在被征服的比利時城市所進行的統治，使得比利時人民離心離德；共同控制須

爾德河與利斯河的剛特與布魯日都背叛而投向法軍。萬拓姆元帥率
領兩位鐵血親王勃艮地公爵與培里（Berri）公爵，以及王位覬覦
者——年輕的威爾斯親王，指揮大約有八萬名士兵的大軍。

在馬爾博羅的生涯中，只有這一次對國內黨派與國外戰場所匯
集在一起的壓力低頭。尤金帶著騎兵護衛隊抵達，發現馬爾博羅在
布魯塞爾附近，處境相當狼狽。馬爾博羅因為發燒而躺了下來，病
得很重而必須放血；他聽到拉米耶戰役的戰果——可說相當於現今
鐵路的剛特與布魯日水道陷落所造成戰略上的損失，過了幾個小時
才恢復常態。此時尤金為他的袍澤打氣，而馬爾博羅逐漸從病床起
身，跨上戰馬，大軍也開始行動。在驚人的長途行軍之後，他們抵
達了戴爾河畔的勒西納（Lessines）。七月十一日破曉時分，他們
向須爾德河畔奧德納德的要塞與橋頭堡出發，萬拓姆也有意奪取
此地。法軍並沒有想到可能會在此打上一仗，他們的大軍好整以
暇地在加夫勒（Gavre）渡河。十點半時，卡多根將軍（General
Cadogan）帶著英格蘭的前鋒到達奧德納德北方的高地，包括要塞
的橋樑，他們總共準備了九座橋；卡多根身後整整有八萬名士兵，
以非比尋常的憤慨填膺之勢往前奔來。荷蘭副將戈斯林加
（Goslinga）記錄著「它根本不是行軍，而是在奔跑。」士兵將軍
官所有的行李馬車都拋在路邊而趕忙迎戰。大軍在六十五小時內行
軍走了五十英里，抵達須爾德河上的橋樑，同時卡多根渡河攻擊法
蘭西的一些支隊與側翼衛隊。

萬拓姆起初無法相信盟軍大舉來到戰場；他策馬親自觀察，結
果逐步被拖入戰鬥。就在盟軍大批橫渡須爾德河時，法軍轉到左翼
迎戰。奧德納德戰役在各方面看來都很像現代的戰爭，它比起十八
世紀任何偉大的行動都更像一九一四年的坦南堡（Tannenberg）
戰役。馬爾博羅讓尤金指揮右翼，自己守住中軍以寡敵眾，同時剩
下的大軍則將戰線朝左翼延伸，長條左臂持續不斷地向外伸展，而
戰鬥前哨愈長，戰火就愈熾烈。那個衝突年代的軍事判斷認為，在
實力相當的大軍面前，軍團逐一渡河作戰是最危險的，而戰鬥的速

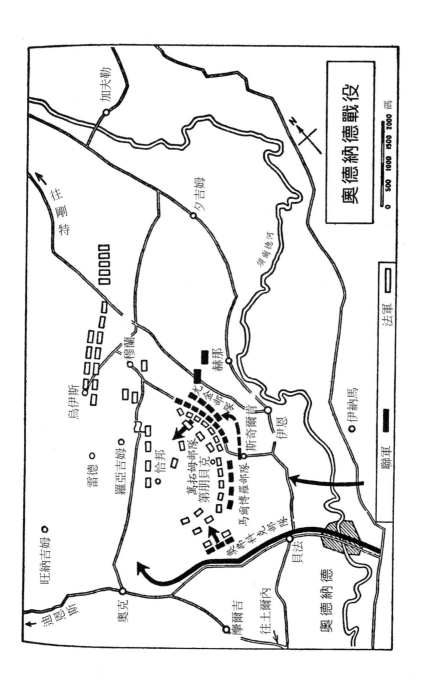

奧德納德戰役

法軍 □

聯軍 ■

0 500 1000 1500 2000 碼

度與變化也不容許陣式墨守成規。法軍不顧死活地奮戰，但是沒
有任何一致的計畫；他們軍隊的大部分都沒有迎戰。黃昏的陰影降
落在遍佈籬笆、圍地、村莊、樹林與水道的戰場上，部隊在那裡短
兵相接，兇猛纏鬥。荷軍在老將奧弗科克（Overkirk）的率領下終
於通過奧德納德許多橋樑，繞到北方的高地，同時尤金發揮無比的
勇氣突破右翼；聯軍左右兩翼幾乎合在一起。法軍現在徹底亂成一
團而分成了兩股，有四萬多人實際上被聯軍包圍起來；其他四萬人
站在戰役上方的山脊不知所從。天色漆黑時戰鬥停止了下來。雙方
戰鬥者互相混雜，所以聯軍得到命令停止射擊，枕戈待旦。聯軍當
日的武器並不能大規模地圍住野戰部隊，大多數被包圍的法軍趁著
夜間摸黑逃走了。萬拓姆又怒又驚，下令撤退到剛特；他的軍隊有
四分之一被消滅或驅散了。七月十二日早上馬爾博羅與他偉大的夥
伴策馬進入奧德納德美好的舊廣場，還帶著包括高級軍官在內的七
千名俘虜、軍官、大批的軍旗與戰利品。

　　這場偉大的勝利改變了戰爭的狀態。聯軍恢復主動，馬爾博羅
希望揮軍進入法蘭西，同時將里耳（Lille）要塞留在身後。他在威
特島（Isle of Wight）準備了一支有運輸船艦的七千名士兵軍隊，
以便奪取亞布維，並在那裡建立起位於法蘭西防線後方的新基地，
以便從那裡直搗巴黎。但是他說服不了尤金。這位雖然比馬爾博羅
年輕但卻被稱爲「老親王」的將領，覺得將里耳置於身後不顧實在
太過危險，同時他也相當不相信依賴海上武力的作戰。於是聯軍便
決定攻擊法蘭西最強大的堡壘里耳。

　　包圍里耳不僅是十八世紀所知規模最大，而且也是最複雜的一
次作戰行動。布法勒元帥（Marshal Boufflers）率領一萬五千人
防守這座城；尤金進行圍城，馬爾博羅帶著掩護部隊擋住來自剛特
附近以及法蘭西本身佔優勢的兵力，法軍則想解救里耳之圍，或者
切斷圍城部隊的交通連絡。一萬六千匹戰馬拖著馬爾博羅的攻城設
備，從布魯塞爾趕到戰壕，而將這些龐大的設備帶入戰場則牽涉到
整個掩護部隊的調度；重砲猛轟這個城池，一星期又一星期地針對

城牆裂口發動接二連三的浴血攻擊。最後法軍固然切斷了聯軍與荷蘭的交通連繫，但是同時馬爾博羅也建立了通往奧斯坦德的新交通線，由海上取得補給。法軍因此打開了敦克爾克（Dunkirk）的水閘，湍湍洪水淹沒了海岸區，發展成一場水戰，兩方爭奪著經過此處的每發砲彈、每袋炸藥或糧食。圍城的補給先由大船運往小舟，由小舟運往高輪貨車，再由高輪貨車運送到普通車輛上。

萬拓姆與法蘭西的王子繞道行軍到里耳的南方，與從西班牙調到比利時前線的柏立克所率部隊會合。馬爾博羅在他們與里耳之間的防線相遇，與他們發生遭遇戰，而尤金率領著不必參加圍城的士兵與他會合。法軍挾著優勢兵力，排成戰鬥陣式向前推進，同時布法勒元帥兇猛地攻擊已經削弱的防線。馬爾博羅深信有必要一戰，因此他在這幾天中刻意不去加強自己的防線，而他選中的陣地天生就易守難攻，以致於法軍不敢輕易一試，他們只能遙遙旁觀，直到看見里耳即將陷落而感到屈辱。

一項輝煌的行動畫破了秋季幾個月以來的陰鬱肅殺之氣。由里耳延伸到奧斯坦德的英軍漫長交通線，受到二萬多名法蘭西部隊衝刺的威脅，聯軍南行前往里耳的車隊陷入了險境。韋伯將軍（General Webb）是詹姆斯二世統治下的托利黨人，也是一位幹練的軍人，馬爾博羅派遣他帶著較弱的兵力去應付危局。法軍對懷能迪爾堡（Chateau of Wynendael）旁邊樹林裡的韋伯陣地所做的攻擊最終宣告失敗並且損失慘重，因為英軍射擊訓練相當精良。這項行動使得里耳的命運已定，於十月請求投降。為了替這批受困士兵討回公道，里耳仍在死守時，萬拓姆與柏立克便攻擊布魯塞爾，但是馬爾博羅與尤金也朝東北方行軍，突破須爾德河防線而解救了這座比利時的首都。里耳於十二月陷落，但只要剛特與布魯日仍在敵人手中時，馬爾博羅是不會停歇的。馬爾博羅將大砲拖來攻擊這兩個地方，於十二月重新奪回布魯日，也於一月初重新奪回剛特。這樣便結束了這場交織著奮鬥與危險的軍事行動。尤金親王說：「沒有看過這場攻勢的人，便等於沒有見過世面。」

　　同時聯軍也奪下米諾卡島與它優良的馬宏港（Mahon），爲英格蘭海軍在地中海找到一個堅固的永久基地。這樣一來，聯軍在年初時悽悽慘慘，而終於在年底獲得全勝。路易十四向荷蘭提出影響深遠的建議，馬爾博羅本人也爲了同樣目的與他的侄子柏立克進行祕密協商。這場戰爭的勝者一定是盟國，法蘭西的力量已經粉碎，路易大王顏面無光。加上一場駭人的霜害摧殘著受到蹂躪的歐洲，種子都在地裡凍死，牲畜都倒斃在田間，野兔也都死於洞穴，法蘭西人民的慘況達到了忍耐的極限。大家都在尋求和平，但大家最終都沒有找到和平。

　　　　　　＊　　　　＊　　　　＊　　　　＊　　　　＊

　　同時，輝格黨在英格蘭完成了他們長期奮鬥的目標，迫使馬爾博羅與戈多爾芬仰賴他們。他們壓倒了女王的氣勢，將托利黨的殘餘分子趕出內閣，設置了一黨獨大的政府，而兩位大臣馬爾博羅與戈多爾芬仍然留在內閣；迄今儘管關於戰爭的方法有許多分歧意見，但是戰爭是全國的共同目標。它現在是一黨的政策。輝格黨人是積極而有效率的國會藝術大師，但他們卻在這個最不需要他們好戰精神的時刻掌權。與女王疏遠的馬爾博羅及戈多爾芬，現在必須遵守輝格黨內閣的決策。而托利黨人身處困境，悶悶不樂，心裡想的盡是捲土重來，期望他們以前的領袖們下台；而哈利憑著他的天賦與手腕，加上他所受的損害與名望，自然而然成爲托利黨人的領袖，連年長的政治家羅徹斯特與諾丁罕都加入他的陣容。哈利極受女王寵眷，並且由阿比蓋爾維持著幕後管道，與什魯斯伯里保持連繫。什魯斯伯里退休許久之後又回到了英格蘭政壇，準備扮演雄心勃勃、有權勢的中間角色。

　　馬爾博羅的統治地位結束了，之後他只有爲人效力的分。只要戰爭繼續下去，他在歐洲以及部隊中的最高地位便會使得他對兩黨都是不可或缺的人物。他首先爲輝格黨賣命，後來爲托利黨效力；他先爲輝格黨效力充當全權大臣與將軍，後來爲托利黨效力時僅擔任將軍。他在一七〇二年至一七〇八年的叱吒風雲已經成爲過去，

雖然還有著三次規模空前的艱難軍事行動等待著他，但是他不再
控制決策權，而單憑決策權，他就能夠將嚴峻的軍事奮鬥變得很
有成果。

　　當我們觀察大聯盟的親王們由於路易十四而蒙受成年累月的恐
懼與損傷，就一定會體諒他們在勝利時刻所存有的猜疑。不過法蘭
西現在所提的和議，內容寬大得足以滿足聯軍所有合理的要求。荷
蘭的邊界屏障已經安排好了；薩瓦公爵的要求也如願以償；日耳曼
的親王對萊茵河一帶都很放心。剩下的只有西班牙的問題。畢竟當
初是爲了西班牙的王位繼承問題才打這一仗的，但馬爾博羅與尤金
的勝利並沒有解決這個問題。法蘭西在西班牙的運氣倒是不錯。西
班牙的鬥爭已經發展成爲國內的鬥爭，而西班牙各個階層的人民都
接受安茹公爵的繼位權，並且支持他的目標。西班牙人在兇猛的奮
鬥中放棄了西班牙王位繼承完整無缺的希望，而他們現在渴望維持
自己所選擇的國王。盟國與路易十四之間的所有爭論都解決了。但
是在西班牙會發生什麼事呢？菲力普五世宣布他寧死也不願放棄幫
助他的西班牙人民；他看來甚至準備違抗他的家族首領，偉大君主
路易十四本人的吩咐。

　　我們無法探究路易十四與菲力普在這個重要關頭保持著何種家
族關係與政治關係。盟國論點的大意是，如果他們未來還是必須在
西班牙境內進行單獨的戰爭的話，他們就不應該與現在居於下風的
法蘭西講和，讓她得以恢復實力。此外，荷蘭人明白表示他們無論
如何都不會去西班牙作戰；他們擁有防衛他們的屏障以及想要的一
切。相反的，英格蘭的輝格黨決定要將菲力普逐出西班牙；他們還
喊出「沒有西班牙便沒有和平」的高調口號。法蘭西外交大臣，偉
大的柯培爾（Colbert）之子托爾西（Torcy），詢問盟國倒底期盼
他的主人做些什麼。路易自己倒是情願與菲力普完全斷絕關係，將
所有法蘭西的軍隊撤出伊比利半島，甚至讓出重要的法蘭西要塞做
爲保證；盟國的談判者相信只要路易十四一聲令下，菲力普便會退
位。但是事情絕非如此簡單。路易唯一不會做的事，就是用法蘭西

的部隊將他的孫子逐出後者爲自己建立的王國；這就是致命的礁岩，整個和平會議像船一樣撞上而宣告中斷。

被輝格黨人盯住的馬爾博羅，看到了潛在的危險。他認爲上上之策是與法蘭西講和，接受對方提出來的要塞做爲執行和約的擔保品，以及另外在西班牙開啓戰端。他有個在西班牙進行大規模軍事攻勢的計畫：他從里斯本，而尤金從巴塞隆納兩路入侵；如果照此演變，這個計畫很可能是最快奏效與最仁慈的辦法。但是各方勢力固執己見。托利黨想要立即實現全面的和平，他們得到的是四年的浴血戰鬥以及最後的悲慘結局。路易十四必須親自負責將他的孫子逐出西班牙，否則盟國將從他交付做作爲保證的基地與堡壘中對他重新發動戰爭。而這項條件使得談判破裂。路易大王的年紀老邁有如風中殘燭，雄心宏圖破滅，人民遭到悲慘的際遇，他原本可能會讓步；但是王太子十分氣憤，要求不得被他兒子的親人奪走他自己的王國。托爾西離開談判會議的時候，經過維勒的法軍指揮部，這位不屈不撓的元帥懇求他告訴國王，說法軍一定可以保衛國王的榮譽。受到這番激勵，路易十四說出了一句名言：「如果我一定要戰，那將會與我的敵人而非與我的子女作戰。」

馬爾博羅鞠躬盡瘁致力求和，但是他並沒有充分運用個人剩餘的權力。他有許多疑慮，但是整個說來他期望法蘭西讓步。當信使帶來盟國的最後通牒被法蘭西拒絕的消息時，他不禁詫異地問道：「難道沒有任何相反的提議嗎？」他與尤金最後還稍做努力，但是徒勞無功。盟國不禁感到失望，發出一些無益而憤慨的牢騷，說他們再度被路易十四所愚弄；他們戰鼓雷鳴，那些先前受戰爭蹂躪的時代所見的最大軍隊，都出動參加一七〇九年的軍事行動與馬爾普拉開的大廝殺。

　　＊　　　　＊　　　　＊　　　　＊　　　　＊

地收起她的行李，離開交戰的一方轉而去支持另外一方。一開始時民族、國會與新教對無法容忍的侵略軍隊進行雜亂而緩慢的反抗，結果反抗本身漸漸地，現在更明目張膽地藉由勝利的聯盟而轉

變成為入侵與征服。從此刻起法蘭西與實力較弱的西班牙，都出現
了反抗外國入侵與壓迫的民族陣線。法蘭西與西班牙人民表現出奇
怪的、新生的愛國精神，十八世紀初一股新的力量由未曾探測過的
深處湧現出來，使得原本已經衰弱的貴族、筋疲力竭的職業部隊，
以及破產的財政都復甦過來，並且精力倍增。

　　聯軍在此時也已經達到其實力的頂點，馬爾博羅與尤金在剛特
南方集結部隊，開始圍攻土爾內；在一場大規模且認真的作戰之
後，這座城與要塞於八月底投降。馬爾博羅現在把蒙斯視為下一個
目標。在這整段時間中，談判一直在幕後進行著，雙方仍然認為他
們之間的障礙隨時都有可能消除。但是突然之間一股狂暴的戰爭情
緒和心頭的怨恨一起爆發，攫取了雙方政府、軍隊與普通士兵；他
們把審慎棄之不顧，對勸告也置若罔聞。路易十四給予維勒充分作
戰的全權，馬爾博羅與尤金也以同樣的熱情回應，雙方所有的階層
都受到鼓舞，他們渴望互相廝殺，殺掉敵人，結束這漫長的戰爭。

　　馬爾博羅與尤金快速調動士兵包圍蒙斯，並且在蒙斯的南方挺
進，幾乎沿著目前法蘭西邊境防線的馬爾普拉開的樹林之間空隙地
帶與維勒相遇。九月十一日，十一萬聯軍攻擊由大約九萬法軍所防
守的塹壕。這一仗打得相當慘烈，幾乎無人求饒或手下留情。馬爾
博羅大體上重施在布萊尼姆戰役中所用的戰術，他首先攻擊法軍的
兩翼，而荷蘭人在左翼被令人畏懼的廝殺給擊退了；右翼由尤金率
領，突破密林，最後衝過密林到了曠野。在這種壓力下，維勒與他
的副手，英勇的布夫勒，被迫抽調他們的中軍。馬爾博羅等待的時
刻終於來到了，他發動奧克尼（Orkney）摩下的英格蘭兵團攻擊
已經剩下沒有多少兵卒的內堡，並且在奪下它們之後，帶領著一旁
佇候整天的大批騎兵衝鋒。聯軍以「灰色」龍騎兵與蘇格蘭的灰衣
騎兵打前鋒，衝過了塹壕，在平原上列陣以待。維勒已經受到重
傷，但是法蘭西的騎兵鬥志昂揚地迎上前來，雙方騎兵於是發生一
連串的衝殺。最後法蘭西的騎兵敗陣，他們的步兵在撤退。幾個小
時後馬爾博羅寫信給莎拉說：「我太疲倦了，我只有足夠的氣力告

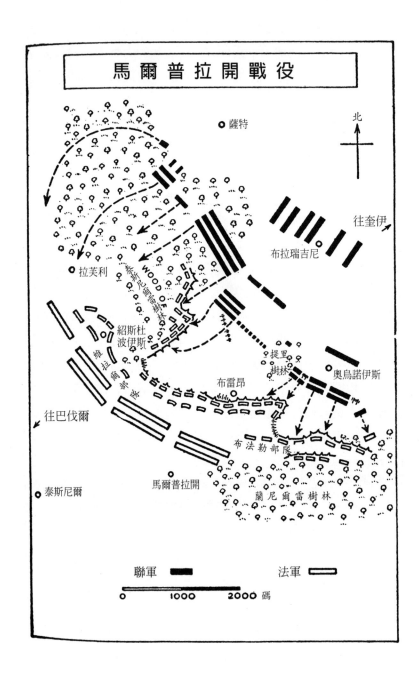

馬爾普拉開戰役

北

薩特

往奎伊

布拉瑞吉尼

拉芙利

泰斯尼爾電柏樹林

WOOD

紹斯杜
波伊斯

雅拉爾部隊

提里樹林

奧烏諾伊斯

布雷昂

往巴伐爾

布法勒部隊

泰斯尼爾

馬爾普拉開

蘭尼爾雷樹林

聯軍 ▬▬ 法軍 ▭▭

0　　1000　　2000 碼

訴你，我們今天打了一場血戰。上午我們痛擊他們的步兵，後來痛擊他們的騎兵。感謝上帝，現在我們有權利任意確定和平條件了。」

　　歐洲對於馬爾普拉開之役的殺戮全都感到心驚膽顫。聯軍損失了兩萬多人，法軍的損失則多達這個數字的三分之二。雙方幾乎沒有任何俘虜。勝利者在戰場上紮營，而這一仗的目標蒙斯也被攻克。但是這樁事件本身向所有人指出，這是對於和平談判不成所做的嚴懲。荷蘭共和國因為最精良的部隊被殲滅而動搖；在英格蘭，輝格黨仍舊贊成進行最無情的戰爭，用演說以及散發小冊子宣揚已經贏得決定性的勝利，但是托利黨人控指他們與馬爾博羅為了製造毫無成果的大屠殺而丟掉了和平的良機。在歐洲，想不起有如此同樣的戰役。的確，十八世紀最大與最血腥的馬爾普拉開戰役，只比百年後拿破崙在鮑羅第諾戰役所取得毫無所獲的勝利稍為遜色而已。

【1】　譯注：David Hume（1711-1776），英國哲學家、經濟學家以及歷史學家，主要著作《人性論》、《人類理智研究》等。

【2】　譯注：Adam Smith（1723-1790），英國經濟學家，主要著作有《人道德情操論》、《國富論》。

【3】　譯注：William Robertson（1721-1793），蘇格蘭歷史學家，著有《一五四二年到一六○三年之間的蘇格蘭歷史》、《美洲史》等。

【4】　譯注：Robert Burns（1759-1796），蘇格蘭詩人，主要用蘇格蘭方言寫詩，優秀詩作《自由樹》、《一朵紅紅的玫瑰》等。

【4】　譯注：Sir Walter Scott（1771-1832），英國蘇格蘭小說家、詩人、歷史小說首創者，主要作品有長詩《湖上美人》、歷史小說《艾凡赫》——即《撒克遜劫後英雄傳》等。

第六章　烏特勒支條約

現在所有人的目光都轉到英格蘭的宮廷上面。整個歐洲都知道馬爾博羅從安妮女王那裡得到的權勢已經消失了，哈利藉著通天的手腕與阿比蓋爾的幫助，建立掌權的托利黨政府，以便結束人人都感到厭倦的戰爭。

兩支大軍為了一七一〇年的軍事行動而互相對峙。他們實際的兵力比以前都還要強大，但是馬爾博羅與尤金卻無法，也沒有機會與維勒交戰。一般人可能認為，馬爾博羅對於馬爾普拉開戰役的廝殺感到痛心，以及對於他在國內所遭遇的敵意感到心寒，以致於他此後只把戰爭看做下棋。的確，這兩位形同孿生的將領只尋求戰爭的時機，希望在維勒未能發揮優勢之際與之交戰。這兩位名將在另一次猛烈的圍城戰之後奪下了杜亞（Douai），而後佔領艾耳（Aire）與聖弗南（St Venant），如此便打通了利斯河的航道。這些都是由興師動眾與所費不貲的軍事攻勢所換取的差勁戰果。

在馬爾博羅忙於辛勞攻城的同時，安妮女王統治時期的危機不疾不徐地走向高潮。英國國教開始蠢動，托利黨的教士宣揚反對戰爭與戰爭的領導者，尤其是戈多爾芬。薩謝佛雷爾博士（Dr. Sacheverell）是一位高教會派的神職人員，他在倫敦講道，猛烈地抨擊政府、輝格黨人以及財政大臣戈多爾芬。政府卻居然下令以國家名義對薩謝佛雷爾進行起訴，提出彈劾。不僅托利黨人，還有倫敦的群眾都挺身而出支持薩謝佛雷爾，此情此景使人想起二十五年前審訊七位主教的場面。最後法庭由於勉強過半數只給予薩謝佛雷爾名義上的懲罰，使他成為轟動一時的英雄。

安妮女王受到哈利的勸告，學會了堅強，對以前輝格黨人闖入內閣並加諸她身上的侮辱進行報復。她在一年當中採取一連串的步驟，改變了政府的整個人事。首先森德蘭被免職；然後安妮女王在秋天命令戈多爾芬遣散他官邸的人員，不用再為她效力，並且還說：「但我一定會給你四千鎊的年金。」戈多爾芬嚴峻地拒絕年

金，而去過他經濟拮据的退隱生活；此外，地位不高的輝格黨大臣也都被削免官職。哈利成立了以托利黨為主的政府，他身邊的亨利‧聖約翰做了國務大臣。新政府大體上是以什魯斯伯里公爵為核心而建立的，得到了許多知名之士的支持；他們的地位全都很高，才能出眾，而且野心勃勃。適時舉行的普選使得托利黨成了平民院中具有實質力量的多數黨。

　　馬爾博羅從他第九次的軍事行動中歸來，發現英格蘭被他的政敵與仇人控制了。安妮女王要求馬爾博羅逼莎拉放棄她在宮廷中的所有官職，他跪在她的面前求情，但還是沒有用。馬爾博羅在風光歲月時曾經幫助與愛護過的聖約翰，現在以傲慢無禮的的方式教訓馬爾博羅；哈利對馬爾博羅打躬作揖，但心硬如石，他也有舊帳要算。然而儘管有這些遭遇，馬爾博羅仍舊是敵視的政府與要報復的女王最珍貴的人物。在托利黨人出任大臣之前，他們認為只要暗示有意追求和平，就能以勝利者提出的條件得到和平，但是他們現在也明瞭，馬爾博羅下台就等於是路易十四東山再起。他們發現面對著一個與一七〇九年時截然不同的法蘭西。大聯盟的所有國家都心懷辛酸、悔恨不已，看到它們自己錯失良機，只好在苦惱與再度出現的恐懼中，緊抓著馬爾博羅不放。荷蘭人、普魯士人、萊茵河地區許多親王都宣布他們的部隊會在馬爾博羅的麾下效力。哈利與他的副手——正在快速揚名的聖約翰——了解他們現在必須再進行另外一次軍事攻勢，因此各方人士，甚至最不友善的人，都紛紛敦促、懇求或哀求馬爾博羅為國效勞。失勢的輝格黨人、得意的托利黨人、哈利與聖約翰、女王、荷蘭議會、普魯士國王、萊茵河地區的各個親王、所有人當中最熱忱的神聖羅馬帝國皇帝，都請求馬爾博羅捍衛共同的大業。雖然馬爾博羅後來被嘲笑說他眷戀官職、喜好戰爭，但奉召出征仍是他的職責；托利黨大臣與馬爾博羅談好了在前線維持適當兵力的條件，馬爾博羅總司令遂在連續的第十年重上戰場。

　　哈利與聖約翰為自己的目標全力以赴。他們派遣馬爾博羅赴

戰，便運用手腕致力推行托利黨的全面政策。聖約翰派了一支軍容鼎盛，但指揮不善的遠征軍去奪取法蘭西手中的魁北克（Quebec）。身為財政大臣的哈利，一心忙著建立大規模南海公司（South Sea Company）的財政計畫；這家公司將購買部分國債，並向南美洲輸入奴隸與商品來增加歲收，以後也因此興起了南海泡沫（South Sea Bubble）的詐騙風波。但哈利畢竟是在向法蘭西謀和，他藉著盟國不知道的祕密管道與托爾西建立連繫。他發現法蘭西人態度強硬，便派聖約翰參加談判；一七一一年整年都在進行規畫，但國會或任何聯盟國家都不知情。哈利等人採行的方法形同叛國，但是他們追求的目標卻合情合理。

　　儘管哈利與聖約翰共同懷著祕密的目標，但他們不久卻漸行漸遠。三月分有位法蘭西難民被人發現與敵人通訊來往，形同叛國，他在樞密院的審訊室接受審問時，用小刀刺向哈利，那時哈利與聖約翰兩人之間的敵對早已非常明顯。大臣們都大為驚訝，拔劍刺傷了這名兇手，兇手後來在一星期內因為傷重而一命嗚呼。哈利的傷並不重，但是他在全國的名望卻因此驟增；安妮女王賜給他牛津與莫蒂默兩地伯爵的傲人封號，指定他擔任自戈多爾芬下台之後便一直虛懸的財務大臣官職。哈利因此到達其事業的顛峰。

＊　　　　＊　　　　＊　　　　＊　　　　＊

　　馬爾博羅希望再度與尤金一起進行一七一一年的軍事行動，並將不少於十四萬的人馬集結在杜亞的鄰近地區。但是四月底發生了一件不幸的事，這件事影響到戰爭的各個層面。神聖羅馬皇帝約瑟夫一世（Joserph I）因為罹患天花而駕崩。當時在巴塞隆納據地為王的查理大公繼承了奧地利王室世襲的領地，並且確定會被選為繼任的皇帝。為了打斷在法蘭克福（Frankfurt）的選舉，路易十四派遣維勒麾下的大軍前往萊茵河的三角地帶，此舉使得五月便離開馬爾博羅軍營的尤金部隊採取應對情勢的調動，如此一來馬爾博羅一方只有九千人應戰仍然率領著十二萬名士兵的維勒。

　　維勒在冬天已經構築了龐大的塹壕與洪水系統所構成的防線，

從海上經由阿拉斯（Arras）要塞與布夏安（Bouchain）要塞延伸到桑布雷河（the Sambre）畔的莫巴吉（Maubeuge）。他稱呼這些防線為「Ne Plus Ultra」（登峰造極），率領他的機動部隊誘敵進攻。馬爾博羅似乎閒散地渡過了六月，實際上他正準備打破這難以克服的障礙；他靠著狡詐的手法與策略，使維勒深信他企圖在阿拉斯以南再進行一次如同馬爾普拉開戰役規模的正面攻擊。

兩軍互相對峙，列好了陣式，每個人都期盼著斬殺敵人。盟國將領則深感憂慮。他們認為馬爾博羅因為在國內的遭遇而憤憤不平或精神錯亂，會使得他們被敵人屠殺。八月四日馬爾博羅親自沿著維勒的整個前線進行偵察；他讓許多軍官陪著他，他標明將安置大砲的地方，並且指向即將進行攻擊的敵方陣地。然而因為他威望蓋世，所以軍官們都不敢直言抗議；許多在場的觀察者都認為他不應該毫無隱瞞地暢談作戰計畫。當天晚上維勒滿懷希望，他要求把防線上所有其他的每個營部與大砲都調到適當的位置。馬爾博羅的士兵盲目地信任他，因為他從來不會帶他們走上錯誤的道路。但是高級指揮官都相當痛苦，提心吊膽；他們沒有注意到卡多根將軍已經悄悄地在偵察敵陣的時候溜走了；他們也不清楚大砲為何不在陣地，這是因為他們並不知悉馬爾博羅在前線後方調動兵馬的情形；他們也不知道他的重兵集結在杜亞。

夜幕低垂，鼓聲咚咚。開始傳來了拔營以及準備作戰的命令。參謀們前來帶領四個縱隊，不到半個小時，全軍便已經向左翼行動。他們在月光映照的夜裡全部向東行軍，通過了維米山脊（Vimy Ridge）與阿拉斯之間寬闊的起伏地帶；兩個世紀之後此地將染上英格蘭人與加拿大人的鮮血。這趟行軍非常嚴苛，中途只容許最短暫的停留，但是全軍都興致勃勃，畢竟它不會是一場浴血戰。「老伍長」（the Old Corporal）心中自有妙算。在五日凌晨五點鐘之前，他們已經抵達維垂（Vitry）附近的斯卡普河（the Scarpe）。大軍發現此處搭建了一連串的浮橋，而天色漸亮，他們看到長列的大砲正與他們一起前進。

　　破曉時分，馬爾博羅身先士卒率領五十個騎兵隊，與自卡多根那裡疾馳前來的一位騎兵相遇。後者帶來了消息，說卡多根與普魯士將領霍姆佩希（Hompesch）率領二十二營步兵與二十個騎兵隊，已經於清晨三點穿過了位於亞略（Arleux）的堤道，實際佔領了敵人的防線。馬爾博羅現在派他的副官與參謀官去對行軍的整個隊伍傳達命令，對各國官兵解釋他正在做的事與已經發生的情況，並且告訴他們說現在一切都仰賴他們的行軍速度。「公爵大人希望步兵疾走。」當天亮之際，部隊越過桑塞厄河（the Sensee）的沼地與溪流時，他們都看到在右方不到砲彈一半射程的距離，法軍在河的另一邊與他們平行向前移動。但是他們也看到法國的先頭部隊與聯軍步兵正在齊頭並進。八月五日這一天聯軍的大批兵力都渡過了桑塞厄河，正在敵軍防線後面列陣。數以千計的兵卒都疲憊得倒在路旁，大批的兵卒更因爲急行軍而死於途中。

　　結果馬爾博羅在防線的後方設立陣地。維勒帶著零星的部隊到達，根本無法發動攻擊。人們過去以及現在都議論紛紛，說馬爾博羅是否不應該冒險犯難；的確，他在布萊尼姆與奧德納德兩次戰役都遭遇過更大的危險。然而他此時並未強行打上一仗，反而將部隊快速地調到左方，渡過須爾德河，緊緊包圍布夏安要塞。突破「登峰造極」防線，包圍與奪下布夏安要塞，在歐洲被評斷爲軍事藝術的傑出表現。維勒率領與馬爾博羅實力相當的軍隊，拼命地要干擾這項行動；而馬爾博羅已經從法蘭德斯與布拉邦特強行徵調了六千名工人，圍著布夏安整個要塞構築了由壁壘構成的防線，而且還把保護他與須爾德河之間交通線的塹壕增加了一倍。馬爾博羅親自進行圍城，指揮阻擋援軍的部隊；他整天都在他創建的，令人驚異的，如同迷宮一般的工事中行動，同時加緊對布夏安的包圍。八月二十一日攻城設備從土爾內運送到此，三十日大砲開始轟擊。馬爾博羅砲擊布夏安的同時，維勒也對馬爾博羅展開砲擊。這是圍城內的圍城，這種戰役經常對圍城者很不利。沒有比馬爾博羅的軍事藝術更爲精湛的範例了。布夏安於九月初投降。相當於自己軍隊規模

的法軍，便眼睜睜地看著布夏安強大的衛戍部隊排隊出城而成爲戰俘。馬爾博羅仍然期望繼續這波軍事攻勢，於是包圍凱斯努瓦（Quesnoy）；雖然實際兵力並不缺乏，但是所有的主將事實上都已經疲憊不堪，因此軍隊都到營舍過冬，馬爾博羅則返回英格蘭。他率領大聯盟的軍隊有十年之久，在這段期間裡，都是戰無不勝，攻無不克。在戰爭史上像這樣的事還眞是今古奇觀。

　　　＊　　　　＊　　　　＊　　　　＊　　　　＊

　　這個時候不可能隱瞞著一直在進行的祕密和平談判。對於激淸洋溢的倫敦各界而言，和談如同一場震驚。哈利以他先前的作風在平民院掌握著有實力的托利黨多數人士，但是輝格黨人仍舊控制著貴族院。托利黨的領袖都確信如果馬爾博羅支持的話，他們就能夠實現和平；爲了使馬爾博羅順從他們的意志，他們在軍事行動開始之際便調查軍隊的帳目，以便建立他挪用公款的罪名。如果馬爾博羅與他們聯手謀和，逼迫盟國就範或另外簽訂和約，這些罪名就會取消，他仍舊可享有「朝廷的保護」；如果不這樣的話，他們認爲這罪名足以抹黑他的人格。馬爾博羅與英國王位的繼承人——漢諾威家族的選帝侯喬治——私交甚篤，而且仍然得到普魯士國王與大聯盟各個王子的支持，所以在任何情況下，他都不會同意單獨講和。

　　國會於一七一一年冬天深陷危機時召開。兩大政黨在長期戰爭的所有問題上都針鋒相對。輝格黨人利用他們在貴族院所佔的多數，以十二票的多數通過反對政府的決議；但是哈利得到平民院的大力支持，充分使用安妮女王的寵信，以具有決定性的再答辯迎戰貴族院的攻擊。他對馬爾博羅提出盜用公款的罪名，並且獲得女王首肯，特別任命十二位貴族，使得輝格黨貴族院的多數票成爲無效。這些重擊奏效，馬爾博羅被革除了所有職務，並且遭到平民院的譴責。他擔任英格蘭總司令、荷蘭副總司令以及其他職位額外補貼而領的薪水以及津貼，再加上他平常節儉與善於積蓄，使得他累積了大量財富。他現在主要的罪名是在十年的指揮期間，把從盟國所有外國部隊所徵收軍費的百分二點五挪爲己用。

　　馬爾博羅的辯護很具說服力。他拿出安妮女王於一七○六年簽署，授權他做此種扣除的詔書，自威廉國王時期起，這種做法在大聯盟之中可說是司空見慣。他宣稱所有的錢（差不多有二十五萬英鎊）都用在軍隊的祕密與情報方面；而這些活動比起以往任何時候都還要來得完善，也是不可否認的事實。不過他的辯護也並未能阻止托利黨人在平民院中以二百七十六票對一百六十五票的多數，對他的行為提出譴責。政府要這位被革職的將軍償還巨款的一場控訴還在進行中，但是盟國中的所有親王，以漢諾威王儲與普魯士國王為首，在政府正式文件中鄭重地聲明「他們曾經無條件地賜予馬爾博羅百分二點五的經費，供他從事情報之用，而且並未期望他呈報任何帳目。」選帝侯還說：「我們深信也感到滿意，馬爾博羅公爵年年都根據蒐集情報的目的來使用這些經費，……他聰明地應用這些經費，大大有助於在許多戰役中獲勝，奪下許多敵人的塹壕以及突破他們的防線。種種勝利都靠著上帝的祝福，但是馬爾博羅公爵對於敵軍的調度與情況也大都掌握著良好的情報與消息。」

　　英格蘭現在因為和平問題而分成兩派，現在一定要單獨與敵人講和，因為盟國駁斥英國政府有放棄大聯盟並且為自己另尋出路的權利。在這種傲慢自大的情況下，倫敦與歐洲其他盟國不可能達成任何協議。同時，灰頭土臉的法軍由於勁敵下台而感到振奮，正在集結武力。路易十四發現自己絕地逢生，他英勇的人民都趕來勸他。哈利與聖約翰無法逃避一七一二年的軍事攻勢；他們指派這位在卡地茲失利的著名人物奧蒙德公爵擔任指揮，並且向荷蘭人保證他們的誠信。尤金曾在訪問英格蘭時設法鼓吹托利黨政府要對大聯盟維持誠信，也曾經發誓他與馬爾博羅的友誼持久不渝，但是他此刻卻發現自己必須單獨面對著優勢武力。他對倫敦政府的背信行為感到憤慨，就這樣一怒之下加入了過於有勇無謀的軍事行動。他圍攻凱斯努瓦，並且請奧蒙德公爵協助他；但是英國政府即將與法蘭西單獨講和，所以聖約翰對奧德蒙下達祕密的禁令，不許他「以危及戰役的方式參與任何圍城行動」──講得這戰術似乎是做得到的樣子。

在一個黑夜，之前都是聯軍行動中爭先進攻並為盟國全體讚揚的英軍，全都含著辛酸的屈辱心情以及在他們昔日袍澤的咒罵聲中離開聯軍的營地。只有一小批領著英國薪餉的傭兵跟盟軍一起走；雖然沒有領到薪餉，但絕大多數的人宣稱他們要為「共同的大業」繼續奮戰。許多跟過馬爾博羅的老兵因為羞怒交加而氣倒在地。感到憤慨的荷蘭人，當著逃亡的英軍的面關上城門不接納他們。維勒快速挺進，撲向尤金位在迪南（Denain）的彈藥庫而打敗他，並且將許多士卒趕到須爾德河中。維勒趁著這次尤金潰敗，佔領了聯軍所有的前進基地，攻下了杜亞、凱斯努瓦與布夏安；如此一來他一筆勾銷了聯軍過去三年來的戰果，而成為這場慘烈戰爭的勝利者。奧蒙德率領的英格蘭陸軍藉著與法蘭西簽訂的軍事協定，撤退到暫時交給他們的敦克爾克。在這些令人震驚的挫敗之後，大聯盟的所有國家都被迫以目前可能是最好的條件講和。

*　　　*　　　*　　　*　　　*

所謂的烏特勒支條約（Treaty of Utrecht）事實上是各個盟國與法蘭西以及西班牙簽訂的一連串個別協定。神聖羅馬帝國繼續單獨作戰。事實上條約中最重要的內容是安茹公爵，也就是菲力普五世，擁有西班牙與印度群島，他因此輕視英格蘭國會長久以來堅持的不合理聲明。拋開此事不談，英國政府得到了特別的有利條件：法蘭西宮廷承認新教在英格蘭的王位繼承權，將王位覬覦者威爾斯親王逐出法蘭西，拆除敦克爾克的防禦工事，並且割讓在北美與西印度群島的許多疆土，也就是哈德森灣（Hudson Bay）、紐芬蘭（Newfoundland）、從麻薩諸塞（Massachusetts）遠征而得到手的新科斯西亞（Nova Scotia），還加上聖克里斯多福（St. Christopher）；與西班牙的條件是英格蘭將持有米諾卡島與直布羅陀，如此在英格蘭仍然是主要海上強權時，可以進入與控制地中海。英格蘭在西屬南美洲殖民地，特別是阿西恩托（Asiento）所獲得的商業利益，是長達三十年壟斷將非洲黑人當作奴隸輸入新大陸的權利，這些利益後來挑起了另一場戰爭。法蘭西

與西班牙宣布放棄兩個王國的合併，因爲法蘭西王室出現許多奇怪的死亡例子，這件事的可信度光看史上最著名的孱弱孩子路易十五（Louis XV）就知道了。加泰隆尼亞人從盟國（尤其是由英格蘭）召集赴戰場以及忠心擁護他們所稱查理三世的大公，現在被以禮貌的外交手段而交給了西班牙勝利的一方，遭到報復。

荷蘭人獲得有限制的屏障，不過它包括外圍防線上的福恩（Furnes）、諾克堡（Fort Knocke）、伊普雷、麥南、蒙斯、沙勒羅瓦（Charleroi）與那慕爾；與荷蘭交通的剛特；以及某些防守須爾德河入口的重要堡壘。普魯士則得到了荷蘭希望得到的古德蘭（Guelderland）。在屏障的另一邊，低地區的其他要塞都還給了法蘭西，其中包括里耳。薩瓦公爵得到了西西里及阿爾卑斯山上的堅固邊界。葡萄牙在戰爭裡出力不多，得到的酬勞是亞馬遜河（the Amazon）的貿易權。萊茵河畔的邊界，巴伐利亞與米蘭（the Milanese）的命運就留給之後的戰爭來決定。以上所述就是一七一三年春天在烏特勒支達成的協定，而繼承這些結果的查塔姆（Chatham），在未來的某日宣稱它是「這個時代無法抹滅的污點。」

查理皇帝對於西班牙的投降大爲憤怒，在一七一三年還繼續進行戰鬥。雖然法蘭西人筋疲力盡，但仍舊攻下了重要的據點蘭道，並且再度突破攻入日耳曼。一七一四年三月，查理皇帝被逼締結拉許塔特和約（the Peace f Rastadt）。法蘭西憑著這項和約重新得到史特拉斯堡與蘭道，並且放棄它在萊茵河右岸所征服的全部土地。巴伐利亞選帝侯在他的領地復位。米蘭、那不勒斯、薩丁尼亞（Sardinia）則畫歸神聖羅馬帝國。歐洲在這基礎上走入了並不很安穩的和平。儘管這些和約的條件都無法與盟國在一七〇六年、一七〇九年或一七一〇年所能得到的條件相提並論，不過它們倒是好一陣子終結了基督教國度長期受到的折磨。

*　　　*　　　*　　　*　　　*

馬爾博羅一直因爲遭人指稱挪用公款，被托利黨人士窮追不捨，並受到政府控訴而感到困擾。他於是在一七一二年底出國自我

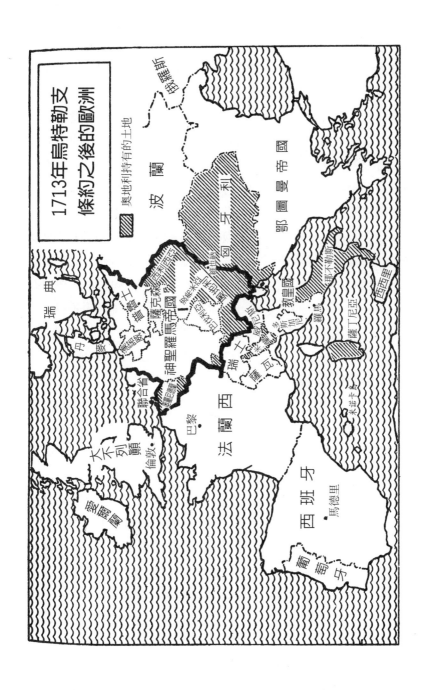

1713年烏特勒支條約之後的歐洲

▨ 奧地利持有的土地

放逐，寄住在荷蘭與日耳曼，一直到安妮女王統治時期結束為止；他與漢諾威宮廷、英格蘭在野的輝格黨、卡多根，以及以前的其他軍官都保持著密切關係，準備著奪取駐紮在低地區與敦克爾克英軍的指揮權，並且率領他們到英格蘭支持新教徒繼承王位。

托利黨得意執政的最後階段一塌糊塗。聖約翰榮升貴族，成了博林布洛克子爵，他與牛津伯爵哈利水火不容。聖約翰的生活醜聞與侵吞公款，使他遭到哈利無情的起訴；但是由於賄賂阿比爾蓋，她遂幫助聖約翰取代了牛津公爵而得到女王的寵眷。安妮女王現在被痛風以及其他疾病拖垮了。數個月以來，她的生命繫於一線；她享受過許多榮華富貴，現在走向顏面盡失的終點。多年來她享受子民充分的愛戴而備極榮耀，現在她發現自己成了名譽掃地的黨派工具；可憐的女王憂傷地在敵視與斥責的壓力下走向墳墓。然而她的意志到臨死之際都熾熱不滅，她極盡小心地注意使內閣分裂的政治鬥爭。沒有人知道她是否希望使同父異母的哥哥「王位覬覦者」成為她的繼承人。自從大反叛（Great Rebellin）以來就爭執不休的英格蘭兩股勢力，以不同的面目，在不同的場地互相對峙，而主要的對抗情緒不變。輝格黨人憑著王位繼承法與全國新教徒的支持，公開地準備拿起武器反抗詹姆斯二世的復辟；由荷蘭人支持與馬爾博羅幫助的漢諾威選帝侯，集結武力準備重演奧蘭治親王威廉降臨英國的一幕。

一七一四年，最後幾個月到處都是內戰的預兆。博林布洛克子爵雖然地位日升，卻沒有進行這種遊戲的勇氣或本事。覬覦王位的威爾斯親王宣布他永遠不會放棄羅馬天主教信仰，而這使得他想登上英國王位變得不太可能。他的審慎值得所有的人尊重，尤其是因為有助於國家利益。白金漢公爵被迫辭去公職之後大呼：「天啊！這個不幸的國家在我的時代是怎麼統治的？在查理二世統治的期間，我們是被一夥法蘭西的婊子統治；在詹姆斯二世時代是由一夥天主教教士來統治；在威廉國王的時代是由一夥荷蘭步兵統治，現在我們由一個卑鄙的宮廷侍女、一個威爾斯律師與一個生活放蕩，

從來不講信義的無賴所統治。」

許多的起義都同意這個結論：牛津伯爵與博林布魯克子爵於七月二十七日在內閣會議上的鬥爭，導致安妮女王逝世。她幾乎不能站立或行走，不過仍全神貫注，留意她身邊進行的激烈政治鬥爭。她藉著手勢或出聲知會牛津伯爵，指他一定得交出主管財務的白色權杖；而這位曾經推翻馬爾博羅與改變歐洲歷史的政治家現在遲鈍懶散，但仍然相當強悍與善用手腕，對他得意的對手做出最後的一擊。兩個人距離女王都不到六英尺，隔著桌子以粗話互斥。牛津伯爵譴責博林布洛克對安妮女王來說形同流氓與小偷，並且以含糊但絕對令人印象深刻的威脅話語，說明他將會在國會譴責博林布洛克。安妮女王受到深深的打擊，被弄得無法忍受，她一直承受著一切壓力，現在她不知道如何是好；她被人抬著離開了這個正發生著猛烈正面衝突的場所，兩天之後，折磨著她身體的疾病移到了她的大腦。

博林布洛克仍然是勝利者與一時之雄，但是他的得意僅只有兩天。七月三十日女王病危，樞密院在皇宮開會；他們正打算討論事務，這時門打開了，索美塞特公爵與阿蓋爾（Argyll）公爵走了進來。他們兩人是樞密院的成員，但是都沒有接到開會通知；他們宣布女王生命垂危，有責任效臣子之勞。宮廷大臣什魯斯伯里的確早已計畫這次會議，謝謝他們二位的愛國之忱。博林布洛克子爵像若干年前的牛津伯爵一樣，避開了挑戰。樞密院成員都擠到女王病榻之前，敦促她將牛津伯爵已經交出的白色權杖給予什魯斯伯里，這樣可以使什魯斯伯里實際成為政府的首腦。安妮女王用最後的一點力氣，並且靠著大法官的幫助，將權杖交給了什魯斯伯里，然後就陷入了昏迷。

樞密院一直開會到深夜。大臣為了確保漢諾威家族的王位繼承，採取了許多有力的措施。他們派遣信使前往各地，命令全國的官員與軍官都盡忠職守。艦隊在輝格黨人柏克萊伯爵的率領下動員起來，奉命巡邏英吉利海峽與監視法蘭西的港口；政府從法蘭德斯

召回十營的部隊，衛戍部隊都武裝起來，民兵團也都提高警戒。政府也提醒荷蘭人注意他們要盡守條約上的義務。一切都準備好了，以便漢諾威選帝侯登基成爲喬治一世（George I）。這些命令上面不但有什魯斯伯里、索美塞特、阿蓋爾等人的簽名，還有博林布洛克與托利黨同僚的簽名。他們別無選擇。一切都準備好了，宮廷傳令官與王室部隊也宣布喬治國王即位；安妮女王於八月一日七點三十分去世。英格蘭確實將不會再有天主教復辟、王位繼承之爭、法蘭西的入侵以及內戰了。

就這樣英格蘭歷史上一個偉大的統治時期結束了。它曾經由於馬爾博羅的征戰勝利與保護而很光榮，不列顛的統一與偉大就此建立；法蘭西支配歐洲的力量已經粉碎，只有拿破崙才能使它復興。斯圖亞特家族最後一位君王當家作主，已經使得英國的實力有驚人的拓展，儘管安妮女王在她統治的末年身心憔悴，但她仍然值得在歷史上擁有「賢明女王安妮」的稱號。

第八部

第一個不列顛帝國

第七章　漢諾威王朝

一七一四年夏末，整個英國都在等待喬治一世國王的蒞臨。九月十八日他在格林威治登陸，這位不會說英語卻很幸運的日耳曼王子，對於新的王國並不很熱心。對他而言，接受大英帝國（the United Kingdom）的這個王位，似乎只是賜惠給他的新臣民，他不過是在迎合英國的那些政客，給他們方便罷了。他所期望的回報，是英國的力量與財富將可供他在漢諾威（Hanover）的領地及歐洲的利益所用。爲了要履行國王的職責，必須離開故國到他去過一次卻不喜歡的島嶼。身爲英國王位的推定繼承人（presumptive heir），雖然他多年來都非常注意英國政治的黨派鬥爭，但如今也僅能依循那些令人討厭的黨派領袖們的運作，無法了解引起他們緊張的情況或有利害關係的原則。現在，他站在泰晤士河河畔，帶著疑慮與戒備，還夾雜著輕視的態度打量前來接駕的貴族與大臣。此刻，英國的土地上，站著一位不討人喜歡的人物；一位性格頑拗、單調乏味、訓練嚴格的德意志軍人，而且頭腦遲鈍、品味粗俗。他在戰爭中擔任過指揮，行動怠惰而毫無能耐；作爲統治者，也沒有表現出使人振作的能力或寬宏大量的氣度。然而因爲他的深思熟慮與豐富的常識，使刻板的心智有所收益。英國的王位不容易繼承，尤其對一位外國的王子而言更是如此。喬治國王勉強地接下王位，扮演分配給他的角色，不過並不是恰如其分。雖然他得到英國王位是情勢使然，但是此後他永遠也不讓它脫離掌握之中。

許多前朝官員，對新國王都懷著希望。當然也有的人心中充滿憂鬱，其中最憂心忡忡的就是博林布洛克。政治無情使他快速地下台了。在安妮女王歸天時，他尚是國務大臣，但每個人都心想，假如女王多活幾個星期，這位才華洋溢、朝秦暮楚的機會主義者倘若有所圖，是無人會察覺的，因爲他的語言天賦，使他敢用斬釘截鐵的語言表達必要的政策，他亦可一針見血地說明問題，不過對他而言，什麼是特別的問題，似乎並不那麼重要。他大賭特賭，

卻在緊要關頭猶豫不決而輸掉了。因為他的作為，他知道無法期盼到任何人的憐憫，但也不可能長久地疑神疑鬼。他的名字在新國王到達之前並沒有被列入指定代理國王行事的攝政團內。不久之後，漢諾威王朝便將簡短的革職令送到他手裡。他告老下野，生活毫無目的，在悔恨與恐懼中徬徨。新統治時期的國會對他提出彈劾。絕望中，向曾經被他打擊且免職，歷經放逐歸來的馬爾博羅請教。會晤時，馬爾博羅雖然很客套，但也暗指博林布洛克的性命很危險，因為托利黨領袖想要以博林布洛克的命來為他們的惡行負責。當天夜裡，博林布洛克不顧過去的紳士風度，喬裝成侍僕逃到法蘭西，幾個月之後，甚至決定冒險一試成為「王位覬覦者」的國務大臣，可惜與他長久勾結的聖日耳曼宮廷，不久就使他幻滅。後來又過了八年的流放生活。這位虛偽、金玉其外的人物並不會因此由我們的故事中出場。他最大的死對頭——牛津伯爵羅伯特·哈利，此時被囚禁在倫敦塔，並未受到應受的懲罰，當他由倫敦塔放出來的時候，已經是個心灰意冷的人了。

*　　　*　　　*　　　*　　　*

十七世紀政治的熱情在安妮女王末年耗盡。輝格黨與托利黨的抗爭已經將國家帶到了內戰的邊緣，問題是，誰將繼承王位？是詹姆斯二世信奉天主教的兒子？還是新教的遴選團呢？如今一切都確定下來了，再也不會出現重大的憲政問題了，因為喬治一世已經成功地登上王位，托利黨瓦解了，英國穩定下來了。輝格黨的長期統治難免有抱怨，但局勢卻很安全。一七一四年以後的十年，國內氣氛迅速改變，是非爭議的憤怒與怨恨被冷漠與容忍取代，大原則不再獨擅勝場，政治情緒被政治利益取代。社會生活因為崇尚唯物主義（meterialism）而漸漸墮落，政治成了輝格黨內各大派爭奪官職與王室寵眷的工具。

君主制度失去了它的光采。漢諾威王朝的國王都不用「天授神權」（the Divine Right）的藉口進行統治，他們藉由國會的認可保住地位，甚至連象徵著對王室表現忠誠的表面作法都大不如前；

宮廷不再是華麗、地位與時尚的中心，宮裡的人及所舉辦的慶典都顯得邋遢，連禮儀也過時了。王宮的生活被這個日耳曼王子和其品味所控制著，一些名不見經傳的日耳曼婦女的姓名都出現在當時的傳略中，例如基爾曼塞吉斯家族（the Kielmanseges）、沃爾莫登家族（the Wallmodens）、普勒滕家族（the Platens）與舒倫伯家族（the Schulenbergs）等，他們很快地都用英國的頭銜與財富來凸顯自己。在政治圈中，更常聽到日耳曼「幫」（gang）——喬治一世的貼身顧問伯恩斯托夫伯爵（Count von Bernstorff）與博特默（Bothmer），以及喬治的私人秘書——胡格諾教徒的羅伯松（Roberthon）。

　　安妮女王在世時，領導輝格黨的人都很快地退出政治舞台，例如黨鞭沃頓，於一七一五年去世。查爾斯・蒙塔古，雖被冊封爲哈利法克斯勳爵，曾在威廉國王爭戰之際大力重整英國的財政，也隨之於同年去世。最用心的史家與最堅定的輝格黨教父，伯內特也去世了。前任大法官薩默斯勳爵（Lord Somers），後因身體癱瘓，無法料理自己，在十二個月後也一命嗚呼。他們所有人當中最偉大的人物——馬爾博羅公爵，在位於布蘭海姆與聖奧班斯的家宅中長期癱瘓著，到一七二二年因去世而得到解脫。他的妻子莎拉比他多活上二十年，她的嘮嘮叨叨，令人想起安妮女王的全盛時代，可惜最後她還是孤單一人。

　　英國新一代的政治家霍雷蕭・沃波爾（Horace Walpole）、詹姆斯・斯坦諾普（James Stanhope）、約翰・卡特雷特（John Carteret）、查爾斯・湯森（Charles Townshend），力保安妮女王的時代會和平轉移到喬治家族的時代。這群人當中，斯坦諾普漸漸成爲領導政府的首相，他在戰爭期間曾在西班牙指揮軍隊，奪下米諾卡島，現在主要從事外交方面的工作。他對國內事務比較不擅長，而政府在這方面也面對著不平靜的挑戰；儘管全國人民已勉強接受由日耳曼王室的國會所加諸在他們身上的事務，但是英國仍有許多地區的人民仍強烈支持著斯圖亞特家族，像倫敦、牛津、西陲

（the West Country，英國西南部諸郡）等地都不斷出現暴動與反對聲浪。反對國教者（Dissenter）的房舍與集合場所都被視作輝格黨新政府的象徵，而遭到搶劫與破壞，威廉國王的肖像在史密斯菲爾德（Smithfield）的典禮中遭到焚毀。詹姆斯二世黨「覬覦王位者」的最強大支持者貝里克元帥，是詹姆斯二世與馬爾博羅妹妹的私生子，他估計在一七一五年時英國六個人當中就有五個人是詹姆斯二世黨人。這種說法確實有些誇大。不過，雖然政府在前一年成功地辦好選舉，他們仍有種種理由害怕人民的感受。政府由比較冷靜的領導與嚴密的組織，在選舉中得到最大的勝利；但是並未幻想能掌握全國的普遍情緒。在遷就日耳曼國王與討好滿懷怒氣的國人的雙重任務中，政府的耐心受到極大的考驗。政府首先要採取的行動，就是讓英國參與漢諾威家族在北歐的事務。英國艦隊奉遣去佔領漢諾威諸侯們垂涎已久的日耳曼北部沿海的瑞典港口，為日耳曼的利益運用英國的資源，此舉引發英國人的憤慨，輝格黨的閣員雖然很緊張，還是採取了有效的預防措施。英國駐巴黎的大使使他們不斷地知悉詹姆斯二世黨人在法蘭西的動向，因為這些黨人不僅同時在蘇格蘭起義，也利用人民對聯邦法案感到不安、失望的時候煽動。面對他們的這些舉動，英國政府早有準備。詹姆斯二世黨人因為路易十四於九月一日駕崩而再度遭到嚴重打擊。這位「國王」曾經是他們的保護者與鼓勵者。當時主持法蘭西外交事務的護國公奧爾良公爵（Duke of Orleans），對他們的計畫表現得很漠然。

　　九月六日，馬爾伯爵（the Earl of Mar）在伯斯（Perth），以詹姆斯二世黨的旗幟，在短短幾個星期內就號召二萬多人在蘇格蘭起義，反對漢諾威王朝的統治。可惜沒有周全的計畫，也沒有與法蘭西的流亡者緊密的聯繫，倫敦政府立即採取行動；國會快速地通過了「暴動懲治法」（the Riot Act）來抑制英國各城鎮的動亂。一群騎兵佔領了牛津，販賣顛覆小冊子或散布顛覆言論的人都迅速遭到逮捕，人身保護令暫時無效，政府更懸賞十萬英鎊捉拿「王位覬覦者」，死活不論。根據「邊塞屏障條約」（the Barrier

Treaty），英國要求荷蘭派遣荷蘭部隊支援，確保新教徒在英國的王位繼承，正規部隊則悄悄移師北方抵抗叛軍。

在英國北方，一小群由德溫特沃特勛爵（Lord Derwentwater）為首的縉紳，起義支持斯圖亞特家族。雖然他們無法與馬爾伯爵做有效的聯繫，但是由於有四千名蘇格蘭人增援，他們向南邊的城鎮及鄉野輕率又不奢望地做一次募集。軍事當局向馬爾博羅伯爵請教，他用姆指按在地圖上的普雷斯頓（Preston）說：「你們將在那裡打敗他們。」巧的是，十一月十三日起義叛亂者果真在那裡被擊敗。

政府在蘇格蘭的部隊由輝格黨的阿蓋爾公爵率領，在同一天於謝里夫莫耳（Sheriffmuir）與詹姆斯二世黨叛軍兵刃相接，這並非決定性的一仗，但是詹姆斯二世黨叛軍已紛紛逃離，士氣不振。眼看所有成功的希望落空，「王位覬覦者」遂於十二月的壞天氣中在蘇格蘭的海岸登陸，他未攜金錢、彈藥，只是將主將們集合起來，用一艘法蘭西船載他們撤回到法蘭西。英國政府在擊敗叛軍之後，便進行叛國審判，大約處決了三十人。儘管叛軍的起義不堪一擊，英國政府對這些針對新政權所做的、無組織的反抗還是感到戒慎恐懼，並且開始加強對行政的掌握，通過「七年法案」（Septennial Act），將當屆平民院的期限再延長四年，公告每隔七年選舉一次國會。這是英國為維護國會權力所做過最大膽、最完全的作法。後來貴族院更設法藉由法案阻止王室任命六位以上新的貴族，以使輝格黨人可以永久獨佔平民院，可惜這種做法太露骨，造成平民院內由沃波爾領導的一群議員大聲抗議，當時他已經離開內閣而成為它主要的批評者。他們並不是反對削弱王室威權，而是反對他們自己永遠被逐出貴族院議員的行列。所以他們以絕對多數的票數否決了這項法案。

政治威權此後便建立在影響力上，例如廣施王室的恩惠，頒發勳章、提供閒差或年金，靈活運用情報經費，為眷屬從人等謀求海關職務，為年輕子弟在軍隊或教會謀生計。因此輝格黨人就這樣控

制了國會機器。雖然他們自己鬧分裂，但是想有組織地反抗輝格黨的寡頭政治則毫無希望。最早兩代的喬治國王都全神貫注在歐洲事務，對他們繼任為國王的國家的內政則漠不關心。國會中，托利黨在博林布洛克逃亡後便顯得群龍無首。一七一五年的叛亂使得政府更輕易將所有托利黨人烙上詹姆斯二世黨人及擾亂治安者的烙印。由於政治權力與影響力只給予少數受到寵信的人，人們也就開始做其他的發展與新的冒險活動了。

＊　　　＊　　　＊　　　＊　　　＊

金融的投機受到了鼓勵。政府所負擔的戰爭債務幾近五千萬英鎊，由繁榮的世界貿易中獲利的念頭也因此變得極具吸引力。一七一〇年托利黨政府便將特許狀賜予在南海（the South Seas）進行貿易的一家公司，並且安排它購買部分國債。這種關係迅速擴大了南海公司的資產。一七二〇年一批董事向政府提出了購買當時為數達三千萬英鎊的全部國債的計畫。這個計畫不久便傳出詐騙的惡名，但是政客都貪婪成性，未能擺脫誘惑，因為這個計畫有機會可以在二十五年內將全部債務償清。據說用來賄賂大臣、國會議員與朝臣的錢高達一百二十五萬英鎊。輝格黨的財政大臣約翰‧艾斯拉比（John Aislabie），購買了價值二萬七千英鎊的南海公司股票，才對平民院提出這個計畫。英國銀行對這個勢力日漸壯大的財政對手感到十分緊張，便開始競爭，想得到這項巨款交易的特權。最後南海公司在競標上勝過英國銀行。一七二〇年四月，批准這些提議的法案交給平民院。它遭到名譽鵲起的羅伯特‧沃波爾穩健而又猛烈的攻擊：「這個計畫支持股票經紀的惡性做法，將國家的人才由貿易及工業中引開。它提供危險的引誘，用虛偽遠景引誘不提防者走向破產，使他們與拚命追求想像中的財富努力而漸次得到的利潤分手。」他堅稱：「成功有賴於南海公司股票的上漲。這個計畫的大原則是極端不當的，它靠刺激人們對這計畫保持普遍的迷戀，與對他們承諾能夠由不足以達到此目的的資金中分到的紅利，來提高股票表面價值。」但是議員都對獲得紅利的遠景感到迷惑。甚至於

在沃波爾演說的時候，平民院的人都悄悄地走光了。這個法案於四月二日以一百七十二票對五十五票獲得通過。五天之後，同樣比例的多數票使它在貴族院獲得通過。威廉‧考珀勛爵（Lord William Cowper）將它比作特洛伊城（Troy）的木馬。

投機的狂熱掙開了管束。股票在三個月內由一百二十八點狂飆到三百點，過了幾個月又漲到五百點。在經紀人與投機客洪亮的叫喊聲中，有一大批真假公司紛紛出現。到了一七二一年六月，南海公司的股票上漲到一千零五十點。羅伯特‧沃波爾不動聲色地投資，現在大賺。倫敦每家咖啡店中男男女女都將積蓄投向樂於接受他們款項的企業。公眾盲目輕信的程度根本沒有底線。有位促銷者說有家公司提出製造一種武器，稱作：「帕克爾機關槍（Puckle's Machine Gun），它可發射圓形的與方形的子彈，使戰爭藝術掀起徹底的革命。」圓形的子彈用來對付基督徒，方形的子彈對付土耳其人。其他促銷者邀人投資的項目包括使海水淡化、生產永久轉動的輪子，由西班牙進口公驢來改進英國騾子的品種。當中最大吹大擂的當數一幅廣告，它表示：「有家公司進行大發明，但無人知道它是什麼。」這位和藹的騙子在科恩丘（Cornhill）開了一家辦事處接受投資者的款項，投資者團團圍住他的辦公室，他在收了二千英鎊之後便捲款而逃。

政府因此恐慌，抑制這些小公司的動作逐漸展開。南海公司急於發展事業，以致於無法消滅它的競爭對手。隨著不重要的泡沫公司被揭發，迅速造成有如死水般的蕭條局面。狂賣開始，十月分南海公司的股票跌停在一百五十點。數以千計的人傾家蕩產。購買馬車與華服的車夫與侍女們，發現自己又降回到原來的地位；神職人員、主教、詩人與縉紳們一生的積蓄，一夜之間也化為烏有；天天都有人自殺。易受騙的人民，因為天性貪婪，在這種隨眾起舞、瘋狂追求財富的潮流中嘗到苦果，現在都叫囂著要求報復；郵政部長也服毒而死，他的兒子也是國務大臣，當時因為罹患天花而沒有被指控者抓走；首席大臣斯坦諾普因太緊張也去世了；南海公司的董

事紛紛遭到逮捕，他們的產業因為要用來償付給大批的債主而被沒收充公。平民院指派祕密委員會調查這項駭人聽聞交易的性質與起源，雖然該公司的帳冊都已遭到毀損、竄改而不完全，不過政府還是查出平民院的四百六十二名議員與貴族院一百二十二名議員都涉入其中。狂亂的破產者擠滿了國會的休息室。當局宣讀通過了「暴動防制法」（the Riot Act）。整個社會都在譴責日耳曼婦女的利欲薰心：「我們都被妓女們毀了——不，是被又老又醜的妓女毀了，最殷勤的舊杜蕊春巷（Old Drury Lane）[1] 的觀眾也不歡迎她們。」沃波爾將南海公司很大的一部分資本換成英國銀行的股票，重整國債，挽救了危局。除了南海公司董事們的產業之外，身為債權人的群眾幾乎沒有剩下任何資產。夢想的財富為時短暫，結束時更令人目瞪口呆，悲慘不已。英國第一位首相的首要任務，便是在混亂中恢復秩序。

【1】 譯注：Old Drury Lane，英國著名劇院街。

第八章　羅伯特・沃波爾爵士

「南海泡沫」的醜聞激起了托利黨的希望，他們政治勢力的大復活正指日可待。輝格黨政府的信用已徹底掃地，流亡國外的博林布洛克正滿懷希望地與英國的支持者進行密謀。羅徹斯特有一位才華洋溢、個性激烈的主教法蘭西斯・阿特貝里（Francis Atterbury），他正在鋪架新的網絡好與在法蘭西的詹姆斯二世黨人保持密切聯繫。漢諾威王朝最纖弱的地方，也就是政府的金融信譽不斷遭到打擊。

在一七二一年的恐慌與驚惶中，只有一個人能夠使輝格黨保住大權，他就是羅伯特・沃波爾（Robert Walpole），現在成了同輩中的偉大人物，他很快地被封為嘉德勛章騎士（Knight of the Garter），成為平民院議員中少數擁有此項殊譽的一員。這位諾福克的大地主，一星期狩獵五次，在馬爾博羅掌權之日就已經因名聲卓著而升為戰時參謀。輝格黨於一七一〇年下野後，他曾經被囚禁在倫敦塔，獲釋後成為平民院中輝格黨的領導人物。做了三年的財政大臣，後來與他的妻舅湯森一起辭職，以抗議某些輝格黨人屈從漢諾威王朝的外交政策。沃波爾曾經目睹輝格黨對薩謝弗雷爾博士（Dr. Sacheverell）進行公開彈劾的悲慘下場，他無意重蹈覆轍，所以政治危機很快就結束了。詹姆斯二世黨人的陰謀迅速且靜悄悄地被壓制下去。根據「刑罰法案」（Bill of Pains and Penalties），阿特貝里以叛國罪論，不動聲色地被放逐了，根本沒有機會展現他身為演說家兼小冊子作者的才華天賦，同時沃波爾並未阻攔博林布洛克獲得赦免，而且讓他歸國。有項記載寫著阿特貝里在多佛遇到由法蘭西歸國的博林布洛克時對他說：「閣下，我們的位置現在已經互換了。」

沃波爾變成政府的首腦之後，立即著手金融重建工作，他是財政部的首席大臣兼委員會委員，因為財務大臣的職位已被廢除，所以權力落到委員會的手中。南海公司認購的國債，最後部分由英國

銀行與財政部分攤了。沃波爾於一七一七年建立了債券基金（the Sinking Fund），藉此每年由歲收中撥一筆錢來償付國債。這基金開始運作後幾個月，情況便有所改善，英國又在輝格黨的統治下再度安定了下來。

以企業人士主管國家事務，國內政治的氣氛日益有注重實利的傾向。沃波爾明白他的政府若要維持下去就得避免碰觸使國家分裂的重大議題事件，他也知道英國的莊園與牧師住所中正悶燒著許多反對意見，他決定不去挑起它們。

他謹慎地留意著任命主教的事務，藉由他黨內朋友艾德蒙‧吉布森（Edmund Gibson）──倫敦區的主教──慎重處理這方面的事務，增加了輝格黨在貴族院的優勢。他拒絕容忍非國教教徒，因為這可能將宗教鬥爭引進政治裡。然而他也不願基於原則而廣為立法，同時卻照顧地方官員中違反「宣誓法」的非國教教徒，且以每年頒布的「免負刑責法」（Act of Indemnity）悄悄地予以保護，只不過是因為他們是他的支持者罷了。但對於托利黨人，只要有任何風吹草動的跡象，沃波爾就狠狠地予以對付，並控告他們是詹姆斯二世黨人。但是他天性善良，雖然手中掌握著某些反政府的托利黨人的性命，卻從來沒有濫用他的權勢使人流血喪命。

艾德蒙‧伯克（Edmund Burke）[1] 寫道：「對羅伯特‧沃波爾爵士指控他有計畫的貪污是很不適用的，並不像對長期擔任大臣者那樣適用。」沃波爾對支持者的善良並未有任何幻想，但他也知道，貪瀆只能到某種程度便無法得逞，與他打交道的人是不能太貪財的，到最後他們會明顯地因為恐懼或意氣用事而投票，並非基於利益的關係。任何有可能引起危機的事務，都必須視作是瘟疫一樣地避免掉。剩下的，靠著給予德意志情婦的年金以及給予王室的慷慨年俸（Civil List），沃波爾就可以安心地繼續受到國王的信任。

沃波爾的目標是要在一代的時間內穩定漢諾威王朝的政權與輝格黨的權勢。國內稅賦很低，托利黨地主們焦急的看到土地稅，已

經因政府進行撙節而減少到一先令。國債一步步地減少，由於整頓
關稅與削減許多令人厭煩的稅賦，刺激貿易發展。沃波爾與法蘭西
協商，嚴格奉行不干預歐洲政治的政策，而避開了另一次戰爭。他
是位小心翼翼的，恢復安妮女王統治下英國國力的好幫手。但是人
們總是懷念已經過去的偉大時代，而且討厭喬治一世統治期間的單
調日子。有關安定、繁榮與太平的政策鮮少能打動他們，許多人都
準備抨擊國內政治的退步，以及英國在海外的百事無成。

在沃波爾執政的整整二十一年期間，一直都有股眼光不夠遠
大，也未曾成功，但地位仍然高高在上的反對勢力。反對勢力來自
於不喜歡他的政策、因爲未得官職而心懷不滿的輝格黨人、逆境中
的托利黨人，卻是很引人注意的。博林布洛克在削弱馬爾博羅實力
的時候，曾經頌揚他們是「英國的紳士」，而他們仍然是國家的核
心。他們性情浪漫爲失敗的大業感到痛心，對這塊土地的歷史與物
茂產豐爲根基。他們保持著尊嚴、士氣，對於臣服他人的憤慨、懷
著傳統意識、懷念舊世界──而且，對於國家正當性的迷戀也年年
亦發薄弱。

博林布洛克曾表示結盟之意，但是沃波爾拒絕讓他重返貴族
院。年輕的輝格黨人，像是威廉·普爾特尼（William Pulteney）
與約翰·卡特雷特，都聰明過度，卻未能在沃波爾的集團中嶄露頭
角。他憑著國王的寵眷，使得他們無法削弱他對平民院的掌控。他
們除了暗中破壞他在國王面前的地位，實在別無他法，即使他們對
日耳曼貴婦人做一連串的奉承或賄賂，但沃波爾似乎比較能滿足
她們的貪欲。國會的反對黨都簇擁著威爾斯親王（Prince of
Wales）。漢諾威家族的傳統總是父子不和，未來的喬治二世
（George II)也不例外。政府仰仗國王，反對派則依靠他的兒子，
雙方的人對這朝代都很有興趣。但若非威爾斯王妃（Princess of
Wales）卡羅琳（Caroline）大力的支持，沃波爾會陷入極嚴重的
危險。的確，喬治二世於一七二四年登基之後，沃波爾便暫時走霉
運，新國王將他革職，但是反對黨的領袖們卻無法立即成立個像樣

的政府。他們的臨時政府必須請沃波爾在喬治二世首屆國會揭幕時撰寫講稿,沃波爾在深得卡羅琳王妃的信賴後,官復原職,地位也較過去更加穩固。

他的政府中隨時存在著一種威脅,即是那些心存不滿又有野心的官員總是玩弄著漢諾威王朝的利益。他們會支持國王喜歡的事務,例如世代居住的故國、歐洲大陸的雄偉風光、「大聯盟」、馬爾博羅的戰爭。這種歐洲政治的魅力對於沃波爾身邊的幾個人而言可說是無以復加,他特意盡可能予以理會,此刻的他只想維護和平、保住官職、玩弄權術、維持歲月平順。但是其他人對於比較積極的問題才產生反應,沃波爾不得不跟他們起爭執,一七二九年,他將妻舅查爾斯·湯森革職,與智力有限、性好挑剔、但是在領地與選舉方面大有財勢的人展開合作。他就是紐塞公爵(Duke of Newcastle)湯瑪斯·佩倫·霍利斯(Thomas Pelham Holles)。紐塞成了國務大臣,乃因他如沃波爾所說的:「已經體驗到有才幹的人在那個官位上所製造的麻煩。」沃波爾當時被他的敵手嘲笑稱為「首相」,因為這個體面的官銜原本是指毫無是處的人。反對派獲得成功的機會似乎永遠消失了,喬治一世倖存於世的情婦肯德爾公爵夫人(the Duchess of Kendal)是博林布洛克辦「藝匠報」(The Craftsman)的贊助者,圍繞在博林布洛克與她身邊才華洋溢的年輕人,即使手中都握有以機智與諷刺所做的武器,卻對於沃波爾政府沈悶、腐敗又合理的穩固性沒有絲毫影響。

不過,一七三三年爆發了一場風暴。沃波爾提議建立煙酒貨物稅,由稅捐處官員徵收,以代替關稅,這項措施旨在對付破壞這個稅收來源的龐大走私。反對派使出了他們掌握的每種武器,國會議員收到的書信紛至踏來,家家戶戶門口都塞滿了民謠歌本與小冊子,全國都在辦請願活動與公眾集會,人們對於稅吏的苛刻都感悲憤難抑,英國人的城堡便是他的家,但這個城堡日夜都受到稅吏的侵襲,查看稅是否已經繳了,這項傳聞後來還被編成小說。兵團中也散佈著一種流言,說他們將為吸食的香菸支付更多的錢,有位軍

官報告說有把握讓他的部隊反對「王位覬覦者」，但並不一定能反對貨物稅，這場風暴席捲全國，似乎警告著平民院中親政府的多數議員，賄賂的力量不敵即將失去既得利益的恐懼。沃波爾原屬多數派的人數遞減，支持者眾叛親離，像羊群從打開的欄門般溜走了。沃波爾被英國歷史上最肆無忌憚的運動擊敗了，於是撤消了貨物稅的改革計畫。在平民院幾乎弄到分歧之後，他居然口吐名言說：「這場舞跳不下去了。」成功地由這場混亂中爬了出來，不過沒有造成大肆的報復行動，只有若干曾幫助反對派的軍官被撤職，批評他的人反而為自己的惡言惡行所傷，反對派並沒有攫取到長遠的好處。

　　博林布洛克現在對曾經想重掌政治的權勢感到失望，並且於一七三五年再度退隱而前往法蘭西。丟了官職的輝格黨人，現在都聚集到新的威爾斯親王腓德烈（Frederick）身邊，他頓時成了反對派的希望，但他們唯一能為這位沒有天賦的傢伙製造的只不過是可以增加的王室年俸，他們傲慢的態度似乎向沃波爾表明人民對他平淡無趣的統治日益生厭，其中最嚴厲批評他的人是威廉·皮特（William Pitt），他是一位年輕的騎兵掌旗官（Cornet of Horse）。曾因抨擊沃波爾，而被撤消了職務。一七三七年，沃波爾最堅定的盟友卡羅琳王妃逝世了，全國人民及平民院，對這位作風強硬、不重情感，精於數字、嫉賢妒能的王妃，僅只為她自己私利而保持英國的太平，以及長期的獨攬政權，日益產生反彈。

　　反對派終於察覺到沃波爾步步高升的原因，就是盡量避免足以擾亂全國安定的是非爭議，他們反對徵收貨物稅的運動，係訴諸沃波爾無法控制的民間力量，指向最後推翻他的途徑。沃波爾在平民院的小圈子裡及在宮廷中都是高高在上的，但是他的名聲卻也惹惱了許多人，並沒有鼓舞任何人，全國人民都對他都感到厭倦了，他們排斥缺乏照料的、太平的繁榮；商業財富快速地增加，貿易數字急劇上升，全國人仍不滿意，國內似乎缺少了什麼東西，可以肯定的是，缺少的絕非詹姆斯二世黨人的復辟情緒，而是比較野心勃

勃、丟官罷職的輝格黨政治家的不滿。英國人性格中所有的精明幹練及冒險精神，都在這個利欲薰心、死氣沈沈的政府的統治下遭到摧殘，有時候連平民院的整個會期都已經開完了，都還沒有見有任何分組表決的結果。

要摧毀沃波爾的統治機構，只需動用某種可激起全國情緒的問題，它會驅使不愛動的、半正直的議員產生敵意，一致反對這位大臣。西班牙屬南美洲殖民地一連串的事件終於使沃波爾下台。

一七一三年簽訂的「烏特勒支條約」規定英國每年可送一船黑奴到西班牙在新世界的殖民地。之前西班牙政府沒什麼效率以致於違禁，蔑視所謂的「輸送黑人登錄和約」（Asiento Contract），以貨船送達黑人的非法貿易一直在成長。後來西班牙政府開始整頓，並且擴大對殖民地的管理，在西班牙海域從事非法貿易的英國船隻便被西班牙的海岸防衛隊攔下來搜查，由於許多年來都拼命以不足的武器鎮壓制止沿著西班牙海岸走私黑奴的情形，而非奴役黑奴的活動，而是可惜都徒勞無功，因此海岸防衛隊在汪洋大海上攔截英國船隻時，態度就很不客氣了。販賣黑奴的利潤很高，倫敦商人便逼沃波爾質疑西班牙搜查船隻的權利，於是展開一連串與馬德里的談判。

南海公司的董事都對這些領域很有興趣，壓制英國的非法闖關販奴者的活動對他們無益，但是他們自己卻根據「輸送黑人登錄合約」為每年船隻運送黑奴而該付給西班牙國王的稅，與西班牙起了爭執，他們已瀕臨破產，希望利用倫敦的反西班牙情緒來逃避他們的納稅義務。他們聲稱在一七一九年與一七二七短暫的戰爭中，在西班牙艦隊的手中蒙受到許多損失，此一爭執也牽涉到其他的問題。最常遭到扣押與騷擾的船隻通常來自英國的西印度群島殖民地，因為這些殖民地長久以來都是在坎佩奇灣（Campeachy Bay）與宏都拉斯海灣（the Gulf of Honduras）販賣洋蘇木木材。沃波爾與紐塞都希望和平解決爭端。一七三九年一月在馬德里達成初步的「普拉多公約」（Convention of Prado）並進行談判。西班

牙也幾乎破產，急於避免戰爭，於是做出許多讓步，沃波爾毅然決然地降低了英國商人的要求，但是反對派完全不接受他與西班牙所擬定的解決方案。南海公司因爲已經被排除在初步協定之外，所以不管官方的談判，逕自與西班牙政府爭執不休，導致西班牙於五月將「輸送黑人登錄和約」暫時擱置不用，並且拒付「普拉多公約」中同意的任何補償。

同時，英國國會中的反對派已經對政府與西班牙談判大肆抨擊，關於英國的榮譽、伊莉莎白與克倫威爾偉大傳統的論調甚囂塵上，對於全國成見與國民情緒都有強烈的影響。有一位與西班牙屬地進行貿易的船長詹金斯（Jenkins），被帶到平民院，他從瓶中掏出他的耳朵，並且一口咬定它是西班牙海岸防衛隊艘查時被人割下來的，議員們問他道：「你怎麼辦呢？」他按照反對派的指示回答說：「我將靈魂託付給上帝，將我的事業託付給我的國家。」詹姆斯的耳朵引發大眾無限的想像力，並且群情憤慨，到底眞否是他的耳朵，或者是他在海港與人鬥毆時被割掉的，則無法考據，但這個萎縮成一團的耳朵，起了十分大的作用，由普爾托尼爲首的一群煽動者，很諷刺地被人稱作「愛國者」。反對派根本不須花任何氣力去研究與西班牙所簽初步公約中的條件，便在國內展開抨擊，沃波爾的一位支持者寫道：「愛國者還不瞭解公約的隻詞片語，便決定譴責它，並煽動民眾去反對它，而且他們做得相當成功。」英國駐馬德里的特使班傑明・基恩（Benjamin Keene）幾個月之後對沃波爾所說的：「反對派在製造戰爭。」

西班牙人可能忽略了英國國會中好戰成性的反對派，沃波爾與紐塞都沒有足夠強大的力量去宣戰，如果全國人民要求與西班牙作戰，大臣就只能與他們同進退，否則便只有辭職一途。西班牙在簽訂「普拉多公約」以視其誠意後，立即解散了艦隊，地中海的英國船艦也已接到返國的命令，後因西敏寺發生衝突的風暴，命令遂在三月裡取消了。沃波爾更因爲法蘭西敵視的態度而感到吃驚，無論如何，他只能緩慢地、一步步地後退。一七三九年十月十九日，戰

事爆發了，倫敦教堂的鐘聲響徹雲霄，群眾都聚集街頭叫囂，首相俯覽興高采烈的群眾，不悅地說：「他們現在高興地敲鐘，不久就會苦惱了。」如今展開的只是與西班牙的鬥爭，但後來卻牽涉出與法蘭西波旁君主之間的家族關係的大鬥爭。英國便與鄰國開始了最後對決，這個鄰國在不到一個世紀之內將看到查塔姆的勝利、諾斯勛爵（Lord Norih）腓德烈的愚蠢行為、法蘭西大革命（the French Revolution）的恐怖，以及拿破崙的崛起與沒落。

沃波爾的權勢，在隨後的混亂與治國無方中，如他所預見般一點一滴的溜走，人員配置不齊的艦隊，作戰一敗再敗，唯一的成功之役卻是反對派的英雄所締造──海軍將領愛德華‧弗農（Edward Vernon），他一舉奪下了巴拿馬（Panama）地峽上的貝洛港（Portobello）。安遜上尉（Captain Anson）率領的小船隊，載滿了赤爾夕（Chelsea）領年金的禁軍，駛入了太平洋而不見蹤影，它對西班牙人並未造成損失，但在長達近四年的航行期間裡，安遜環繞了地球一周，邊行邊繪航線，還訓練出新一代的海軍軍官。此時，國內民族的情緒高漲，倫敦暴動頻仍，威爾斯親王每出現在一處，就受到政府反對派的歡迎，他們嘴邊唱著新調，用的是詹姆斯‧湯姆遜（James Thomson）[2]洪亮的詞：「一統天下吧！大不列顛。」

一七四一年二月，反對黨議員塞繆爾‧桑茲（Samuel Sandys）向國王提出將沃波爾革職的奏章。這位年邁的大臣最後一次以機智勝過了敵人。他對平民院中的詹姆斯二世黨人建議，讓他們以為他會支持詹姆斯二世黨人的復辟；而令所有人訝異的是，詹姆斯二世黨人居然投票支持他。藉用柴斯德菲勛爵（Lord Chesterfield）[3]的話，反對派已經「四分五裂」了。但是根據「七年一選法」的規定，選舉的時候到了，威爾斯親王大肆揮霍買票，他的競選運動由威廉‧皮特的兄弟湯瑪斯‧皮特（Thomas Pitt）籌畫，結果反對派贏得二十七個康瓦耳的（Cornish）席次。蘇格蘭伯爵們在選舉方面的影響力都對沃波爾不利，當議員們回到西敏寺召開新國會時，他的政府已否決了抗議行賄的「選舉請願書」（當日惹起席次

異議的回收票都由平民院純就黨派立場做出裁決），他因此於一七四二年二月辭職。羅伯特爵士已統治英國有二十一年之久，在他下台前最後的日子裡，常獨自不發一語且一坐便是數小時，在唐寧街（Downing Street）沈思過去，他是第一位住在唐寧街十號的英國首相。如今他已經完成了生命中的工作，在英國順利地使新教徒繼承王位，他曾經安撫與哄騙那怨聲載道的全國人民默認的新政權，建立了由政府保護的行政機構，逐日監督全國的行政，而不受國王的干擾。在一七一四年以後，國王已停止親自主持內閣，除非是在例外場合，這是最有意義的事，不過它卻是由一椿意外促成的。安妮女王政躬康泰時，常常於星期天晚上在肯辛頓宮（Kensington Palace）主持內閣會議，大臣們每個都認爲自己對她負有責任，而他們相互之間只有模糊的義務。但是喬治一世不會說英語，必須用法語，再不然就是用他的大臣在伊頓公學（Eton）[4]所記得的那種不正確的拉丁語與他們交談。沃波爾爲自己在這個現已剝奪名義主席的執行委員中，創立了一個可以支配他人的地位，設法使自己居於他的大臣之上，並建立反叛的同僚都該被國王革職的慣例，可惜沒有樹立大臣集體負責的慣例，在他下台之後，指控他的罪名中有一項就是他曾設法成爲「唯我獨尊的首相」。

　　雖然他使得英國保持近二十年的和平，下台後成了牛津伯爵而進入貴族院，他在平民院頑拗地獨攬政權，遭到全體有智之士的反對，到頭來他的政策使得反對派能夠喚起他堅持制止的輿論。他是英國歷史中第一位偉大的平民院領袖，如果他在與西班牙作戰之前辭職的話，還可能被稱作是最成功的平民院領袖。

【1】　譯注：Edmund Burke（1729-1787），愛爾蘭政治家兼作家。

【2】　譯注：James Thomson（1700-1748），英國詩人，主要作品有《四季》、《自由詩》。

【3】　譯注：Lord Chesterfield（1694-1773），英國政治家兼作家，有《書信集》（Letters）傳世。

【4】　譯注：Eton，英國貴族子弟所上的中學。

第九章　奧地利的王位繼承與一七四五年的戰爭

　　反對派逼沃波爾進行的英西戰爭，不久便演變成一場歐洲戰爭。英國本來以為只是一個在西班牙的海域與西班牙屬南美洲北部海岸（the Spain Main）[1] 進行海上或殖民地的攻擊，卻發現已因此捲入了歐洲的戰爭。英西兩位國王於一七四〇年的逝世造成了此次衝突。在易北河（the Elbe）東邊崛起的普魯士王國有了新的統治者，即後來稱作「大帝」的腓德烈二世（Frederick II）。他登上了父親的王位，承繼了他急著想動用的龐大軍隊。他雄心勃勃想擴展散佈四處的疆土，將它們締造成德意志境內最強大的國家。他的軍事天賦與統御本領，精於算計與絕不手軟，搭配得完美無缺，他馬上就有機會將這些才能付諸一試。哈布斯堡家族的皇帝查理六世（Charles VI）於十月逝世，將他廣闊的江山版圖而非他皇帝的稱號，留給了他的女兒瑪麗亞·泰瑞莎（Maria Theresa）。皇帝由歐洲列強那裡得到了鄭重的保證，它們會承認她在奧地利、匈牙利（Hungary）、波希米亞及尼德蘭南部的繼承權。但這些事對於腓德烈而言毫無意義，他攻擊並且奪取了疆土南邊奧地利之行省──西利西亞（Silesia）。一向嫉妒哈布斯堡家族的法蘭西，鼓勵他也支持他。如此一來，歐洲便展開了所謂的奧地利王位繼承戰爭（the War of the Austrian Succession）。

　　英國喬治二世國王深受這些問題困擾，他世襲的漢諾威選帝侯領地（Electorate of Hanover）比大不列顛王國更加受到他的珍視。他忖度他侄子普魯士國王腓德烈的野心，害怕下一次普魯士的殺戮會吞沒他在德意志統治的地區。在倫敦，沃波爾下台之後，喬治國王的政府就由第一財務大臣亨利·佩勒姆（Henry Pelham），以及他長久以來擔任國務大臣的弟弟紐塞公爵共同執掌。他們控制著這一大片疆土上的財富與選帝侯領地的勢力，使得他們能夠維持輝格黨在平民院的主導地位。他們精於黨派鬥爭，但是在處理外交事務或軍事事務上卻非專家。雖然紐塞對歐洲知之甚詳，不過他天

性謹慎，且喜歡關心瑣事，對他而言，在國內資助比進行戰爭更有意義。喬治二世轉向佩勒姆的對手卡特雷特勛爵求助並聽取諫言。在沃波爾執政時期，卡特雷特跟那些聰明得足以產生危險的人有著同樣的厄運，遭到革職去愛爾蘭擔任總督（Lord-Lieutenancy）。後因沃波爾下台，使他恢復了在西敏寺議員的身分。他支持喬治二世國王在德意志的利益，所以比佩勒姆兄弟更加得到國王的寵信。卡特雷特想要漢諾威王室與英國一起保持並促進歐洲的權力均衡，他認為自己掌握著解決歐洲混亂情勢的線索。他會說德語，所以成為喬治二世的親密朋友，他察覺到普魯士日增的威脅，並且明瞭法蘭西、普魯士結盟會對英國造成無法估計的危險。一七四二年，他被任命為國務大臣，為了應付法蘭西、西班牙與腓德烈大帝的聯合力量，他與瑪麗亞‧泰瑞莎談判並簽訂條約，與荷蘭人重新恢復一些傳統的協定。他允諾給予奧地利財政援助，並募集軍隊以幫助匈牙利女王（瑪麗亞‧泰瑞莎的尊稱）做準備。四十年前，英國曾經支持過她的父親（當時的查理大公）企圖贏得西班牙王位所進行的征戰，如今英國再度與奧地利王室結盟以抵抗法蘭西，不過這並不是最後一次。

不幸的是卡特雷特既沒有個人地位，也沒有政治上的擁護者，無法使他的決策產生良好效果。他是位個人主義者，沒有搞黨派組織的天賦，他主要依靠的是國王的寵信。國會中不久就聚集了反對他的勢力，主要批評他的人是代表古老而無人居住的舊薩勒姆市（Old Sarum）市的議員威廉‧皮特。皮特的祖父曾任馬德拉斯（Madras）的總督，擁有著名的皮特鑽石。皮特由伊頓公學畢業後便加入了軍隊。他的指揮官科巴姆勛爵（Lord Cobham），因為鼓吹反對貨物稅的計畫而曾被沃波爾剝奪了兵團團長之職，這件事結束了這位年輕掌旗官的軍事生涯，於是他追隨著恩人兼上校進入了反對派的政治圈。科巴姆勛爵是坦普爾家族的首腦，與格倫威爾家族（the Grenvilles）及利特爾頓家族（the Lytteltons）都有親戚關係。皮特與這個不滿現狀的輝格黨團體保持密切的政治聯繫，

開始了他的政治生涯。他在反對派對西班牙作戰所展開的宣傳運動中扮演著搖旗吶喊的角色，並且無情地批評紐塞作戰無方。

這個行動的確令人覺得惋惜，但反對派主要是抨擊戰事延伸到歐洲。反對派宣稱這是屈從漢諾威王室的權勢，不但有失顏面，而且是不負責任。皮特發表咄咄逼人的演說，抨擊爲建立漢諾威王室部隊而募集款項，這件事使喬治二世對他長久感到不悅。他在另一篇演說中聲明：「如果沃波爾因爲他的懦弱而出賣了國家利益；現在的大臣便因爲他不切實際的冒險行爲而犧牲了國家利益。」這些對於卡特雷特的抨擊使佩勒姆與紐塞暗暗稱喜，也因極爲嫉妒這位才華洋溢的同僚，想辦法趕他下台。當那一刻來臨時，皮特雄辯的口才實在令人激賞並印象長留。

三萬名英軍在馬爾博羅舊日的軍官斯泰爾伯爵（the Earl of Stair）的指揮下在歐洲作戰。一七四三年，喬治二世在他的幼子坎伯蘭公爵（the Duke of Cumberland）陪同下離開英國去參加這次軍事攻擊。盟國軍隊都集結在美因河（the River Main）一線，希望切斷法軍與德意志盟軍的聯繫。巴伐利亞也利用這場動亂抨擊瑪麗亞・泰瑞莎女王。巴伐利亞的選帝侯得到法蘭西的支持，已經被宣布成爲神聖羅馬皇帝，這是三百年來哈布斯堡家族第一次失去帝位。由諾阿耶元帥（Marshall Noailles）率領居優勢的法蘭西軍隊位於鄰近地區，目的在於切斷敵人與荷蘭基地的聯繫，並且在對壘的戰役中摧毀他們。在亞沙芬堡（Aschaffenburg）附近的德廷根村（Dettingen），雙方發生了衝突。因拖延而感到不耐的法蘭西騎兵向盟軍的左翼衝鋒。喬治國王的馬脫韁狂奔，他雖然跳下馬來，仍執劍在手，帶領著漢諾威王室與英國的步兵抵抗法蘭西的龍騎兵。龍騎兵戰敗潰散逃亡，許多人在渡美因河逃命時溺斃。法蘭西的步兵也未能扳回戰局。戰鬥四個小時後，盟軍佔領了戰場，他們僅損失二千人馬，法軍損失則多上一倍。在英國歷史上，這是國王身先士卒的最後一戰，他的兒子坎伯蘭公爵也在這次激戰中表現得英勇出色。但是，儘管漢諾威家族在戰場上證明了他們的勇

武，但是缺少身爲將才的更高藝術。他們在德廷根的勝利並沒有得到決定性的成果。

　　這場軍事攻擊停頓下來了。英國人與漢諾威家族忙於爭吵，而未採取其他的軍事行動。雖然德廷根之役在倫敦激起一時的熱情，但人們卻漸漸態度變得強硬，反對繼續在歐洲進行大戰。可惜英國再度成爲另一次「大聯盟」的首腦及軍需供給者。法蘭西與西班牙已簽訂了新的「波旁家族合約」，而情報人員通報說詹姆斯二世黨人在巴黎搞陰謀，倫敦紛傳法蘭西將要入侵，英國政府急忙將荷蘭部隊調往希內斯（Sheerness）。一七四四年底，受封爲格倫維爾勛爵的卡特雷特被驅逐下台，紐塞再度控制政府，但他卻無法拒絕卡特雷特與喬治二世強行加諸在他身上的義務，他也還不夠強大到足以使喬治二世不得不重用皮特。他對他兄弟抱怨說：「絕不應該因爲我們掌權了，就忘記我們所說過要把格倫維爾勛爵永遠趕走的話。」

　　爲了一七四五年的軍事攻擊，喬治二世讓坎伯蘭公爵擔任歐洲英軍的總司令，這位嚴格執行軍紀的年輕軍官因爲在德廷根戰役中的英勇而使人產生他頗具軍事才幹的幻象。他的一位軍官說他：「身先士卒的作風大膽、驚人。」他必須與當時最馳名的戰士薩克斯元帥（Marshal Saxe）一決雌雄。法軍集中對付由荷蘭人把守的防線，也就是馬爾博羅作戰時的著名戰場。薩克斯已經在土內爾做好防禦攻勢，並且以蒙斯公路附近的豐特芬村（Fontenoy）爲中心，布置好堅固陣地。坎伯蘭公爵將他的軍隊排成戰鬥隊形，在火力掩護之下行進到距法軍只有五十步的距離之內。他幾乎是用一對二以寡敵眾。第一侍衛隊（1st Grenadier）中校查爾斯‧海勛爵（Lord Charles Hay）由前列中走出來，拿出一個火藥筒，舉起它向法蘭西王室部隊致敬，並且說：「我們是英國的侍衛隊，希望你們等我們衝到面前，不要像在德廷頓之役跳入美因河那樣跳進須爾德河。」雙方士卒頓時大聲歡呼。英軍向前挺進，法軍在距自己三十步的時候開火，兇狠的射擊未能阻擋聯軍步兵的前進，他們

將法軍驅出了陣地。有幾個鐘頭法蘭西的騎兵想要擊垮聯軍的部隊，坎伯蘭公爵看到法軍中的愛爾蘭旅（the Irish Brigade）快速地行動時，不禁大呼：「天殺的，規矩全變了，那些人成了我們的敵人。」在關於他的記載中，這句話算是頗為寬容。夜幕低垂的時候，他已帶著軍容整齊的部隊撤向布魯塞爾（Brussels）。

在德廷根與豐特芬兩役中，正規的戰鬥似乎沒什麼作用，但確實是英軍在十八世紀中葉參加的、最受人稱讚的戰鬥。無論如何，英國不再在奧地利王位繼承戰爭中扮演角色。一七四五年十月，因為坎伯蘭公爵將人馬撤去對付「年輕的王位覬覦者」（the Young Pretender）對英國的入侵，歐洲大陸的盟友在各國前線都告失利，唯一的好消息來自大西洋對岸，英國殖民者因海軍艦隊的支援，奪下法蘭西在新世界的堡壘——位於布里敦角（Cape Breton）的路易斯堡（Louisburg）。這個「北美洲的敦克爾克」控制著聖勞倫斯河的河口，並且保護著加拿大與法蘭西之間的交通線，已經使法蘭西花了一百多萬英鎊。倫敦肯定了這項奪堡成就，柴斯菲德寫道：「我們最近得到的布里敦角，成了全國鍾愛之物，它比直布羅陀還要珍貴十倍。」

被喬治二世稱作「冒昧傻瓜」的紐塞很感困惑，他沒有確立任何戰爭政策；還把卡特雷特趕下台，就像當日所說，必須再「擴大行政機構的根基才行」。輝格黨家族集團支持而建立的佩勒姆政權有些虛偽且不切實際，但是仍有優點。亨利·佩勒姆是很好的行政人員，十分講求經濟效率，但是面臨重大的歐洲戰爭時，反應就比沃波爾遜色許多。紐塞很喜歡胡思亂想，將理政的工作視作他的職責，卻對於如何盡責沒有清楚的概念。後來擔任首相的謝爾本勛爵（Lord Shelburne）[2]，曾經這樣描寫佩勒姆兄弟：「他們掌握內閣的每種才能，但是除了得體、正直與堅守輝格黨的原則外，毫無治理王國的才能。他們的長處是狡滑、能言善道以及頗有修養，他們深知宮廷的誘惑力，擅長處理行政，長久以來都控制著一個政黨。……佩勒姆先生比他的兄弟還能言善道，他寧可甜言蜜語騙人

也不願意採取強迫手段，所以人們認爲他比較不能諒解他人。」

可是戰爭主宰著一切問題。十年來佩勒姆兄弟一直拚命努力建立穩定的政府，威廉國王的鬼魂對他們而言如影隨形，他們的外交政策是前一代模糊又扭曲變形的陰影，奧地利與荷蘭不再是歐洲大陸上的強國，「大聯盟」壽終正寢。一七四○年代已經擴大基礎的政府在歐洲摸索卻又趕不上歐洲的潮流，並且不太注意海外偉大的前程，使英國人感到很痛苦。此時，威廉·皮特看到了制定新政策的需求，喬治二世有可能讓他加入樞密院嗎？

＊　　　＊　　　＊　　　＊　　　＊

自一七○七年聯合王國成立以來，蘇格蘭便有諸多不滿。在無法進入的高地（Highlands）[3]，英國政府的政令幾乎行不通，高地人對於斯圖亞特家族及詹姆斯二世黨人的大業忠心不二。那裡的氏族像山中部落一樣居住在山村中，無法無天，保持著自古以來對於掠奪與侵襲的熱勁。聯合王國並沒有減輕自身的貧窮。萊基[4]寫道：「部落首領綁架男孩或青壯年，賣給美洲殖民者爲奴，以增加他們微薄的收入。整個英國高地的野蠻人世世代代都過著閒散與四處掠奪的生活，製造罪惡。他們只要受到絲毫挑釁，便把對方殺了報復，部落首領與氏族之間兇猛的鬥爭代代相傳，成堆的石頭標明高地人被殺而倒下的地點，保留著許多世代以來對於宿仇的回憶。在戰爭中，高地人通常不饒性命，野蠻、無情的兇殘行徑長久以來使他們的鄰居喪魂失魄。[5]」蘇格蘭其他地方都受到長老會教會（the Presbyterian Kirk）規律的束縛，高地都是由部落首領統治，這些首領無法團結起來或維持和平，仍舊保持著好戰精神與浪漫虛榮心。

在一七一五年起義失敗之後，詹姆斯二世黨人就按兵不動，只要英國一涉入歐洲大陸的戰爭，他們的活動便死灰復燃。「老的王位覬覦者」現在正處於隱退狀態，他的兒子查理·愛德華親王（Prince Charles Edward）在羅馬與巴黎成爲流亡者的寵兒；親王英俊的儀表與瀟洒的風度，使他的事業獲得人心。一七四四年，

他尋求法蘭西政府的幫助，在格雷夫令（Gravelines）建立了基地，並於同年藉法蘭西的協助入侵英國，可惜希望受挫。但沒有任何事務可以令他失去勇氣，他於一七四五年率同追隨者由南特（Nantes）啓航，在蘇格蘭的西部島嶼（the Western Isles）登陸。如此便開始了英國歷史上一次最有勇無謀與最不負責任的冒險活動。查理幾乎沒有做任何準備。他只能從僅佔蘇格蘭全部人口小部分的高地人那裡得到援助。那裡的氏族常常準備作戰，但從來都不準備由他人指揮。就查理而言，武器與金錢雙雙短缺，低地（指蘇格蘭東南部）的人懷有敵意，痛恨高地人，商業階層視他們為盜賊，城市又長久接受漢諾威王朝的統治。

由喬治‧默里勳爵（Lord George Murray）率領的一千二百人在格倫芬南（Glenfinnan）起事，豎起了詹姆斯二世黨人的旗幟。約翰‧柯普爵士（Sir John Cope）率領大約三千人的政府部隊在低地集結，叛軍朝南方行軍，查理親王進入荷里路德宮（Holyrood），與柯普發生戰爭，在普雷斯頓潘（Prestonpons）戰場上擊潰柯普。到了九月底，查理以他父親「詹姆斯八世國王」（King James VIII）之名成了蘇格蘭絕大部分的統治者，但他的勝利如同曇花一現，愛丁堡為喬治國王死守不降，不時地發射一顆砲彈，蘇格蘭的大批民眾也無動於衷。不過，倫敦人心惶惶，紛紛到英國銀行擠兌，不過只領到六便士。大多數的軍隊仍留在法蘭德斯。

「年輕的王位覬覦者」帶著五千人越過了「邊界」，英國調動三路大軍對付他。韋德將軍（General Wade）據守紐塞；坎伯蘭行軍到利赤非（Lichfield），封鎖通往倫敦之路，如果叛軍要與威爾斯山中的詹姆斯二世黨人會合的話，坎布蘭便向西出擊。他在芬奇利公地（Finchley Common）紮營，保護倫敦的第三支大軍，這幅景象在賀加斯[6]的諷刺畫中栩栩如生。喬治二世不喜歡這幅畫，他認為自己是位戰士，畫家在作品中開士兵玩笑的舉動不甚得體。

高地人行動快捷，他們邊走邊搶，向南行軍，佔領了卡萊爾（Carlisle）、朋立斯（Penrith）、蘭開斯特與普雷斯頓。前來支持的英國人數少得令人洩氣，他們希望在曼徹斯特得到增援部隊。一位鼓童與一位妓女走在前面開路，進入這個城鎮，作爲招兵買馬的號召。經由他們的努力，終於召募到二百人。在向南行軍之際，許多高地人竟然脫隊回家去了。利物浦忠誠可靠，一心擁護漢諾威王朝，自行斥資武裝了一個兵團。

此刻部落首領要求返回蘇格蘭，查理親王知道倫敦已經人心惶惶，希望趁勝追擊，但他控制不住追隨者。喬治·默里勛爵憑著聰明絕頂的戰術，調虎離山，使得坎伯蘭公爵離開了通往倫敦之路，於是通往首都之途大開，時值十二月。英國人掌控著大海，法蘭西不可能派兵支援，荷蘭人與黑森州人（the Hessians）則派遣隊伍前往英國。倫敦如火如荼地招兵買馬，每位登記加入侍衛隊的人都可以得到六英鎊的額外津貼。

查理親王在德貝下令撤退，兩天之後，消息傳來說在威爾斯的詹姆斯二世黨人準備起義。在隆冬之際，叛軍開始向蘇格蘭北部要塞行軍。英國的政府軍隊像兀鷹般尾隨在後，緊緊咬住叛軍的殿後部隊與側翼。默里在撤退方面表現出精湛的軍事才幹，在殿後行動中他的部隊依然都很稱職。他們在福爾柯克（Falkirk）反擊，打垮了追兵。但是坎伯蘭公爵有條頓人做事講求徹底的精神，集中英國政府軍準備決戰。一七四六年四月，在庫洛登草原（Culloden Moor）戰役中，斯圖亞特家族復辟的最後機會一去不返，斯圖亞特家族將留在人們記憶裡的，只有仁慈、良善的國王。而根據傳說，在戰場上，坎伯蘭公爵從來沒有饒人性命，因此獲得永遠的「屠夫」稱號。查理·愛德華與幾位忠實的僕人由草原上逃掉了，他化裝成婦女，由演義故事中的那位女英雄佛蘿娜·麥克唐納（Flora MacDonald）幫忙偷渡到了斯開島（Skye）。他由那裡啓航前往歐洲，永久流放，藉酒澆愁過了一生。佛蘿娜·麥克唐納因爲在這插曲中所扮的俠義及高尚角色，在倫敦塔被囚禁了一段

時間。

　　英國政府毫不留情地鎮壓，反映出漢諾威王朝對自己政權所產生的恐懼。高地人都被解除了武裝，殘餘的封建制度遭到了廢除。詹姆斯二世黨人的活動由大不列顛的政治生活中消失。現在韋德身為陸軍元帥，揮軍深入高地，並在印威內斯（Inverness）及其他地方設立衛戍部隊。最後，七年戰爭（the Seven Years War）爆發的時候，皮特便利用高地人的勇武熱情為帝國美夢效力。高地兵團在詹姆斯‧沃爾夫將軍（General James Wolfe）的率領下，在魁北克將光榮帶給了蘇格蘭，而且從那時起就一直是英軍的精英。高地的傳統與詹姆斯二世黨人的傳奇在司各特的演義小說中永垂不朽。時至今日，那裡還有個白玫瑰聯盟（White Rose League）。

　　　　＊　　　　＊　　　　＊　　　　＊　　　　＊

　　在叛亂的危機中，佩勒姆兄弟發出了最後通牒，他們一定要皮特做他們的同僚，不然他們就辭職。一七四六年四月，皮特出任軍需大臣（Paymaster），一個在戰時可領高薪的官職。根據習俗，軍需大臣可以將他的餘款存入私人帳戶，抽取這些餘款的利息，還可以從付給外國盟邦的戰地津貼中抽取佣金。但皮特除了他的薪俸之外，不收一枚便士，這種作風對於輿論的影響至為重大，他靠著本事而非算計贏得了中產階級、倫敦市、崛起的商業城鎮以及鄉村地主的稱讚與信賴。他真是位天生的演員，靠著這種姿態就抓住了民眾的注意力。在他之前任何的政治家都無法這樣掌握住民眾。九年當中。皮特就學會了日常行政管理工作。歐洲大陸的悲慘戰爭於一七四八年因簽訂「亞琛條約」（the Treaty of Aix-la-Chapelle）而告結束。英法兩國並沒有因為此一和約解決任何問題，唯一得利者是腓德烈大帝，他斟酌情勢，在戰爭中進出，使他佔領了西利西亞。

　　皮特花了許多時間與紐塞討論制定新外交政策的需要，他指出忽視普魯士的危險，他說：「這個國家與歐洲，若是沒有安定持久的和平，便永無寧日，若是普魯士不介入目前的聯盟，就永遠無力

保持和平。」法蘭西的威脅盤踞在他的心頭，他的構想都是在擔任
這個官職的期間形成的，且日益明晰。佩勒姆對他網羅的這位新人
感到十分高興，他說：「我想他是我們當中最能幹、最有用的人
才；非常誠實、眞正可敬。」但是皮特因爲無力控制或批評其中成
員的政策，而不免感到煩惱。他靠著經常的抨擊進入了政府，僅發
現自己常因國王的不悅而無能爲力，他無法靠傳統的手段取得至高
無上的政治權力，必須訴諸全國人民的想像力才能夠得逞。但在一
七四八年與一七五四年之間的和平時期，這些問題都顯得太混亂，
有陰謀到令人難以防範，以致他無法採取引人注目的行動。一七五
一年威爾斯親王腓德烈去世了，他也是反對派名義上的首腦。當這
個無足輕重的人物繼承王位的時候，皮特與其他年輕的政客曾經一
度懷著獲得權力的希望。腓德烈的去世削弱了這個有潛力的內閣的
團結。一七五四年亨利・佩勒姆去世，使得脆弱的政府更加搖搖欲
墜。皮特置身於集體政治的難苦鬥爭。他現在由其政治盟友科巴姆
家族與格倫威爾家族，以及在萊斯特府邸（Leicester House）遇
到的威爾斯親王圈子中殘餘者的支持，成了高級官職的有力人選。
但是喬治二世不喜歡皮特，所以表現得有些無情，同時擁有追隨者
的坎伯蘭公爵卻將皮特最危險的對頭亨利・福克斯（Henry Fox）
推進了內閣。

對於威廉・皮特而言，偉大政治生涯的希望似乎告終，他幾乎
未能由威爾斯親王的微笑中、紐塞饒舌的承諾中、甚至他自己政治
團體有限的支持中，得到任何好處。如同他自己寫給利特爾頓
（Lyttelton）[7] 所述：「在平民院中的重要性與影響力通常都是來
自一兩個方面——對於王室所施的保護，或者全國通常都反對的公
共措施的影響力。」他現在被逼著走最後一條路。紐塞用沃波爾的
方法經營有限制的政治領域，皮特擺脫了這個領域，力圖重新恢復
與重新點燃英國由馬爾博羅的戰爭所激起的民族情緒。他越過小團
體的首腦，改向全國大眾呼籲，終於敲垮當代政客的脆弱結構，將
務實之風帶入政治。但是福克斯是當時很貪婪的政客，他進入政府

使皮特非常失望。他在平民院發表了精闢的演說之後，於一七五五年十一月被革除軍需大臣的官職。

　　兩個月之後，歐洲四大強國醞釀若干時候的外交革命發生了。法蘭西與奧地利簽訂條約之後不久，英國與普魯士也簽訂了協定，如此兩大聯盟的組合起了逆轉。第三次的英法戰爭，一開始英國這一方有了生氣勃勃的新盟友——普魯士的腓德烈大帝；但是英國政府還在舉棋不定。好戰的坎伯蘭公爵早幾年在戰爭中指揮不善，給予皮特機會。米諾卡島丟掉了，全國群情憤慨。政府面對著國恥，失去了勇氣。坎伯蘭公爵寵信的亨利·福克斯突然退休。政府轉而責備海軍將領約翰·賓（John Byng），因他的艦隊裝備不良，未能拯救米諾卡島上的衛戍部隊。英國政府鬧出了規避責任的大醜聞，在旗艦船尾甲板上以怯懦罪名將賓槍決了。皮特曾經代他向喬治國王求情：「陛下，平民院有意從寬處理。」國王回答道：「你已經讓我注意到平民院以外的民意了。」皮特在位的時間已經屈指可數。約翰笙博士有一次寫道：「沃波爾是國王給予人民的大臣。皮特是人民給予國王的大臣。」但是皮特已由經驗中學到，「在全國的影響力」若缺少國會的影響力是不夠的，例如紐塞公爵掌握的影響力便是一例，他被普遍的抗議嚇到了，也知道如果全國決心要找他算帳的話，他所有的關係，他所持的全部恩寵，都將於事無補。於是這兩個人靠攏，皮特準備將無力回天的情勢都交給紐塞公爵處理，但紐塞公爵表示他要隱退，以便依靠皮特光榮的成就與雄辯的口才享受安靜的生活。

【1】　譯注：尤指巴拿馬海峽至委內瑞拉東部的加勒比海。

【2】　譯注：即威廉·佩提（William Petty），以後的蘭斯登（L nsdowne）候爵。

【3】　譯注：蘇格蘭北部和西北部一帶。

【4】　譯注：愛爾蘭歷史學家，主要著作有《歐洲道德史》、《十八世紀英國史》等。

【5】　W.E.H.Lecky, History of England in the Eighteenth Century (1878), vol, ii.

【6】 譯注：英國油畫家、版畫家，作品諷刺貴族，同情下屬人民。

【7】 譯注：應爲喬治‧利特爾頓（1709-1773），英國政治家。

第十章　美洲殖民地

　　皮特的崛起以及在世界戰爭的勝利，對美洲歷史有深遠的影響。讓我們回到一百五十年前美洲殖民地的場景。在十七世紀前中葉以前，英格蘭人大量湧進美洲大陸。在法律上，他們拓居的殖民地都是臣屬於國王領有特許狀的團體，在幾乎沒有國內的干擾下，他們不久便學會了自治。母國因為內戰而無暇他顧，任由他們自行其事。雖然克倫威爾的共和政體主張國會應當高高在上，管轄整個英語世界，它的政令卻從來沒有付諸實現，且在復辟浪潮中被沖走。但是在一六六○年之後，英國政府有了明確的新構想，此後的五十年裡，英國歷屆政府都設法在美洲殖民地執行國王的最高權力，並且在海外屬地加強皇室的權力與特權，希望能夠有功可居，得到好處。為了與美洲打交道，英國成立了一些委員會，陸續在卡羅萊納（Carolina）與賓夕凡尼亞（Pennsylvania）建立新的殖民地，並從荷蘭人手裡奪下新尼德蘭。為了保證國王在這些新獲得地區的威權，英國政府採取了一些措施，它努力取消或修訂舊殖民地的特許狀，結果卻導致英國與殖民地各州議會（assembly）永無休止的衝突，這些議會都痛恨將殖民地的行政權交由王室統一管理，而且它們大多數代表自由派的聲音，紛紛要求行使如西敏寺議會同樣的權利、行事程序與特權，其中不少議員是在敵視英王的傳統中長大的，他們的父老寧可選擇流亡他鄉而不願屈從暴政。他們也認為自己在為了使英國議會脫離與斯特拉福（Stoafford）及查理一世（Charles Ⅰ）有關聯的問題上做同樣的抗爭，他們抗拒貿易暨開墾委員會（the Board of Trade and Plantations）代表政府所做的干涉，這些干涉在海外都被視作是直接侵犯了原有的殖民地特許權所保證的權利及特權，並專橫地威脅到他們的既有權利。

　　長久以來，英國國會都沒有在衝突中扮演任何角色，鬥爭存在於殖民地與樞密院大臣之間，因為這些大臣決心要中止美洲自治。

一六八二年，殖民地代表要求樞密院頒發特許狀，允許他們到西班牙屬地佛羅里達（Florida）邊境的空地上定居，樞密院拒絕了這項請求，並且說：「王室的政策是不允許在美洲設立任何新的殖民地，也不賜予任何權力，以免促使開墾地愈來愈不依賴王室。」在詹姆斯二世的統治期間，這些親王室的傾向都變得十分尖銳，例如紐約在一六八五年成了王室的行省，英格蘭的殖民地也都合併起來，仿照法蘭西在加拿大的模式，成為「英格蘭自治領地」，其主要的理由是一定要聯合起來防止法蘭西的拓展，但這些行動最後都遭到了強烈的抗拒。而一六八八年英國的革命是「英格蘭自治領地」被推翻與崩潰的信號。

英國的動機並非完全出於自私。法蘭西帝國主義的威脅慢慢地在英國屬地的邊境出現，路易十四的首相柯爾培爾（Jean Baptiste Colbert）的改革，已經大大加強了法蘭西的力量與財富，英國的政治家與商人在海上與世界市場中都面對著你死我活的競爭，他們看到由中央集權的專制政府支持的法蘭西殖民與貿易事業已經穩定地建立起來了。但在不列顛帝國，國會中派系林立，各殖民地州議會也躁進不安，再加上一大群的委員會吵來吵去，英國怎麼有辦法擊退法蘭西的威脅呢？

所幸他們研擬出來的方案非常實際，英國殖民地的貿易必須在倫敦進行企畫與協調，方案的主要目標是必須培養英國商船隊（the British Merchant Navy），在不幸發生戰爭的時候，可提供作為預備徵用之船隻與海員。這是以一連串的法令，即已知的「航海法」（the Narigation Laws）為基礎，殖民地的貿易必須以英國水手使用英國貨船載貨駛往英國港口為主，殖民地禁止進行任何可能妨礙英國海運成長的貿易活動，而這個時代的經濟理論，也都一直支持著此種不讓殖民地追求獨立的行動，這種盛行的貿易觀念是以自給自足的欲望及經濟民族主義（economic nationalism）或所謂的重商主義（mercantilism）為基礎，一個國家的財富有賴於它的貿易平衡，進口超過出口，意謂著黃金外流以及經濟衰退，

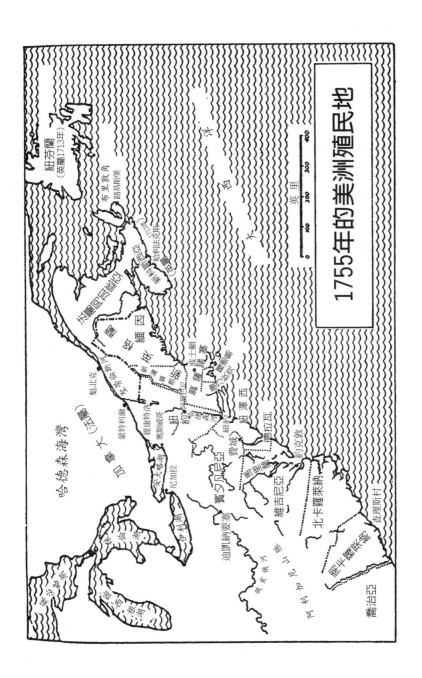

1755年的美洲殖民地

國家要想繁榮，就必須控制充分的天然資源。殖民地在這方面佔有舉足輕重的地位，它們必須生產主要的原料，例如供海軍使用的木材，或是爲祖國日益成長的製造業提供市場。大英帝國是個封閉的經濟單位，所以對殖民地的製造品加以遏制，以防止在帝國內部造成競爭，連對殖民地之間的貿易也都嚴格地規範。簡而言之，這就是十七世紀的立法活動中最奉爲神聖的經濟概念。在這方案中，根本沒有殖民地發展的餘地，它們依舊是原料的供應者，以及英國製造品的接受者。

這個制度在文字上著實令人厭煩，連在實行上也頗不容易，因爲在十七世紀時，沒有任何政府能有如此能耐在數千英里外執行這樣的規範。雖然美洲各殖民地州議會都抱怨不迭，但仍自行其事，並且很巧妙地規避西敏寺的限制。

一六八八年的英國革命改變了整個局勢。迄今殖民地都視英國國會爲它們對抗王室的盟友，但當國會在國內憲政奮鬥中戰勝了王室，它們也會企圖對美洲殖民地執行它本身的主權，這場衝突因爲西班牙王位繼承戰爭而受到延遲。因爲歐洲與法蘭西長期的抗爭，逼得英國政府不得不在其他地方避免發生基本問題，它希望能藉著這個大衝突集中英語民族的資源，只好放棄在新世界建立英國政府威權的種種努力，貿易暨開墾委員會只有息武，讓殖民地自行其事了。

人們希望能夠和睦相處的精神從未實現，原因很多。在看法與傳統上，美洲殖民地與母國（英國）漸行漸遠，在殖民地出生的新世代，如今在美洲的開墾地居住，接受大自然的磨練，在由東海岸向西延伸的土地上無限擴展，並且一心保護他們的獨立個體與權利。英國革命的原理與十七世紀輝格黨的觀念，在新世界比在英國引起更深沈的迴響。朝氣蓬勃的美洲人（the American）發現法令是他們開發資源的障礙，不願意爲英國效命。另一方面，雖然殖民者很快就明白他們自己擁有的潛力與財富，卻慢條斯理地未能有所組織。在本能上他們仍忠於自己的民族，同時也知道疆界對面法

蘭西的威脅。他們像英國一樣，也盡量要避免嚴重的衝突，即使曾
經積極地想要征服法屬加拿大（French Canada），在一七一一
年的遠征行動中，卻因組織欠佳而無功而返。他們不僅嫉妒英國
政府，也互相猜忌，很快陷入爭吵且孤立的狀態。

      ＊   ＊   ＊   ＊   ＊

　　在沃波爾主政的整個期間，他始終認為有必要不惜一切代價避
免摩擦。但隨著時間的演進，殖民者愈來愈有決心爭取他們的利
益，到十八世紀中葉，便發生了殖民地州議會猛烈抨擊帝國政府威
權之事。他們遵從由自己建立起來的、具主權的議會，其他各州議
會皆臣服於這個至高無上的議會權威下，不受來自倫敦的限制與干
預。在這之前，英國委派的總督與殖民地立法機構都曾不斷發生鬥
爭，雙方多有抱怨，國王將海外的職位視作是對臣僕有價值的恩
賜，英國政府對他們的支持者也持同樣的態度，所以殖民地的整個
行政機構不免沾染上英國公眾生活中盛行的腐敗氣息，總督、諮議
大臣、法官與許多官員全都由國王任命，他們很少是因為重視殖民
者的利益而被挑選出來。英國的一位史家說：「美洲是大不列顛為
它腐敗的議員與失寵的朝臣所設的醫院。」當然並非所有的英國官
員都屬於這一類型，像是在北方，總督時常出自首屈一指的殖民世
家，而殖民地政府中最能幹的人也都屬於這個階級。但是各殖民地
之間也都存在著不可避免的紛爭，尤其在財政事務上，總督特別容
易被抨擊，因為他們的薪金都是由殖民地州議會訂定的，官員與殖
民地州議會之間的不睦也隨著歲月的流逝而升高。

　　隨著這些爭執，產生了重大的政治發展，一六八八年英格蘭革
命之後，大刀闊斧修正的「王室特權」（the Royal Prerogative）
在新世界中盛行。雖然殖民地州議會設法仿效英格蘭的模式，卻經
常遭到阻撓，它們不但受到特許狀或成文憲法的拘束，還受到特別
海關、各種組織、海事法庭（Admiralty court）在殖民地上行使
司法裁判權等的限制。雖然英格蘭政府已經盡量避免公開干預，情
況卻每況愈下，美洲仍被人視作是為了英格蘭的經濟利益而存在的

地區，因爲美洲大陸的殖民地仍持續供應海軍裝備與菸草，西印度群島則以船運糖到英格蘭港口。但是美洲的活力與人口都正在成長，有徵兆顯示，殖民地將生產他們自己的製造品，關閉對聯合王國的市場，導致一六九九年英格蘭國會立法禁止在新世界設立工業。美洲的經濟情勢，特別是在新英格蘭地區，正變得愈來愈緊張，美洲人僅能靠著將農產品賣給近鄰地區，如英格蘭與其他國家在西印度群島的屬地，來支付進口日增的英格蘭工業品的款項。這種做法違反了「航海法」的條例。來自英格蘭的壓力逐年加大，殖民地一直貿易失衡，產生逆差，到了十七世紀中葉，每年的赤字都超過三百萬英鎊。殖民地的商人只能靠不合法的手段湊足現金，這種金錢由美洲流出的情形使英國在即將來臨的第一次世界大戰中保有償付的能力。倫敦金融界和皮特都知道這種情況，在市政廳（the Guildhall）的紀念碑上，我們彷彿可以看到在他主政時期，貿易藉由戰爭而統一並振興。但是新世界受到很嚴重的影響，美洲人沒有造幣廠，沒有整齊畫一的貨幣，他們所發行的不協調的紙幣正快速地貶值，情況愈形惡化，英國商人也都紛紛抱怨殖民地信貸的不穩定。

　　　＊　　　　＊　　　　＊　　　　＊　　　　＊

　　十八世紀早期，十三個殖民地（the Thirteen Colonies）中最後的一個殖民地建立起來了，慈善家詹姆斯·奧格爾索普（James Oglethorpe）被英國監獄中少數債務人的慘況打動，他於心不忍，多方思索後，有了容許這些人遷移到新殖民地的構想。他與英國政府進行交涉，在一七三二年成立了託管財產委員會（board of trustees），負責處理位於南卡羅萊納（South Carolina）南部的一大片疆土，次年在沙凡那（Savannah）建立了第一處拓居地，小莊園紛紛建立，並且宣布除了天主教徒之外，所有的人都可享受宗教自由。英國的債務人首先拓居此地，對於新生活方式的保證吸引了歐洲其他受壓迫地區人民的嚮往。成群結隊的猶太人也先後抵達，還有來自薩爾堡（Salzburg）的新教徒、來自德意志的摩拉維

亞教徒（Moyavian）[1]，以及來自斯開島的高地人。這個講多種語言的社群，名爲喬治亞（George），不久也吸引了熱心的傳道士──約翰・衛斯理[2] 在此地開始了他的傳道工作。

　　剛開始階段的高度道德氣氛，不久就受到世俗不和的污染，定居者像他們在的其他殖民地的教友一樣，貪圖甜酒與奴隸，連託管財產者都對他們的管理任務感到厭倦，並與沙凡那崛起的商人爭吵，結果以取消這塊殖民地的特許狀告終。一七五二年，喬治亞受到王室的控制，這個殖民地後來變成英國在美利堅合眾國（the United States）疆土上的最後基礎。由英國來的移民潮現已逐漸減少，反倒是由其他地方來了不少新的拓居者。到了十七世紀末，蘇格蘭與愛爾蘭的難民因爲他們在國內工商業方面的努力受到英國議會立法的遏阻，於是蜂擁而至，他們在新家園成爲強烈痛恨英國的分子。賓夕凡尼亞不斷接納德意志來的移民，不久人數就達到了二十萬。苦幹而有財勢的胡格諾教徒，因爲逃避宗教迫害而由法蘭西抵達。人民也由一個殖民地搬遷到另一個殖民地，殖民地中生活舒適的地方漸漸連接起來了，人口迅速增加了一倍，位於西部的無垠土地爲第一代殖民子弟提供了舒適的家園，無主的土地亦很豐饒，鼓勵著無數家庭的誕生。接觸過荊莽未開的情況，所以能培養出殖民者新的視野及大膽的精神，堅毅、獨立自主的社會正在產生著受四週情況影響及薰陶的生活與文化。於是，由賓夕凡尼亞的德意志人及愛爾蘭人帶領的西征開始了，他們翻山越嶺尋找新土地，當中的人形形色色。在肯塔基（Kentucky）與印第安人鄉野毗連的西部農莊上，住有粗獷的拓荒者與堅毅的自耕農，在英格蘭殖民地則有過分自信的商人、律師、鄉紳與貿易商的子弟。這個多元的社會在北方靠著被契約約束的奴僕，以及由英國城鎮中海軍拉伕隊（press-gang）走私來的人做苦工維持生計，南方則靠著從非洲運送過來的大批奴隸維持生計。大多數的美洲人對於歐洲的事務毫無所知，不過現在這些事件正逐漸要影響到這十三個殖民地的命運了。

【1】　譯注：十五世紀起於摩拉維亞的新教之一派。

【2】　譯注：John Wesley（1703-1791），英國佈道家，曾參與其弟查爾斯一七三五年去北美傳教，一七三七年回國後開始巡迴露天佈道，在英國成立衛斯理宗。

第十一章　第一次世界性戰爭

皮特於一七五六年十一月加入內閣成爲國務大臣，腓德烈大帝宣布：「英國長久以來都在分娩的陣痛中，但是最後她生了個大人物。」

自馬爾博羅以來就不曾看到有像這樣的人物。皮特在他位於克利夫蘭街（Cleveland Row）的辦公室中企畫並且打贏了印度及美洲的戰爭，這整個奮鬥都依賴這個人的無窮精力。他將財政、行政、軍事的大權獨攬自身，並且無法與地位相等的人共事，他的地位完全依賴戰場上的勝利，所以政敵無數。他不容許內閣中的同僚干預他的工作甚至提出諫言，他從不磋商或友好相處，因爲干預財政，他惹惱了紐塞與財政大臣。但在執行軍事計畫時，皮特可是慧眼識英雄，他撤掉沒有能耐的海、陸將領，而以他願意仰仗的年輕人取代，如沃爾夫、傑弗瑞・阿默斯特勛爵（Lord Jeffery Amherst）、康威（Conway）、豪（威）（Howe）[1]、凱佩爾（Keppel）與羅德尼勛爵（Lord Rodney），因此他又得到了勝利。

皮特的成功並非一蹴而得，他曾經不顧要將海軍將領付諸軍事審判的要求，以寡敵眾面對同僚——坎伯蘭公爵利用自己強大、不懷好意的勢力與他對抗。倫敦金融界仍對英國與普魯士的結盟持懷疑態度，一七五七年四月，皮特被國王解職，但當時他已譽滿全國，收到英國許多城鎮與企業團體深情支持的表示，彷彿「大批金匣禮物由天而降」。雖然皮特仍發號施令，處理日常工作，但英國缺少了有效的政府，直到六月，一個穩定的戰時內閣才宣告成立，但此後四年，皮特可是高高在上、擁有大權。

皮特並沒有將自己侷限在單一作戰的領域，英國在全球各地都採取主動，防止法軍集中兵力，攪亂他們的作戰計畫，逼他們消耗實力。皮特曾經爲了在歐洲作戰而猛烈抨擊卡特雷特，但他現在明白了，他在一七四〇年擁護的海戰或殖民地戰爭，最後都不會使局勢大定，除非法蘭西在歐洲、新世界及東方都遭到敗績，否則它都

會再度崛起。可是法蘭西在北美及歐洲的地位不斷竄升中，在海上是個勁敵。在印度，似乎只要有歐洲強國在蒙兀兒帝國（the Mogul Empire）[2]廢墟上自行建立國家，它的旗幟上就會是象徵法蘭西王室的百合花徽，而不是聖喬治（St. George）代表英國勢力的十字架。與法蘭西的戰爭將是歷史中的首次世界性戰爭，戰利品將不只是重新安排邊境與重新分配要塞與爭奪產糖的島嶼而已。

皮特是否具有這種戰略眼光呢？他發動的遠征是否是深思熟慮聯合作業的一部分呢？這些都值得懷疑。現在，就像以往一樣，他的政策就像是把他自己積極且支配一切的性格搬到大銀幕上。他曾不顧失寵與阻礙，努力掙到了議會頂尖的地位，而現在，運氣、勇氣及國人的信心給了他一個可以展示本身天賦與縱容他弱點的舞台。他力圖將英國沮喪與萎靡的精神喚醒，並且發憤圖強，將財富與人力資源結合成由多瑙河到密西西比河（the Missippi）都可以感受到威力的戰爭工具，好羞辱波旁王室，使聯合王國的國旗（the Union Jack）在每個海洋迎風招展。他不計代價地實施征服與統治，不論是鮮血或是黃金──這就是皮特的精神，他將這種精神灌輸到英國每個階層、海軍將領與艦上彈藥手、大商人與小店主的心中，還灌輸到部隊最年輕的軍官心中，讓他們覺得只要是皮特在指揮，即使失敗都可能獲得原諒。但絕對不能猶豫不前，這種觀念也灌輸到曾在普雷斯頓潘衝鋒，現正揚帆渡大西洋，去為曾在庫洛登草原屠殺他們兄弟的君主而贏得帝國的高地人心。

英國在歐洲大陸有個盟友──普魯士的腓烈特大帝。他面對著奧地利、俄羅斯與法蘭西的聯合力量，連瑞典（Sweden）也懷有舊恨，想要對他從事報復，要自他手中奪回自己的權利。腓德烈急行軍經過薩克森（Saxony）而進入波希米亞，以突破敵人的包圍圈，但在一七五七年，他被逐回到自己的領土。坎伯蘭公爵奉派前往保護漢諾威與布藍茲維（Brunswick），結果卻被法軍擊敗而失掉了這兩個地方。俄羅斯正在步步進逼，瑞典部隊再度在波美拉尼亞出現，米諾卡島已經失陷，蒙特卡姆侯爵（Marquis de

Montcalm）也正由加拿大進逼北美洲殖民地邊界的要塞。英國從未有遇到在戰爭一開始就碰上比這次還要黑暗的景象。皮特的時機到了，他告訴德文郡公爵（the Duke of Devonshire）：「我知道我能拯救這個國家，而其他的人都不能夠如此。」他調回外國傭傭部隊回來保護英國免受侵略，他不承認坎伯蘭丟城失地的決定。沒有感覺的英國政府開始有了生氣，在這一年年底，命運女神似乎認清誰才是她的主人，開始改變立場，腓德烈得到皮特的幫助，不僅在羅斯巴哈（Rossbach）擊潰法軍，也在洛伊特恩（Leuthen）擊潰奧軍。

　　偉大的光榮歲月從此展開，皮特以及他的國家幾乎都沈醉在其中。法軍被逐出漢諾威，在東方陰謀混水摸魚的荷軍，被羅伯特‧克萊武勛爵（Lord Robert Clive）所阻，於欽蘇拉（Chisura）交出了他們的船隻，英國再度奪下布里敦角，而在賓夕凡尼亞境內匹茲堡（Pittsburg）「下議院的偉大議員」（the「Great Commoner」，指皮特）的印章就蓋在地圖上。法蘭西的兩支主要艦隊，分別在地中海與英吉利海峽嚐到敗績，其實若是它們合在一起，可能早已掩護法軍侵入了英國。當海軍將領愛德華‧博斯科恩（Edward Boscawen）剛奪下路易斯堡歸來，奉遣去看守土倫的艦隊，他在法軍艦隊溜過直布羅陀海峽（the Straits of Gibraltar）時截住它們，並且擊沈五艘船，還將其餘的艦隻驅入卡地茲灣（Cadiz Bay）封鎖起來。三個月之後，在十一月的某天，狂風大作，海軍將領愛德華‧霍克（Edward Hawke）於未經測繪的岩岸與淺灘之間的海域，殲滅了法蘭西的布勒斯特艦隊。此後的戰爭期間，基布倫（Quiberon）一直都是英國海軍的基地，水手在法蘭西這塊土地上種植包心菜，不僅休閒，也可維持健康。在勝利的這一刻，沃爾夫已於魁北克陣亡，留下阿默斯特去完成征服加拿大之舉。同時，克萊武與艾爾‧科特爵士（Sir Eyre Coote）正在印度根絕法蘭西殘餘軍力，更令人目眩的戰利品似乎正要落入英國手中。皮特提議征服西屬東西兩個印度群島，並且攔截每年的運寶船隊（the Treasure Fleet），但就在這個他生涯中登峰造極的時刻，世界和平與安定似乎都在他的掌握中的一刻，內閣居然拒絕支持他，他也因此辭職。

＊　　　＊　　　＊　　　＊　　　＊

我們必須檢視更靠近手邊的這些凱旋與慘敗的情況。皮特在美洲面對著困難又複雜的任務，英國殖民地的總督長久以來都非常清楚邊境以外的威脅，法軍正沿著阿利加尼山脈（the Alleghanies）屏障兩面的水道向前移動，並且與美洲印第安人（the Red Indians）結盟，企圖將他們在南方的路易斯安那（Louisanna）殖民地與北方的加拿大連結起來。如此一來，英國人的拓居活動便會侷限在大西洋沿海地區（the Seaboard），而他們向西部的拓展活動也將會停頓下來。戰爭於一七五五年爆發，布雷多克將軍被派遣到阿利加尼山脈的西邊去重建英國的威權，但他的部隊卻在賓夕凡利亞被法軍與印第安人打得七零八落。值得一提的是，在這次的軍事攻擊中，維吉尼亞殖民地一位年輕的軍官——喬治·華盛頓（George Washington），開啓了他初次的軍事磨鍊。英格蘭的殖民地都位在容易入侵的路途——哈德森河谷（the Hudson valley），所以容易受到敵人攻擊。為了爭奪河谷源頭的立足點而開始有了爭鬥，那裡可說是毫無組織，各個殖民地都企圖用自己的民兵逐退美洲印第安人的侵襲與法蘭西的拓居者，除了它們全都不信任英國政府外，在其他事情上，幾乎毫無相同之處，雖然那裡已有超過百萬的英籍美洲人，數目遠遠超過法軍人數，但卻彼此不和，更遑論團結，而使這優勢毫無用處，唯有皮特出面處理才能夠讓他們合作。即便如此，在戰爭的整個期間，殖民地的貿易商人卻繼續供應法軍全部所需，完全蔑視政府的禁令與共同利益。

一七五六年，對英國而言，在美洲以及所有的前哨，都是災難當頭。英國丟掉了在北美五大湖區（the Great Lakes）唯一的要塞——奧斯威哥（Oswego）。一九五七年的軍事攻勢也不見得有多成功。控制聖勞倫斯灣（the Gulf of St Lawrence）的路易斯

堡要塞，曾於四十年代被英國與殖民地部隊攻下，卻又根據一七四八年的「愛克斯伯沙條約」歸還給法蘭西，英軍現在奉派再去將它奪回，但軍隊卻是由一位無用又無冒險精神的軍官——約翰・坎貝爾・勞登勛爵（Lord Campbell Louden）指揮。勞登準備從殖民地抽調來自於英格蘭的殖民地部隊，集中在哈利法克斯（Halifax），以進行攻擊。這使得哈德森河谷對法軍門戶大開，河谷的源頭有三個小堡：王冠岬（Crown Point）、愛德華（Edward）與威廉・亨利（William Henry）。加拿大總督蒙特卡姆率領下的法軍與北美印第安人，一同穿過森林密布的山脈，橫掃邊境，將威廉・亨利要塞包圍了起來。雖然有一小股的殖民地衛戍部隊死守五天，但最後還是被逼投降，蒙特卡姆後因無法約束印第安人，導致戰俘全被屠殺，這樁悲劇深嚙著英格蘭殖民者的心，勞登勛爵也受到相當嚴屬的指責。他們不僅不敢相信英國人居然沒有保護他們，新英格蘭曝露在法軍之前，足以保護他們的部隊卻在哈利法克斯浪費時間。到了七月底，勞登斷定路易斯堡難以攻破，便放棄了此一企圖。

皮特現正專心研擬如何應付美洲的戰爭，整個冬天他都在研讀地圖，並發指令給軍官與總督。一七五八年，他擬定了三路進攻的戰略計畫。其中一項是將勞登免職返國，繼任者阿默斯特與沃爾夫得到來自哈利法克斯的海軍支援，將啓航上溯聖勞倫斯河，出擊魁北克。另一支部隊由詹姆斯・阿伯克龍比將軍（General James Abercromby）率領，將奪取哈德森河谷源頭的喬治湖（Lake George），並且設法在到達魁北克之前與阿默斯特及沃爾夫會師。第三支兵力由福布斯（Forbes）率領，由賓夕凡尼亞上溯俄亥俄（Ohio）河谷，奪取法軍沿著俄亥俄河與密西西比河的一列哨站中的迪凱納要塞（Fort Duquesne）。所有艦隊都佈置好，以防阻由法蘭西前來的增援部隊。

能夠想出並且指揮這些的人，現在在白廳掌權，但是想要在駕帆航海的當日，隔著三千英里進行監督作戰的情況，幾乎是不可能。阿默斯特與沃爾夫猛攻加拿大的北疆，七月攻下路易斯堡。但

是由提康德洛加（Ticonderoga）向前挺進的阿伯克龍比身陷密林之中，他的軍隊受到重創，前進受阻。賓夕凡尼亞的冒險就比較成功，他們攻下並毀掉了迪凱納堡，且將這地方重新命名爲匹茲堡，但後因兵力缺乏與組織不全，逼得英軍在軍事攻勢終了時撤退。福布斯在給皮特的急件中對這件事做了一番憤慨的描述：「我在戰鬥開始的時候得意洋洋，自以爲維吉尼亞及賓夕凡尼亞部隊能夠充分效力，很遺憾的，我發現除了他們少數主要的軍官之外，其餘的軍官都是一批壞到極點、破產的客棧負責人、賽馬的騎師和與印第安人有生意往來者，手下士卒幾乎全都是這些軍官的翻版，在其他方面也不見得很好，因爲他們都是由各國收集來的人渣。……」這些話反映出英國軍官與美洲殖民者之間的關係正在惡化，彼此嚴重地缺乏瞭解。

這幾路兵馬的進攻毫無足以炫耀之處，但皮特並不灰心，他明白沿著新科斯西亞到俄亥俄河的整個邊界聯合出擊，孤軍深入法屬地區是不會造成任何定局的。因此在一七五八年十二月二十九日，他進一步指示阿默斯特，再度強調有切斷法蘭西拓展防線的必要。「我極其希望在安大略湖（Lake Ontario）畔的攻勢能夠一直推進到尼加拉城（Niagara），你將會發現進攻那個要塞的計畫實際可行。此一計畫的成功將大大有助於在安大略湖建立不受干擾斷的優勢地位，同時有效地切斷加拿大與南方法蘭西拓居地的交通。」

指令中也強調爭取北美印第安人爲盟友的必要性，其實阿默斯特早就知道印第安人的重要性，幾個月之前他還寫信給皮特，表示有許多印第安人已經向他提出保證，他說：「他們是一群懶惰、喜喝甜酒的人民，根本一無是處。但是如果他們還能派上用場的話，那將是我們可以展開攻勢的時候，因爲法國人非常懼怕他們，他們人數愈多就愈可怕，對我們而言，這可能會產生良好效果。」值得英國人慶幸的是，佔據五大湖附近、英法拓居地之間關鍵位置的易洛魁人（the Iroquois，即北美印第安人）之六國聯盟（the Six Nations），大都很友善，他們像美洲殖民者一樣，對於法軍在俄

亥俄河與密西西比河一線的種種計畫都感到驚惶。

根據新的作戰計畫，在即將來臨的一年中，海軍將攻擊法屬西印度群島，儘管過去的經驗顯示這條路將會很辛苦，但上溯聖勞倫斯河入侵加拿大的攻勢會較以前進行得更兇猛，自從一七一一年發動軍事行動以來，英軍已有數次上溯這條巨河的行動經驗，所以沃爾夫報告說海軍已「徹底厭惡」此項任務了。這項任務的確是險象環生，但是重新由哈德森河挺進，北上攻打法蘭西在五大湖上的尼加拉一定會得到另一支部隊的支援，所以皮特他的指示中拚命強調這項行動的重要性。

果眞這個計畫成功了。英軍在一七五九的戰鬥名聲震驚世界，海軍於五月攻下西印度群島中最富足的產糖島嶼瓜特魯普（Guadelope），阿默斯特在七月拿下了提康德洛加與尼加拉要塞，如此一來，美洲殖民地的邊界就推到了五大湖區。九月，遠征軍溯聖勞倫斯河而上，攻擊魁北克，沃爾夫更在夜間親自到河邊去偵察地形，並且背誦湯瑪斯・格雷[3]的作品「輓歌」（Elegy）以娛樂軍官：「光榮之路只通向墳墓。」靠著陸軍與海軍漂亮的合作，沃爾夫率領人馬登陸，並且藉著黑夜的掩護，沿著偏僻小徑，登上亞伯拉罕嶺（the Hesghts of Abraham）陡峭的懸崖。隨後的戰役中，蒙特卡姆不幸戰敗陣亡，但英軍已奪下了加拿大此一主要的堡壘，沃爾夫也身受重傷，到勝利確定已經在望的時候死去，臨死前還喃喃道：「感謝上帝，現在我可以平靜地走了。」

對於英語世界而言，的確需要再打一年的仗才能奪到加拿大。一七六〇年五月，英國駐魁北克的衛戍部隊終於在遭受一個冬天的圍堵之後獲得解救，阿默斯特經過謹慎、堅定的整軍之後，圍攻蒙特利爾（Montreal）。九月，這個城市就陷落了，法屬加拿大的廣大的行省就此易手。這些年的確是個勝利的年分。

法蘭西艦隊居然毫無作為，是這場戰爭中極不尋常的事情。如果英國艦隊在一七五九年集中於哈利法克斯的時候，它就乘機封鎖紐約，將會粉碎阿默斯特對蒙特利爾的進攻。如果它在沃爾夫與

英國艦隊前往聖勞倫斯河之後攻擊哈利法克斯，它可能就可以毀掉進攻魁北克的整個軍事攻勢，但現在為時已晚，英國海軍增援艦艇都派往新世界了。一七六一年，阿默斯特派遣遠征軍前往馬丁尼克島（Martinique，即法屬向風群島），奪下了這個不凡的商業島嶼，整個倫敦簡直欣喜若狂。霍雷蕭・沃波爾在一封信中寫道：「我告訴你，（皮特的雄辯口才）已經征服了馬丁尼克島（Martinico）。……羅馬人用三百年征服世界，我們在三次軍事攻勢中征服了一個一樣大的地球。」

英語民族就這樣在北美洲穩坐江山，皮特不僅贏得了加拿大，以及它富饒的漁業及與印第安人的貿易，而且永遠驅除了法蘭西殖民帝國由蒙特利爾延伸到新奧爾良的夢想與危險。他無法預知的是，在法蘭西的威脅被消除之後，英國殖民地終將脫離大英帝國。

＊　　　　＊　　　　＊　　　　＊　　　　＊

皮特得到了成功卻下台，在馬爾普拉開戰役之後，馬爾博羅與戈多爾芬都曾面對著日益成長的反戰情緒，皮特現也如此，成了他自己政府中一個被孤立的人物，一七五九年遍傳捷報之後，卻得面對這樣的反戰情緒。對全體人民而言，他是「下議院的偉大議員」，這位孤立的獨裁者符合他們的想像，他曾經打破了貴族政治的狹窄圈子，以魄力與口才博得他們的支持，他也打破了當時時代的慣例，首先使用下議院作為對全國人民發表演說的講台，他發表措辭嚴謹、甚有古風的演說，不僅要吸引比紐塞公爵更多的支持者，還要抓住廣大的聽眾。皮特看不起黨派與黨派組織，他的生涯是訴求個人式的政治，他致力於工作與專心研究時都是不辭辛勞的，使得與他接觸的人都甚感疲憊。他早年患了嚴重的痛風，不得不在戰時政府至為焦急的期間忍痛奮力從公。除了每週與紐塞及財務大臣例行會晤，他還得為執行他的戰略計畫籌措財務，撥發軍費與部隊給沃爾夫及克萊武，還得為腓德烈大帝提供津貼。所有的事務都由他的辦公室處理，他卻很少會見同僚。他的權力只是暫時的，不但政府中有被他高傲性格與守秘態度所傷的人，包括他以前

的政治盟友、威爾斯王妃與她在萊斯特府邸的圈子中的人，幾乎都與他為敵。此時，年輕的王位繼承人正被撫養長大，他所聽到的都是他母親與她的心腹布特伯爵(the Earl of Bute)的反對黨意見。老國王駕崩的時候，皮特曾經是他們顯著的目標，他們認定他是個擅離職守的人，並將他於一七四六年接受官職的行為視為背叛。布特憑著他在這未來的宮廷中密切的地位，成為皮特最危險的死對頭，他更鼓動輿論與報業反對皮特的戰爭政策。

皮特的處境危機重重，他已經摧毀了法蘭西在印度與北美洲的勢力，奪得她在西印度群島的屬地。英國似乎已經得到了一切想要得到的東西，卻留下了不得民心的、對普魯士所做的承諾。布特伯爵發現要將反戰情緒轉變成反對皮特的有效力量，簡直易如反掌，他的同僚中有許多正直愛國之士，懷著繼續戰爭是否明智的猜疑，因為英國得到的或許較它能保住的領土多上許多，它再度升到拉米耶戰役大捷之後所處的高峰地位。雖然皮特極力解釋著，在法蘭西於歐洲被擊敗之前，絕對無法得到持久或令人滿意的和平，在法蘭西筋疲力盡之前就談條件，會重犯保守黨人在烏特勒支所犯的錯誤，並且無法在下一次衝突之前有喘息空間。但戰爭畢竟是要付出代價的，這場戰爭早已產生無法避免的後果，股票掮客與承包商大發其財，工業階級與地主階級都得繳付重稅。皮特辛酸地體會到自己的處境，他的帝國戰爭政策實現得太成功了，剩下來的工作是為普魯士提供被人憎恨的、所費不貲的津貼，可是他知道，對於最後摧毀法蘭西的勢力，此種津貼非常重要。

一七六〇年十月，喬治二世歸西。他從未喜歡皮特，但是學會了尊重皮特的才能，這位大臣的評語很率直：「為國王效勞可能是種職責；但是對於那些擁有那種榮譽的人而言，可以想像得到它是最不討人喜歡的事。」新統治者喬治三世（George III）與喬治二世的脾氣恰恰相反，他非常清楚自己想要做什麼及正在做什麼。他有意做個國王，做個所有臣民都服從與尊敬的國王。在輝格黨的長期統治下，平民院變成了不負責任的獨裁機構，全國人民的自由

權如果掌握在年輕、可敬、高潔，看起來是位徹底英國人的國王手中，豈不是比透過蛇鼠一窩的與腐敗的平民院之某個黨派治國來得更安全嗎？讓他來結束家族執政，選擇他自己的大臣與支持他們，並且一舉結束政治生活中的腐敗。但是在這樣的君主制度中，一個像皮特的人，毫不腐敗，不欠國王恩典、一切都靠人民的支持，他本人對平民院的控制，他將處於何種地位呢？只要他一當權，他將與國王分庭抗禮。這是他無法改變的事實。雖然他十分尊敬喬治三世的為人與職能，但仍無法使他們罔顧事實；即皮特是位非常偉大的人，國王是位才能非常有限的人。「幕後的大臣」布特，如今在宮廷中獨攬大權。紐塞長久以來都對皮特的苛刻、傲慢作風惱怒，只不過到此時才胸有成竹地準備要陰謀對付皮特。當時有人主張和談，英法在海牙（the Hague）展開談判，卻因皮特拒絕置普魯士於不顧，而使得談判破裂。法蘭西陸軍大臣舒瓦瑟爾公爵（the Duke of Choisul）像五十年前的托爾西一般，發現了他的機會，他明白皮特的權勢正在滑落。一七六一年，他與西班牙密切結盟，同年九月與英國的談判破裂。藉由西班牙在美洲的力量，法蘭西現在可能可以重新獲得在新世界的掌控權。

　　皮特希望與西班牙的戰爭能如一七三九年一樣，激起同樣高昂的民族情諸，如此才能有機會奪取更多的西班牙殖民地，打動倫敦的金融界。他將主張宣戰的提議交給了內閣，結果卻發現自己早已被孤立起來。他對同僚做了一番慷慨激昂的演說：「為了指導的事，我一定會負責；但針對未指導的事，我絕不負責。」他曾經摧毀現為格倫維爾勛爵的卡特雷特的政治生涯，這位宿敵現在正狠狠地譴責他：「這位紳士談到對人民負責，這是平民院的老生常談。他似乎忘記在內閣裡，他只須對國王負責。」皮特別無選擇，只有辭職一途。

　　威廉‧皮特與馬爾博羅一樣，都是一六八九年到一七八九年之間這個世紀中最偉大的英國人。湯瑪斯‧卡萊爾[4]寫道：「這是世界史上的一件大事，他等於做了四年的英國國王。」他並非第一

位思考世界政策並將威廉三世的政治理念擴大運用到世界規模的英國政治家，但他是大英帝國主義的第一位偉人。皮特曾經以輿論的力量去影響政治，削弱輝格黨幾個大家族的大權，在他事業彪炳的時期過去時，他仍苦口婆心地告訴各黨派：「做一個民族。」五年之後，在健康每況愈下中，他再度擔任很高的官職。同時，他也痛斥繼任者的政策。

　　　＊　　　　＊　　　　＊　　　　＊　　　　＊

　　少了皮特的支持，紐塞成為受害者，政權不費力地滑落到布特勛爵的手中。布特除了擁有龐大財富，掌控蘇格蘭選票，他還曾擔任過太后的王室侍從官（Groom of the Stole）。自從白金漢公爵遇刺以來，英國的政權首次委託給沒有政治經驗的人，他與國會的唯一關係是他曾在二十年前做蘇格蘭的貴族院代表，短暫地參加過英國國會。倫敦市民依長統靴（Jack Boot，喻男子）與短裙（Petticoat，喻女子）的形象，發表他們對國王晉用布特勛爵的看法（大半以為布特係利用女人關係攀登青雲）。

　　皮特辭職不到三個月，英國政府就被迫對西班牙宣戰，在西印度群島及其他地方再度獲勝，英國艦隊奪取了掌握著西班牙在南美洲北部沿岸的主要貿易路線與運寶船隊動向的哈瓦那（Havana）港。在太平洋中，由馬德拉斯出發的遠征軍進攻菲律賓群島（the Philippines），奪下馬尼拉（Manila）。英國在歐洲之外成了海上與陸上的主人，可是這些戰果大都被淡忘掉了。

　　在「烏特勒支條約」簽訂五十年之後，英國與法蘭西簽訂了一項新的和約。布特派貝德福德公爵（the Duke of Bedford）到巴黎去談判和約的具體條款。貝德福德公爵認為他的國家正奪取地球上太多地方，將會陷入與歐洲聯合勢力為敵的危險中，以及遭到其他不滿國家的攻擊，所以他主張安撫法蘭西與西班牙，並慷慨奉還所征服的土地。不過皮特卻不這麼認為，他希望徹底削弱敵人的力量，將法蘭西與西班牙置於持久的劣勢之中，才會有穩定與永遠的和平，可惜他無法參加和談，於是憤而譴責這項新和約破壞了英國

的安全。

　　然而，英國根據一七六三年巴黎和約的條件所得到的好處卻十分可觀。她在美洲得到了加拿大、新科斯西亞、布里敦角與鄰近的島嶼，以及在密西西比河上的航行權，這對於同北美印第安人發展貿易至為重要。英國也在西印度群島得到了格瑞那達（Grenada）、聖文森島（St. Vincent）、多米尼克（Dominica）與托貝哥島（Tobago）。更由西班牙得到了佛羅里達，甚至在非洲保有塞內加爾（Senegal）。在印度，東印度公司保留著征服的廣大土地，雖然已將一些貿易站交還給法蘭西，法蘭西人在這次大陸的政治野心卻被熄滅了。在歐洲，米諾卡島歸還了英國，而敦克爾克的工事也終於被折毀了。

　　史家對於承認英國為帝國強權的和約，都採取樂見其成的看法，但是卻一廂情願地忽略了它在戰略上的缺點。和約是貝德福德德公爵所持原則的完美說明，法蘭西的海軍力量不曾受到獨及，它在美洲收回了聖勞倫斯灣中的聖匹島（St. Pierre）與密啓倫島（Miquelon），並有權在紐芬蘭沿岸捕魚，這些島都成了僱請約一萬四千名固定人員的法蘭西海軍的療養所，它們的商業一年差不多有五十萬英鎊，它們也可能成為海軍基地或將法蘭西貨物運到已失去的加拿大的走私中心。在西印度群島最珍貴的戰利品——產糖的瓜德魯普島，也與馬丁尼克島、拜耳島（Belle Island）及聖露西島（St. Lucia）一併交還給法蘭西。瓜拉魯普島實在太富饒了，以致英國政府考慮將它留下，而以歸還加拿大給法蘭西人作為交換條件。這些島嶼也都成為將來用來攻擊英國的卓越海軍基地。

　　西班牙重新得到控制加勒比海（the Caribbean）海上戰略要衝——位於西印度群島中的哈瓦那港，也收回了與中國貿易的一個重要中心——馬尼拉。如果英國人保留這些基地的話，法蘭西與西班牙的艦隊將永遠受到它們的擺布。儘管皮特一再抗議，法蘭西仍舊在非洲弄回了哥瑞（Goree），它是私掠者在東印度貿易路線側翼上的一個基地。而且「巴黎和約」並沒有考慮到腓德烈大帝的

權益,使得身為盟友的腓德烈大帝只好自行設法,並痛恨英國這種見利忘友的行為,而從此不寬恕英國,長久以後還使得普魯士王國的領袖感到痛心。

這些條件其實離全國的期望甚遠,儘管全國人民普遍都渴望和平,但國會是否會批准,似乎還是個疑問,所以不得不藉由一切手段,保證這個和約可以獲得多數通過,只是這些手段不太為人所知罷了。操縱國會的所有手段都用上了,反對政府的貴族院與平民兩院的議員全都被革職了。雖然皮持譴責「巴黎和約」定會帶來戰爭,但仍無濟於事。最後以三百一十九票對六十五票批准了和約,安撫與妥協顯然佔了上風,這位忍受自己的努力遭到惡意摧殘的皮特,他所做的憂心判斷,含著歷史上必然存在的道理,他在和約的條款中看到了未來戰爭的種子:「這項和約並不安全,因為它恢復了敵人以前的偉大地位。這次和平也並不周全,因為我們得到的土地並不等於讓出去的土地。」

【1】 譯注:Howe,是 Richard Howe(1726-1799),英國海軍上將。
【2】 譯注:the Mogul Empire,一五二六年蒙兀兒族在印度建立的回教帝國,一八五七年被英國所滅。
【3】 譯注:Thomas Gray(1716-1771),英國詩人,浪漫主義運動的先驅,詩作不多,代表作為《墓園輓歌》。
【4】 譯注: Thormas Carlyle(1795-1881),蘇格蘭散文家、哲人與倫理學家,著有《英雄‧英雄崇拜和歷史的英雄事蹟》等。

第十二章　與美洲的不和

　　喬治三世的登基引發英國政治上意義深遠的改變。理論上與法律上，君主制度於制定政策、遴選大臣、填充官職、使用金錢方面仍舊保留著決定性的影響力與權力。許多世紀以來，在這些領域與許多其他領域中，國王個人的行動全都影響深遠，為人接受。自從漢諾威王朝建立後，王室的影響力才漸漸由國會中的輝格黨大臣予以發揮，尤其是沃波爾與紐塞的所作所為幾乎已逾大臣本分，他們幾乎是攝政。為何在差不多半個世紀的時間裡，他們與支持者能獲得及掌握這樣大的權勢呢？原因有很多。喬治一世與喬治二世在語言、看法、教養及同感方面都算是外國人，當時宮庭裡主要都是德意志人，他們的興趣與雄心都集中在漢諾威與歐洲大陸，之所以能登上王位，得歸功於輝格黨人。喬治三世登基後一切都變了，因為他是生於斯長於斯的英國人，無論如何他都設法做個英國人，他曾在英國接受他母親與布特伯爵精心的培育，布特不僅是個蘇格蘭人，也是托利黨人。喬治三世最早有紀錄的文字成就，是他童年時期評論阿爾弗烈德大王的文章。據說，他母親曾經說：「喬治，好好地做位國王。」喬治三世雖然盡力服從，顯然沒有處理好他統治時期的重要問題，但從長遠看來，這對英國基本的自由反而是件幸事。在隨後發生的災難中，產生了我們現在所知的政府國會制度，但是這些災難無論如何都很可怕且影響深遠。喬治三世行將辭世的時候，美洲已經脫離了英國，早期的不列顛帝國已經崩潰，他本人也瘋了。

　　喬治三世在繼位之初，一切預兆甚佳，正是適合恢復王室影響力的時機。過去，只要漢諾威家族王位繼承的權利受到質疑，輝格黨就會譴責托利黨，指稱他們是詹姆斯二世黨人並將之排除在朝廷之外。到了一七六○年，斯圖亞特家族兩位「王位覬覦者」的大業都已不存在了，繼位權就沒能再引起爭議，喬治三世在反對輝格黨大權獨攬的聲浪中登基，包括托利黨中的「地方黨」（Country

Party），他們安於君主制度，並將全國所有痛恨輝格黨的人都團結起來支持喬治三世與他們自己。喬治三世因此受到許多「國王的朋友」支持，這些人忠心耿耿、渴望權勢、急於幫助國王趕走「老幫派」，喬治三世便與布特伯爵都著手進行此事，一七六一年，英國各地舉行選舉，不許紐塞代表國王在其中控制所有分封的官職，而新國王將許多官職當作禮物，賜給了他的支持者。布特伯爵在三月被任命為國務大臣，紐塞在次年春天遭貶罷官而怨氣沖天，喬治三世登基不到兩年，「國王的朋友」便在平民院得勢。就現代意識而言，他們並不是政黨，但是他們普遍準備支持國王任命的任何政府。雖然年輕的喬治三世擊敗了擅長政治遊戲的輝格黨人，王室再度成為政治的因素，不過直到一七七〇年，他才牢牢控制住英國的政治機器，在此之前的運氣並不是很好，足以信賴的大臣難覓。

*　　　*　　　*　　　*　　　*

　　喬治三世統治時期中的頭十年，都是在國會各派勢力持續不斷的混亂鬥爭中度過，這些派系之中有的接受了新情況，有的則消極抗拒國王的新策略。喬治三世對於政治派系領袖爭來吵去的情形感到氣憤，也很疑惑；皮特在開會時都鬧情緒，「不與人聯繫，也不與人諮商」；許多人包括約翰笙博士都對蘇格蘭人都沒有好感；布特很不討人喜歡，於一七六三年初由權勢寶座上跌了下來，他的繼任者喬治·格倫威爾（George Grenville）是位頑固的律師，受到貝德福德公爵的強力支持，一位以「朱利斯」為名的人在他的匿名信中寫給格倫威爾：「我敢說他收買全國半數以上代表的正直。」格倫威爾雖然拒絕扮演「幕後大臣」的角色，但是他攀附著官職也有兩年之久，並得為美洲殖民地的脫離及獨立負起重大的責任。

　　其他的衝突還有一七六三年四月二十三日一分名為《北英國人》（the North Briton）的報紙抨擊：「大臣都是專制政治與腐敗貪瀆的工具。……他們將不和的精神傳到這塊土地。我預言，這種不和永遠都不會因為他們失去權勢而被撲滅。」格倫威爾的內閣被譴責為僅是不受歡迎的布特伯爵的影子而已，這位作者還暗示英

國與法蘭西進行談判的「巴黎和約」不僅名譽掃地而且也不誠實，國王要負一部分責任，喬治三世因此大發雷霆。一個星期後，國務大臣下令要查出並逮捕《北英國人》第四十五期的作者、印刷工、發行人（不過都未提名道姓），當局於是大肆搜查，差役進入民宅，查封報紙，將差不多五十位嫌犯抓入獄。被捕者當中有位名為約翰・威爾克斯（John Wilkes）的浪子兼議員，他被關進倫敦塔，拒絕回答問題，抗議這不合法的逮捕令，並且聲稱他是議員有豁免權，但還是被控非法進行顛覆性的誹謗。全國掀起了一場風暴，對實際冒犯者並未提名道姓的「一般逮捕令」是否合法，變成了首要的憲法問題。在威爾克斯出獄後競選國會席次時，他的案例成為全國激烈討論的問題，性情激進的倫敦人激賞他這種對抗政府的態度。於一七六八年三月，威爾克斯代表密德瑟斯（Middlesex）當選議員，次年二月平民院因為他被取消議員資格而進行補選，威爾克斯卻又以一千一百四十三票當選，擊敗了只得到二百九十六票的政府對手。國會宣布此次選舉無效，而威爾克斯因為印製一首戲謔蒲伯（Alerander　Pope）[1] 所作〈男人論〉（Essay on Man）的淫穢詩，題目為〈女人論〉（Essay on Women）而再度入獄，他在密德瑟斯的競選對手也被宣布合法當選，不過他卻成為倫敦人崇拜的偶像。一七七〇年四月威爾克斯獲釋，倫敦到處張燈結綵歡迎他，經過長期奮鬥，他被選為市長，並再度成為國會議員。

　　十八世紀整個制度的腐敗因為此事而暴露在公眾的目光之下。因為平民院拒絕承認威爾克斯的議員資格，已經否定了選民有權選舉他們的議員，並且使它成了特權人士的封閉社團。威爾克斯的主張後來在英國找到了最有力量的擁護者——皮特。皮特現在身為查塔姆伯爵，他以辛辣的語調抨擊「一般逮捕令」的合法性與政治風氣的腐敗，力主郡縣增加議員，席次將可因此增加選區，並且減少小市民極其容易的舞弊賄選機會。他的演說在十八世紀確實是首次要求國會進行改革，不過，這個領域若要有任何成就，則尚待多年

時日。

　　針對「一般逮捕令」所做的吶喊，法官不得不就人身自由、政府權限以及言論自由發表重要聲明。威爾克斯與其他受害者控訴執行逮捕令的官員，在法官判定這些逮捕令不合法之後，官員答辯聲稱是遵照政府的命令行事，所以沒有責任，這個冠冕堂皇、自欺欺人的藉口，被首席大法官卡姆登伯爵（Lord Camden）駁斥掉了，他的話至今仍是法治的經典名言：「就國政需要的論點而言，或者就政治犯行與其他犯行有別的論點而言，習慣法並不瞭解那種推理，我們的法典也沒有注意那樣的區別。」如果國王的大臣下令做非法的事情，那麼他與他的下屬就必須如同平民一樣，在普通法庭上受審，進入威爾克斯私宅及拿走他的文件的國務大臣助理，以及逮捕印刷工的官差都是非法侵入者，應當為這樣的事負責受到懲罰。他們都犯了非法監禁罪，所以陪審團判定罰以大筆金錢作為受害者的補償時，法官並未阻止。威爾克斯獲得了國務大臣的四千英鎊損害賠償金。另一位提出訴訟者，只被拘留了數小時，並且被饗以牛排及啤酒，他得到了三百英鎊的賠償金。首席大法官說：「對於原告所做的小小傷害，或者他對生活中的地位之有欠考慮，在陪審團看來，並不像在審判時觸及到原告自由之重要法律問題那樣重要。」

　　的確，這是個有力的武器，可以用來對付氣勢凌人的大臣與唯命是從的官員。人身保護令的確可能保護臣民不受非法的逮捕，至少能夠保證他們可迅速獲釋出獄。反對非法監禁的社會活動，打擊到政府的痛處，陪審員如果確定損害賠償費的無限權力，對於那些依靠「國政的理由」而違背輿論的人而言，都是勢不可擋的約束力量。這個教訓令人印象深刻，甚至在後來與拿破崙抗爭的黑暗年代中，逼得政府採取所有各種鎮壓措施來對付真假難辨的賣國賊，政府侵犯個人自由的權力也受到了嚴格限制與國會的切實監督。一直到二十世紀的世界大戰期間，大臣的一句話才足以使囚禁合法。

　　出版自由與言論自由一直是依循不怎麼出色的、技術性的，但

很有效的步驟發展。早在喬治一世登上王位之前，國會便拒絕更新「許可證頒發法」（the Licensing Act），專斷暴虐法庭（the Court of Star Chamber）一度行使的檢查制度也因此不存在了，從此英國人都能自由地在印刷物中發表所見所聞，不需要事先得到政府或其他人的許可，國會會做出這樣的決定，並非依照任何關於原則的大道理，而是因爲「許可證頒發法」細微末節引起了社會的惱怒。一個人不必事先得到允許便可發言，不過並不意謂著他可以暢所欲言，如果他所言涉及誹謗、顚覆、褻瀆或淫穢，或是其他違法之事，他還是得爲之負責的。這就是今日仍對言論自由所加的限制，言論自由的定義乃依照刑法及民法中對不當作爲所下的定義，這些定義不斷擴充以符合各個時代的需要，並且根據前例相關的原理確定、擴充成以後適用的界說，於某些方面嚴格地限制著自由。對於法律如此嚴格的補救之道，是檢查官明理而不逐字逐句照字義解釋法律。但是群情憤慨如十八世紀政治中所見，批評政府之人極易以顚覆誹謗之名受審，檢查官法外施仁的情形便嫌不足，後在陪審團的權力擴大之下，建立了較好的保護措施。有許多年的時間，人們於許多的審判中發生激辯，認爲陪審團不但應該確定被告是否發表了其被控指的言論，還應該確定是否屬於誹謗性質。福克斯的「誹謗法」（Libel Act）終於將這種意見列爲法律條款。從此之後，每個案例中法律條款的字義都得由陪審團斟酌予以確定，在十八世紀的末年，「人人均可以發表十二位同胞認爲無可指責的任何言論」。歷史也肯定了約翰‧威爾克斯議員在這項成就中的功勞。

＊　　　＊　　　＊　　　＊　　　＊

與美洲的衝突已經開始影響著英國政壇了。七年戰爭結束時，龐大的土地併入英國王室的版圖，由加拿大的邊境到墨西哥灣，美洲殖民地的整個腹地都成了英國的領土。爲了瓜分這些新土地，導致英國政府與殖民者發生進一步的衝突，他們之中的許多人像是喬治‧華盛頓，都已成立公司向印第安人買這些邊境上的土地，雖然英國政府下違禁令，不許他們購買這些土地甚至在那裡拓居，華盛

頓等人並不理會，他寫信給他的土地經紀人，指示後者：「去買下
（俄亥俄河畔）國王轄區內若干最有價值的土地。我認爲，在一陣
子之後這些土地可以得到承認，根本不必管目前限制它，並且完全
禁止在它們那裡拓居的禁令。我從來不以任何其他方式看待此一禁
令（但這只是我在我們之間所說的話），而只當它是安撫印第安人
的權宜之計 [1]。」英國政府想要規範新土地的企圖，在開墾者之
間引起了許多人的不滿，特別是在中部、南部殖民地的開墾者之
間。

　　喬治三世決心讓殖民地盡其本分，分攤帝國的一些費用，以及
幫忙守備新大陸。這個決定有充分的理由：即英國爲了保護它們，
的確爲它們的生死存亡，提供了大部分的人力與財力而和法蘭西鬥
爭。英國政府決定要對殖民地的進口貨徵稅，這個方法缺乏效力且
不夠審慎，一七六四年英國國會還加強了「糖蜜法」（the Molas-
ses Act），爲了保護西印度群島糖類作物的種植者，一七七三年
就頒布了這項措施，它使西印度群島在大英帝國的範圍內壟斷糖業
貿易，並規定對外國進口貨徵收重稅。殖民者長久以來就規避這項
措施，因爲在法蘭西與西班牙兩國所屬的西印度群島出售貨物換取
糖蜜，是他們唯一得到金錢以支付英國債權人的唯一方法，新的規
定對他們而言是最沈重的打擊。一位商人說：「國會加在我們身上
的限制，使我們只好在使用我們的船舶的問題上動腦筋，因爲我
們在本島上看不到市場遠景，也無法利用其他方法換得其他貨
物。」

　　其實大西洋兩岸對這樣的結果都不滿意，英國政府發現徵收進
口稅幾乎只帶來微薄的收入，英國商人關心他們在美洲的債務人的
困境，不想使殖民地的金融變得更加不穩定。既然貿易的稅收毫無
成果可言，格倫維爾於是同他的副手查爾斯‧湯森與司法官員商量
對殖民地徵收直接稅。一旦司法官員贊成，格倫維爾便提議所有殖
民地的所有法律文件都應付費且貼上印花，殖民地駐倫敦的代表聽
到了這個消息，於是寫信給殖民地各州議會討論這個計畫。雖然殖

民者都反對直接稅，此時卻沒有做任何抗議，英國國會遂於一七六五年通過了「印花稅法」（the Stamp Act）。

除了兩點之外，「印花稅法」並沒有造成沈重的負擔，因為法律文件上的印花都不會產生很大的歲入；英國每年約有三十萬英鎊的印花稅收益，美洲殖民地的印花稅頂多只能募集到五萬英鎊。「印花稅法」也包括對報紙抽稅，而報社有許多記者都是美洲激進黨派慷慨激昂的分子。殖民地的商人也很沮喪，因為印花稅必須以黃金支付，但黃金早以用來彌補與英國的貿易逆差。這項稅收造成的爭執，使美洲殖民地人民性情更加強硬，強化了他們有組織的抵抗力量，革命領袖紛紛由默默無聞中現身，如維吉尼亞州的帕特里克‧亨利（Patrick Henry）、麻薩諸塞州的塞繆爾‧亞當斯（Samuel Adams）、南卡羅萊納州的克利斯托佛‧加茲登（Christopher Gadsden），他們不僅抨擊政府的政策不合法，也數落殖民地多數商人過於柔順。一群較小但是組織良好的激進分子開始崛起，雖然殖民地有人吶喊，抗議的代表也召開了「印花稅法會議」，但各方意見並不一致，印花配銷者受到攻擊，辦公室與家宅也都遭到破壞，這一切都是少數商人與年輕律師的傑作，他們正試圖喚醒未能免除法律義務的人們，但最有效的反對勢力竟然是英國商人，因為他們明白「印花稅法」已危及他們討回商業債款，於是譴責它違反大英帝國的真正貿易利益，也危及殖民地的資源。

* * * * *

喬治三世的性格使情勢發揮著佔有優勢的影響力，他是英國君主中最盡責的一位，他的嗜好單純，行動謙遜，外表上看起來像個典型的自耕農，但又具有漢諾威家族的心智，擁有掌握細微末節的無限能耐，但他卻很少成功地處理大的議題及主要原則。他擁有至大至剛的道德勇氣與根深蒂固的倔強，因而使政府態度變得更強硬。當然對於美洲最後與英國決裂他也負有重大責任，他無法了解對壓制政策後果感到擔心的人民，他直率地表示：「朕大為驚訝，朕居然發現有臣民助長美洲殖民地產生的叛逆意圖。朕全然信賴國

會的智慧，一定要一成不變地實行推薦的措施，以便支持大不列顛的憲法權利，以及保護朕王國的貿易利益。」

但是，喬治三世對格倫維爾與他朋友的治國感到苦惱，對於全國的失序與不滿感到驚惶，終於明白疏離輝格黨家族的舉動實在愚不可及，因此想尋求和解。一七六五年七月，靦腆善良的輝格黨人羅金厄姆侯爵（the Marquis of Rockingham）被喬治三世的作為打動，於是成立政府，並且命年輕的愛爾蘭人艾德蒙・伯克（Edmund Burke）為私人祕書。伯克在文壇已很知名，是位聰明的作家與才華洋溢的演說家，他的長處甚多，是位偉大的政治思想家。他以外國人的某種超然立場，冷眼旁觀英國的政治與英國人的性格，以充滿想像的洞察力判定情勢，其功夫已超越了陷於當時事務以及心智受傳統習慣所約束的人。

一七一四年以後的政治史，已經導致政黨的衰落與解散。一七六○年以後，國王個人的理政以及面對原則的重大問題時，輝格黨都已經無能為力，並且分裂成幾個敵對的家族勢力。國王的戰術使他們都癱瘓了。伯克的目的就是要在這些人當中創造出一個有力的政黨，原因是羅金厄姆的追隨者都具有高度原則，但人數甚少，並且沒有自己的原創構想。他可以為這個黨供應構想，但他首先必須使輝格黨人深信：一個政黨可以基於共同原則而成立，並且團結在一起。他必須克服當時廣為流行的觀念，即政黨本身是個頗為不名譽的組織，這個觀念導因於皮特的高傲，蔑視黨務與黨組織的牢不可破。在傳統中，政治家一旦下野，就不必再出席國會，應當退隱到鄉間領地，等候國王的回心轉意，再行分派官職。不同黨派的個人主義者，如謝爾本與亨利・福克斯，就一直反對伯克努力將他們組成政黨。亨利・福克斯寫信給羅金厄姆說：「你認為要繼續維護沒有成效的反對派才能為國效勞。我卻認為，除了上台根本就不可能有機會為國效勞。」

在野時擁護要在上台後予以實現的一貫方案，表現出伯克政黨政策的概念。對於愛爾蘭、美洲殖民地及印度的態度，他都一視同

仁；他支持並且使他的黨也支持與美洲殖民地的和解，放鬆對愛爾蘭貿易的限制，以治理英國的同樣道德基礎治理印度。在國內，他提議廢除無數的閒差，以及遏阻腐敗貪瀆之風，使國會因此擺脫對國王一味的屈從。藉用他自己的話，他缺少強大又組織良好的政黨所能供給的「權勢與本錢」。許多年來，伯克有如在曠野中吶喊的獨行俠，而且時常嘶喊狂叫，他是位可與古人齊名的演說家，也是個無以倫比的政治辯論家，儼然是愛爾蘭最偉大的人物，可惜卻缺少判斷力與自制力。這樣的天賦，加上少許英國人的傲慢態度與譏諷手段，伯克差一點就可以成為不列顛最偉大的政治家。他所缺乏的那兩項，他可以向亨利‧福克斯著名的兒子查爾斯‧詹姆斯‧福克斯（Charles James Fox）借鏡，因為這位仁兄充分擁有這兩項特質。

羅金厄姆的政府維持了十三個月，通過了三項措施，大可安撫格倫維爾在大西洋兩岸掀起的敵意。它們取代了「印花稅法」，並且使平民院宣布「一般逮捕令」與沒收私人文件為非法。同時它們在所謂的「法規說明法」（Declaratory Act）中重新肯定國會對殖民地徵稅的權力。可是喬治三世一心要推翻那些措施，利用皮特患病且思路不清時婉言相勸，加上皮特不屬於政黨，而不必堅守任何政治原則，再次同意出面組閣。皮特的高傲依然不改，但權勢日益衰退，他身為「平民院偉大議員」的人望也因為他突然接受查塔姆伯爵的名位而趨於黯淡，管理政務的大權落入查爾斯‧湯森、格拉夫頓公爵（the Duke of Grafton）與謝爾本勛爵等人之手。一七六七年，湯森不顧謝爾本的反對，引進了一項法案，開始對美洲進口的紙、玻璃、鉛與茶葉徵收進口稅。美洲民情憤慨，殖民地的金錢供應逐漸枯竭，新歲入產生的結餘不再像過去用來維持英國的衛戍部隊，而轉而支持英國的殖民地官員。這種情勢必使官員不必依賴殖民地州議會，因為這些議會反對兇狠總督的主要武器就是扣發他們的薪水。即使如此，殖民者仍舊還未動起反叛的念頭。

如麻薩諸塞總督哈欽森（Hutchison）這般有智之士，都認為

若徵稅行不通，便寧可不要強徵。他宣布另一次的撤銷法令只會「便利看來正有意追求獨立者的宏圖」。賓夕凡尼亞的約翰・迪金森（John Dickinson），在他所著當時廣爲閱讀的小冊子《農民的來信》（Letters from a Farmer）中，大聲疾呼反對徵稅。這小冊子措辭謹愼，而在這個階段，尙無人想要脫離英國。英國國會對於殖民地的威權被正式否定了，但是一般人對國王與大英帝國仍舊忠心耿耿。大多數的反對仍來自受人尊敬的商人，他們認爲在貿易領域有組織也有限制的抗拒會使英國政府變得更理性一些。

因此，麻薩諸塞殖民地州議會（the Massachusetts Assembly）與其他殖民地的州議會聯合請願反對徵收新的進口稅。殖民地的抗拒正在整個大陸的範圍內組織起來，鄉土觀念與彼此嫉妒在它們之間造成的障礙都正在降低，它們共同締結了不進口協議，並且有系統且極爲成功地抵制英國貨物，可是民眾的怒氣才正要開始高漲。一七六八年五月，波士頓首席富商約翰・漢考克（John Hancock）的單桅帆船「自由號」被王室海關官員在海岸附近攔下來搜查，後被殖民者用武力將它救走。到了一七六九年，英國對美洲的出口額已經下降一半，英國政府並未因此驚懼，只是有些慌張，它同意停止抽進口稅，只有茶葉除外。這個提議因一票之差通過了，英國國會宣布它對殖民地擁有主權，因此保留每磅茶葉抽三便士稅的作法。

突然間，可能是大自然神祕力量的運作，皮特腦際周圍的烏雲散盡了。一七六八年他身體不佳辭職，格拉夫頓接替了他的職務，但他看到的景象，讓人沮喪。在英國，喬治三世與他在國會的朋友由於追求報復的心願驅使，將約翰・威爾克斯逐出了平民院。這件事簡直就是侵犯全國選民的權利。那位匿名的「朱尼厄斯」又在鞭撻惹惱他痛斥的大臣。在美洲尙未發生流血事件，但是有著讓帝國解體的種種跡象，凡是眼光銳利的人都心知肚明。但是喬治三世，歷經十二年的勾心鬥角之後，終於得到一位聽話、可以使喚的首相——諾斯勛爵（Lord North），他成爲首要財務大臣，很有魅力，能

力不錯，性格和善，在美洲殖民地丟掉期間他一直在朝。

　　起初似乎一切都很平靜，美洲的殖民地商人很高興看到進口稅取消了。到了一七七〇年年中，除了波士頓以外，幾乎已經完全和解。反抗最力的組織者也是主張與大英帝國分離的鼓吹者——塞繆爾·亞當斯，看到這場抗爭達生死存亡的階段，迄今這場衝突到底仍只是貿易爭執，美洲殖民地的商人或英國的大臣都不曾支持他的構想。亞當斯擔心殖民地的反抗會瓦解，除非搞出更多的事端，否則英國當局會重申它的威權，於是他與其他激進的領袖設法生事。

　　不抽進口稅的消息幾乎還未傳到美洲殖民地，就發生了第一次流血事件。大多數的英國衛戍部隊都駐紮在波士頓，不受市民的歡迎，亞當斯便散布關於他們行徑差勁的謠言，使得穿著紅衣的「龍蝦兵」（lobster）一現身就遭到侮辱與嘲弄。一七七〇年三月，波士頓的頑童在軍營外面向英軍的崗哨擲雪球，引起了暴動，在混亂與叫喊中，有士兵開火造成死傷，這件「慘案」正如亞當斯所期望。有產的溫和派開始緊張了，但殖民地的意見仍不統一，也不確定，激進派仍堅持己見。一七七二年六月，暴動者在羅德島外海燒掉了英國稅捐處的小艇——王室緝私船——「加斯匹號」。麻薩諸塞全境都設立了「聯絡委員會」（Committee of Correspondence），到了年底，它們已經擴展到了二十五個城鎮。維吉尼亞的煽動由年輕的帕特里克·亨利領導，創立了議會常務委員會，與其他的殖民地保持聯絡，一連串像這樣的團體紛紛成立，反叛的機器也就靜悄悄地、有效率地創立起來了。

　　然而，激進派仍屬少數，許多人還是反對與英國分裂。殖民地在倫敦的代表班傑明·富蘭克林（Benjamin Franklin），在一七七三年寫道：「……我們當中似乎有些性情火爆的人贊成立即分裂；但是我認為，我們國人一般都很謹慎，知道我們的實力日益成長，而可以快速挺進到我們定能提出權利要求的地步。否則條件尚未成熟便進行抗爭，我們可能會失利而被壓制，……在被統治者與

統治者之間，統治中的每項錯誤、每項對權利的侵犯行為，都不值得起事反叛，……記住不僅如此，這個新教國家(雖然最近成了一個不夠友好的國家，仍是我們的母國)值得維護，它在歐洲力量天平上的分量以及它的安全，在很大程度上都可能仰賴我們與它統一。」儘管發生了波士頓的「慘案」、公海上火爆緝私船的暴行與貿易上的齟齬，亞當斯與他的朋友們煽動起來的騷動開始逐漸消失，此時諾斯勛爵卻犯了致命的錯誤。

東印度公司幾乎快要破產了，英國政府被迫施出援手，國會通過了一項幾乎不曾引起議員注意的法案，這項法案授權這家公司將它大量積壓的茶葉不必交進口稅就直接運到美洲殖民地，而且可以透過它在美洲的經紀人進行出售。這樣做簡直就是將專賣權賜給這家公司，這項法案造成大西洋對岸的吶喊抗議，極端派譴責這是侵犯他們的自由，商人則面臨事業破滅的威脅，由英國海關運輸茶葉的美洲船主與為他們售賣茶葉的經紀人都將失業。這項法案唯一成功的地方，便是成就了亞當斯未曾辦成的事——將殖民地反對英國的意見統一起來。

開始稱自己為「愛國者」(Patriot)的激進派，抓住了機會製造危機。一七七三年十二月，首批運茶貨船抵達波士頓，暴動者化裝成北美印第安人登船，毀掉茶箱。塞繆爾·亞當斯的堂兄弟約翰·亞當斯(John Adams)，也是未來的美國第二任總統寫道：「昨夜有三船武夷紅茶被傾倒在海裡。……這是所有行動中獨一無二的壯舉。愛國者的最後一搏，表現之尊嚴、壯麗與崇高，使我至為欽佩。……這樣十分勇敢、大膽、堅定、無畏、不屈不撓摧毀茶葉的行動，它必定會產生十分重大的、十分持久的影響，我不得不認為它是歷史上的畫時代事件。不過，這僅是對物的攻擊。可能會有另一次同樣動用的民間力量，那就可能造成死傷了，許多人都希望港口中飄浮著像茶葉箱那樣多的屍骸。不過不必死那麼多人，我們大小災難的成因就都可以根絕。」

當這消息傳到倫敦以後，採取強制行動的呼聲便響了起來，英

國政府中極端保守分子（reactionary）的權力變得至高無上，伯克與皮特懇求調停，但無人理會，國會仍通過了一連串的「強制法」（Coercion Acts），勒令麻薩諸塞殖民地的州議會休會，宣布這個殖民地將由王室控制，關閉波士頓港，並且明令這個殖民地的所有法官都必須由國王任命。這些措施都只用於麻薩諸塞；僅其中的「紮營法」（the Quartering Act）適用所有的殖民地，它宣布部隊都將紮營在殖民地全境以維持秩序。英國政府希望藉由它孤立反抗勢力，但卻恰得其反。

一七七四年九月，各殖民地州議會都在費城（Philadelphia）召開美洲大陸會議，極端派尚未放棄行動，代表們仍集中討論貿易抵制問題，他們成立了一個聯合會（association），除非英國取消「強制法」，否則這個聯合會便要宣布與英國停止貿易，各地的聯絡委員則負責完成這個計畫。大會發表了「權利宣言」（Declaration of Rights），要求廢除英國國會自一七六三年以來通過的約十三項貿易法。送往倫敦的這項文獻，措詞溫和而又恭敬，但是在倫敦，所有的溫和氣氛都已經蕩然無存，平民院中的「蔗糖利益團體」對西印度群島的殖民地競爭十分嫉妒，軍官也都蔑視殖民地的部隊，政府則承受著財政壓力，而且一味堅持殖民地僅是為了母國的益處而存在之說。這一切力量結合起來，熄掉了和平的最後一線希望，藉「權利宣言」而做的請願，受到輕視而被駁斥回來。

形勢發展得很快，麻薩諸塞的督軍（Military Governor）湯瑪斯・蓋吉將軍（General Thomas Gage），企圖實施戒嚴，但這項任務超出其能力所及，雖然蓋吉是位能幹的軍人，但他只有四千部隊，無法守住波士頓以外的任何地方。殖民地的愛國者大約有一萬民兵，他們在十月設立了「安全委員會」（Committee of Safety），大多數的殖民地都開始操練與武裝，並開始收集軍事設備與炸藥，並由政府軍隊那裡奪取大砲，還派人到歐洲購置武器；法蘭西與西班牙雙雙拒絕英國政府禁止出售彈藥給美洲殖民地的要求，荷蘭商人更將炸藥裝在大玻璃瓶中，貼上「酒類」標籤，用船

運往美洲殖民地。

　　愛國者開始將這些軍火屯積在距波士頓二十英里遠的一個鄉村——康科特（Concord），英國國會曾宣布它為非法的麻薩諸塞州議會，現在他們全集中在那裡開會。蓋吉決定去奪取他們的彈藥，並且逮捕塞繆爾·亞當斯與他的同僚約翰·漢考克。但是殖民地的人都保持警戒，每天晚上他們都去巡邏波士頓的街道，注意英軍的任何動向，當蓋吉在集中人馬時，報信者就已經警告在康科特的州議會了。後來軍事供應品被分散到更北的城鎮去，亞當斯與漢考克也前往萊星頓（Lexington）。一七七五年四月十八日，八萬英軍在黑暗中沿著康科特的路出發。但是這個祕密被洩露出去了，一位名叫保羅·里維爾（Paul Revere）的巡邏員，在北教堂（the North Church）的尖塔上，打著燈號警告報信者，他自己則快馬疾馳到萊星頓，將亞當斯與漢考克喚醒，催促他們快逃。

　　清晨五點鐘的時候，萊星頓當地足足七十人的民兵，在村前的草地集合。太陽升起時，英軍的前鋒，由三位軍官騎馬前導，進入了他們的視界，帶隊的軍官揮舞著軍刀大喊：「散開，你們這群叛賊，馬上散開！」民兵的指揮官遂命令人馬解散，因為殖民地的委員會都不希望有人開第一槍，所以嚴令不得與英國正規軍公開衝突，可惜混亂中有人開了槍，英軍也回敬一排槍，一些民兵倒下，現場一片混亂。英軍將倖存的民兵趕到一邊，繼續前往康科特。現在所有的鄉村都武裝起來了，大批軍火都已經遷往安全的地方，英軍歷經困難，凌亂地撤回波士頓，他們的敵人緊跟在後窮追不捨。波士頓已與周圍地區斷了連繫，萊星頓與康科特的消息也傳到了其他的殖民地，總督們與英國軍官都給趕走了。一位來自康乃狄克（Conneticut）名為本尼迪克特·阿諾德（Benedict Arnold）的商人，率領著愛國者的兵力，憑戰略眼光將位於哈德森河谷源頭的要塞——喬治湖給奪了下來，英軍因此得不到來自加拿大的任何援助，獨立戰爭（the War of Independence）於焉開始了。

【1】　譯注：Alerander Pope（1688-1744），英國詩人，長於諷刺，著有長篇諷
刺詩《奪髮記》、《辟憲史詩》等。
【2】　Author's italics-W.S.C

第十三章　獨立戰爭

一七七五年五月，美洲殖民地的代表，再度在賓夕凡尼亞的費城的建築業工會議事廳（Carpenters' Hall）召開美洲大陸會議，他們都是受人尊敬的律師、醫生、商人與地主，全都對事件的發展感到緊張，幾乎無法成立革命委員會。如今第一槍已經放了，也造成了流血，但妥協的希望猶未破滅，代表們也都害怕著軍事強權的崛起會像克倫威爾的「鐵騎軍」（Ironsides）一樣壓倒了它的創造者。他們除了起事反抗之外，並沒有共同的民族傳統，缺乏組織、沒有工業、沒有國庫、沒有補給、沒有軍隊，其中還有許多人抱著與英國講和的希望。然而在將軍威廉·豪爵士（Sir William Howe）率領下的英國部隊正渡過大西洋，殖民者面臨著一場自相殘殺的武裝兇猛衝突。

抵抗的中心與行動的場地在波士頓，是英格蘭一萬六千名商人與農人把蓋吉與在美洲大陸唯一的一支英軍圍困的地方。在城內，愛國者不僅與士兵時常生摩擦，也與忠王派（loyalist）不斷摩擦，軍營外面掛著嘲笑的牌子，全城陷入騷動。五月二十五日，豪將軍在亨利·克林頓爵士（Sir Henry Clinton）與約翰·伯戈恩（John Burgoyne）兩位將軍的陪同下，帶著增援部隊駛入波士頓港，整個英軍人數達到了大約六千人。

蓋吉得到增援之後，隨即採取攻勢。在北面，短短的一段水域的另一邊，有個小小的半島，由狹窄的地峽與大陸聯結起來，布雷德丘（Breed's Hill）與邦克山（Bunker Hill）居高臨下控制著全城。如果殖民地居民能佔領且守住這兩個制高點，便能用砲彈將英軍轟出波士頓。六月十六日晚上，蓋吉決定先發制人，阻止他們，但次日早晨，在隔水的高崗上出現了一列塹壕，愛國者的部隊因得到來自波士頓的情報，趁黑夜掘壕據守，不過，他們的處境似乎很危險，因為英國艦隊可以由港口砲轟他們，將登陸部隊送到半島的地峽，截斷他們與基地的聯繫。但是這兩種方式英軍都不曾一試，

因為蓋吉一心要炫耀武力，他的麾下有精銳的兵團，他與同胞在前幾次的戰爭中就已經極其輕視殖民者，他決定開始對山丘做正面攻擊，這樣一來，縮在窗戶後面或趴在屋頂上觀戰的波士頓人，將可目睹英國士兵列隊，不疾不徐地前進，猛攻叛軍塹壕的壯觀景象。

　　十七日炎熱的中午，豪將軍在蓋吉的命令之下，率領約三千英國正規軍登陸，他集合人馬，對他們訓話：「你們一定得將這些農人驅趕下山丘，不然我們就沒有機會留在波士頓。但是我也不希望你們當中有人挺進時超過我一步。」紅衣軍（英軍）排成三行，慢慢地朝布雷德丘的山頂前進，波士頓全城居民都在觀戰，在距離戰壕一百碼的地方，是聽不到一點點聲音的，但是在五十碼距離之處，殖民者用古舊獵槍發射的大型鉛彈與子彈痛擊著攻擊者，同時叫喊聲與咒罵聲四起，殖民者由戰壕的胸牆向外大喊：「北佬（Yankee）都是懦夫嗎？」白色馬褲沾滿滿血的豪將軍人馬，他們還被另外一排槍掃射得七零八落，不得不退回到他們的小船邊。豪將軍的名聲危在旦夕，他明白山頂上的彈藥將要告罄，英軍第三次成縱隊向前衝鋒，將農人驅出了他們的陣地。現在已是傍晚，在半島朝著波士頓一邊的查理斯村（Charlestown）火光燭天，一千多名英國士兵已經在山坡上陣亡，守住丘頂的三千農人中，有六分之一戰死或受傷，馬車與驛車整夜載著英國傷亡士兵進入波士頓。

　　這次激烈的浴血戰使各個殖民地都為之震動，如今將它的戰果與八十幾年前的布爾倫河戰役（Bull Run）[1] 相提並論；叛亂者都成了英雄，他們曾挺身抵抗受過訓練的正規部隊，甚至摧毀過三分之一的敵人，靠浴血除掉了北軍。英國部隊雖然一度佔領了山丘，但又被殖民者贏得了光榮。蓋吉未再做攻擊，結果在十月顏面盡失地奉召回國，戰局由豪將軍繼續指揮著。大西洋兩岸的人都察覺到一場生死之鬥迫在眉睫。

　　愛國者現在必須建立一支軍隊，麻薩諸塞已經向位於費城的大陸會議（Continental Congress）請求援助，抵抗英國部隊，並請求任命一位總指揮，大陸會議在布雷德丘戰鬥的前兩天就已經同

意了這些要求，但對於誰可以擔任總指揮一職，代表們則議論紛紛，他們十分嫉妒也不喜歡英格蘭人在戰鬥中擔任主力，基於這個政治因素，他們決定任命南方人。亞當斯在穿著深棕色衣服代表當中相中了一位穿制服的人物，他是來自維吉尼亞境內蒙佛農（Mount Vernon）的喬治‧華盛頓上校，這位富裕的開墾者曾在五○年代的軍事攻勢中作戰，拯救出師不利的布雷多克的殘部，他也是大陸會議中唯一有軍事經驗的人，不過只限於邊界幾次次要的軍事行動。他現在被授權指揮美洲殖民地能夠募集的所有兵力，因為天生果決，所以許多人們紛紛響應他的號召。

　　殖民地共有大約二十八萬人可以執干戈，但在華盛頓發動戰爭期間，卻無法成功募集超過二萬五千人的部隊，各殖民地相互妒嫉，軍隊缺少裝備與組織，導致華盛頓的企圖心受阻，他當前的任務是在整頓波士頓襤褸的隊伍，並籌措彈藥，一七七五年的秋冬兩季，他都一直在這方面奮鬥著。大陸會議決定終於決定採取攻勢，一支約一千一百人的遠征軍由以後在美國史上聲名狼藉的本尼迪克特‧阿諾德以及一度在沃爾夫麾下效力的理查德‧蒙哥馬利（Richard Montgomory）率領前往加拿大，他們沿著英國部隊於一七五九年軍事攻勢中所採的同樣路線行軍。蒙哥馬利攻佔了未設防的蒙特利爾，然後與阿諾德會師，而阿諾德在經過艱難拼鬥行程之後，早已帶著所剩無幾的軍隊抵達有防禦工事的魁北克。深冬之際大雪紛飛，他們撲向由蓋伊‧卡雷頓爵士（Sir Guy Carleton）率領幾百人防禦的亞伯拉罕嶺（the Heights of Abraham），蒙哥馬利陣亡，阿諾德的腿骨被打碎，倖存士卒在此次擊退後，仍固守在河對面寒風吹襲的營地，但隨著春天的到來，聖勞倫斯河上的冰解凍了，第一批增援部隊由英國抵達，愛國者的人馬死傷過半，不得不跋涉回到緬因州（Maine）與提康特洛要塞（Fort Ticonderoga），加拿大就這樣逃過了革命的浪潮。法屬的加拿大居民，對於在英國王室統治下的生活尚感到滿意，所以在不久的將來，收容了許多願意對喬治三世繼續效忠的美國難民。

　　同時，豪將軍仍被困在波士頓，在戰爭的頭兩年，他都期望和
解，避免採取報復行動，他與將領們都是輝格黨議員，並且共同認
為不可能擊敗殖民者，他在戰場上是位英勇、能幹的指揮官，但卻
常常很緩慢地才採取主動，現在他自行擔任起使殖民者感到敬畏的
任務，不過，這個任務需要英國大軍的支援，可能是波士頓本身缺
少戰略上的重要性，在等無援軍抵達之後，他便於一七七六年春天
撤離波士頓，前往英國在大西洋沿岸的唯一基地——新科斯西亞的
哈利法克斯。同時，由克林頓將軍率領的一支小型遠征軍奉派南行
到查理敦與忠王派會合，希望能獲得中、南部殖民地的支持，但是
愛國者的抵抗日益強硬，雖然溫和派在大陸會議中始終都反對發表
任何正式的「獨立宣言」（Declaration of Independence），但英
軍撤離波士頓一事，卻使他們改以更堅決的抵抗，愛國者若不進入
所謂的交戰狀態，除非靠走私，他們是無法得到任何亟需的海外軍
事補給。保守派政客正漸漸地向激進派讓步，湯姆‧潘恩（Tom
Paine）是剛抵達美洲的英國極端派，他所著的小冊子《常識》
（Common Sense），極為成功地說明革命有理，效果還遠較亞當
斯這樣知識分子的著述來得大。

　　但是英國政府採取了下一步驟，切斷了英國與美洲之間忠誠關
係的聯繫。一七七六年年初，英國國會通過了「禁止法」（Prohibitory
Act），禁止與反叛的殖民地一切來往，並且宣布封鎖美洲海岸，另
外，因為無法召募到足夠的英國部隊，於是從德意志雇用赫斯傭兵
（Hessians），派遣他們越過大西洋出征，結果這些做法在美洲引起
強烈抗議，有利於極端派。六月七日，來自維吉尼亞的理查德‧
亨利‧李（Richard Henry Lee）在費城提出下列的決議案：「這
些聯結的殖民地基於合法權利應當是自由與獨立的國家，它們不必
對英國王室盡任何忠誠，它們與大英帝國之間的所有政治聯繫，應
當是整個斷掉了。」但是十三州殖民地中有六個殖民地仍舊反對這
種發表宣言，它們擔心英國將大規模入侵，而它們本身並未與國外
其他國家締結聯盟。許多人都認為公然反抗英國會毀掉他們的事

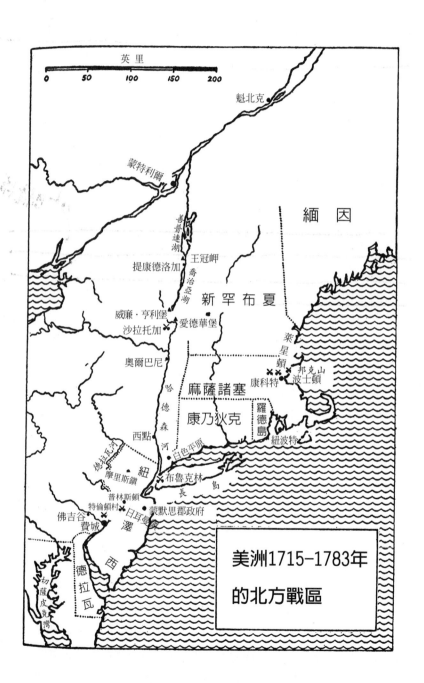

英里

0   50   100   150   200

魁北克

蒙特利爾

緬因

善普連湖

王冠岬
提康德洛加
喬治亞潮
威廉·亨利堡   新罕布夏
沙拉托加   愛德華堡
奧爾巴尼   萊星頓
康科特   邦克山
波士頓
麻薩諸塞
哈德森河   康乃狄克
羅德島
西點
白色平原   紐波特
德拉瓦河   紐
摩里斯鎮   長島
普林斯頓   布魯克林
佛吉谷   特倫頓村
費城   日耳曼鎮   蒙默思郡政府
澤
西
德
拉
瓦
切薩皮克灣

美洲1715-1783年
的北方戰區

業，疏遠他們的支持者。最後一個委員會成立了，並由湯瑪斯・傑弗遜（Thomas Jefferson）起草了一分文件，一七七六年七月四日，美洲大陸會議無異議地通過了這分「獨立宣言」。

這分歷史文獻宣布起義的原因，並且列舉了英國國王二十八項「一再傷害與篡奪權利」的作法，啓始文字膾炙人口而且永垂不朽：「在人類事件的過程中，一個民族有必要將切斷他們與另一個民族的政治聯繫，並且在世界強國中取得自然法則與上帝的法則使他們有資格擁有的獨立與平等地位時，爲了尊重人類的輿論，他們應當闡明驅使他們走向獨立的原因。

我們認爲這些眞理不喻自明：所有的人都生來平等，他們都被造物主賦予某些不可剝奪的權利，其中包括生存、自由與追求幸福的權利。爲了保障這些權利，就有人設立政府，而他們經由被治理者的同意而得到適當的權力。不論何種形式的政府變得有害無益時，人民就有權利改組或推翻這個政府，以及同時依這些原則建立的基礎成立新政府，並且賦予它最可能帶給他們安全與幸福的權力。」

這項宣言主要重申並激起輝格黨人對斯圖亞特王朝末期的反抗以及引起一六八八年英國革命的原則，它現在成了愛國者抵抗運動的象徵與團結指揮，並且立即增加了被這種公然反抗大英帝國而嚇到的忠王派人數。殖民地已經表明了自己的目標，意志動搖的人被迫決擇，一切都已經無法走回頭路了。

英軍此時留在哈利法克斯等待來自英國的援軍，並且思考他們的戰略，軍事上獲勝的關鍵，繫於對哈德森河流域的控制，如果他們能拿下這條水道以及守住各個要塞，英格蘭就會與擁有三分之二人口以及大部分糧食與財富的中部南部殖民地分開，所以英軍的第一步是奪下位於哈德森河口的紐約，然後豪將軍可以揮軍南向，降伏河邊各要塞，並與來自加拿大的一支部隊會師，之後就可以藉艦隊援助，一舉掃平大部分建於河邊的南方殖民地，這個計畫似乎很有希望，原因是殖民地並沒有海軍，英國海軍應當可以封鎖整個大

西洋海岸地區。但是英國艦隊不再擁有像查塔姆麾下海軍將領所提高的高效率戰鬥力，它可以由大西洋對岸調來援軍，但是英格蘭的私掠船對海岸上的軍事行動造成的損傷甚重，並且劫奪英國運輸船隻與補給。一七七六年六月，豪將軍移師紐約，開始圍攻這個城市。七月，他的弟弟——海軍將領理查德·豪（Richard Howe）帶著五百多艘船與增援部隊自英國抵達，使他的人馬達到二萬五千人左右，新大陸從未見到過如此大規模的武裝部隊，但華盛頓早有所準備，他將因逃亡與天花而減少到約二萬人的部隊集中在紐約城的周圍，由斯塔騰島（Staten Island）的英軍軍營隔著海灣可見到長島（Long Island）突出部分，以及在東河（the East River）河畔布魯克林（Brooklyn）高地上殖民地部隊的陣地。豪將軍於八月展開攻擊，因為布雷德丘戰役中知名的邦克山傷亡慘重，已經教會他謹慎行事，所以這一次他決定放棄正面攻堅，改以佯攻長島的塹壕，並且指揮他的主力攻打殖民軍的左翼，突襲他們的背後，這一招成功了，華盛頓被迫進入紐約城，所幸逆風阻止了英國的艦隊，使華盛頓得以率部安全地逃走，渡過東河。

　　這場災難中，華盛頓曾向大陸會議求助，他聲稱紐約城似乎據守不住，但是放棄紐約城又會使愛國者氣餒。大陸會議允許他不必戰鬥就撤出紐約城，因此他在哈林（Harlem）高地同英軍稍做交鋒之後，就慢慢地朝北方撤退。在這個重大時機，豪將軍的勝利似乎唾手可得，他已是紐約城以及長四十英里以上的哈德森河的主人，如果他像八八年之後格蘭特（Simpson Grant）[2]那樣窮追李將軍（Robert Edward Lee）[3]的技能與精力緊追華盛頓，很可能就已經打敗華盛頓，並俘虜了殖民地的軍隊，但他卻沒有這麼做。十月底，他再度在白色平原（the White Plains）的激戰中擊敗華盛頓，且未乘勝追擊。華盛頓急於查明豪將軍是否會溯哈德森河而上展開攻擊，並且經由紐澤西（New Jersey）攻打費城。豪將軍決定移師費城，揮戈南下，邊行邊攻下紐約鄰近地區的要塞，在費城的代表全都逃走了，數以千計的殖民者蜂擁至英軍軍營宣布

投誠。愛國者唯一的希望，就是集體跋涉越過亞利加尼山脈到新地區去，像十九世紀波耳人（Boers）[4]的遷徙般脫離英國的統治。其實華盛頓也考慮過這樣的方法：「我們當時如果被擊敗，就必須退到維吉尼亞的奧古斯塔郡（Augusta County）。為了安全，許多人都會投奔我們，我們或許可以對敵人進行掠奪式戰爭。如果我們不敵，就必須翻越亞利加尼山脈[5]。」但是他還是渡過了哈德森河，南下捍衛費城。

英國部隊緊隨在華盛頓後面，迅速佔領紐澤西，愛國者的反抗大業眼看就要失敗了，但是華盛頓仍保持著警惕、不懼不屈，命運之神終於眷顧他了。英國部隊將紐澤西境內的前哨隨意亂置，粗心之舉實令人難以瞭解，華盛頓決定在豪將軍渡過德拉瓦河（the Delaware River）之前，先攻打這些被孤立的前哨，他選中了由赫斯傭兵附守的特倫頓村（Trenton），愛國者部隊在耶誕夜奮力攻進了這個戒備不嚴的村子，只犧牲兩名軍官、兩名士兵，卻造成赫斯傭兵一百零六人的死傷，活著的人也都被俘虜帶到費城遊街。這次出擊的效果與它在軍事上的重要性完全不成比例。在普林斯頓（Princeton），豪將軍的部屬——康沃里斯（Cornwallis）勛爵設法報這一敗之仇，但是一樣被擊退了。華盛頓跟在他的背後行軍，勢將切斷他的交通線。一七七六年就這樣結束了，英國部隊在紐澤西的軍營過多，由於這兩次戰鬥的失利，他們只能駐紮在德拉瓦河以東，他們的軍官在紐約城歡度了一季，同時班傑明·富蘭克林與美洲的第一位外交家塞拉斯·迪恩（Silas Deane），正渡過大西洋向法蘭西尋求援助。

其實後代的子孫不應當被誤導，認為英國人民一致支持在美洲殖民地發動的戰爭，伯克就沒有支持，他在邦克山戰役之後寫道：「沒有任何人稱讚已經採行的措施，或者期望目前正在準備的那些措施有任何好處。但是它像人們在不關己的事務中表現出來的冷漠倦怠一般。……商人都背叛了我們與他們自己。……他們之中的領導人物都充分得到各式各樣的合約、匯款與買賣，不知道疲倦地奮

力壓倒其他人的意見。……他們全部，或其中大多數人，都開始嗅到了有利可圖的戰爭所散發的腐臭氣味。戰爭的確成了商業的一種替代品。海運業務由於異常地支持運輸而呈現出空前的活躍。糧食與各種物資的訂單龐大，使商界極為振奮……，使他們未將美洲戰爭視作他們的災難，而視為是他們在不可避免的蕭條時期的資源。」英國的顯要政治家不僅譴責陸軍與海軍的指揮不當，而且認為不該使用武力對付殖民者。

　　當然有些人對於英國在美洲戰爭中遭到的挫敗與劫難幸災樂禍，一位政府的支持者就寫道：「有些人對於他們國家的失利都存著像弒害君親般的喜悅，使我怒不可遏。他們也不掩飾這種情緒，幾個星期之前，有位偏袒殖民地愛國者的公爵告訴我，有些船隻在風暴中於北美沿岸沈沒不見了。他說有千名英國水手淹死了，沒有任何人逃過一劫，但我從他眼裡似乎看到高興的神情。……在平民院裡，有不少人稀鬆平常地稱殖民者（provincial）是『我們的軍隊』。」這樣古怪的態度只有使事情愈變愈糟，若非反對派無禮行為遠凌駕全國的真正情緒，諾斯勛爵的政府大概會更快垮台，事實上，他在整個戰爭期間掌握著大多數的平民院議員，因為所有反對派的議員大都愚笨或走極端，在國王心中，他們全都是賣國賊。喬治三世變得很固執，甚至更專注於美洲戰爭，他對於溫和的忠告充耳不聞，兩黨中有些人，像是美洲的忠王派，曾經預見及譴責他的政策將會帶來災難，並對英國與其殖民地的戰爭的態度感到恐懼，喬治三世就不許他們在政府任事。甚至連諾斯勛爵對戰爭也是冷冷淡淡，只是他仍對國王忠心，就像當時許多政治家都同樣保持真誠的老式信仰，認為大臣的責任是要去完成君王的個人願望，所以他沒有提早辭職，嚴格說來，他負有首要財務主管與財政大臣之責，卻並未能掌握政務的進行，而容許國王與各部大臣控制政府的日常工作。喬治三世孜孜不倦地監督具體的戰爭組織工作，但是卻無法協調大臣們的活動，因為這些大臣都是平庸之才。海軍部（the Admiralty）的統帥是威爾克斯的一位放蕩朋友桑德威奇伯爵（the

Earl of Sandwich），他的名聲一直很差勁，但是據研究指出，海軍的情況比陸軍好得多。

英國的戰略很少有這樣多的錯誤出現，有關戰爭的每項原理與原則不是被違反了，便是被置之不顧，「找出敵人並將之殲滅」是項正確的規則，「集中兵力」是項明智的方法，「守住目標」是常識，敵人就是華盛頓所率領的軍隊，兵力包括豪將軍在紐約的部隊及伯戈恩集中在蒙特利爾的部隊，目標是殲滅華盛頓的軍隊，殺死或活捉華盛頓，如果能與他決戰，每位士卒與每枝槍枝都是朝著他的，如此，英國差不多就十拿九穩獲勝了。但是這些明顯的道理都被雜七雜八的意見弄得混淆不清，使人迷惑。豪將軍仍決心奪下大陸會議的所在地及政治抵抗的源頭──費城。另一方面，伯戈恩執意由加拿大進攻入哈德森河的上游，藉助紐約部隊的進攻，拿下掌控哈德森河的各個要塞，一旦控制住哈德森河，便可以孤立英格蘭，並且迅速地將之征服。伯戈恩因請假獲准，於一七七五年秋末返英，他向倫敦政府提出他的建議，喬治三世親筆簽署批准了他的計畫，伯戈恩將由蒙特利爾穿過林木蔭深的邊界前進，奪下哈德森河谷源頭附近的提康德洛加要塞，同時有另一支兵力由紐約向北方出擊，奪取最近才由法蘭西工程師協助加強工事的西點（West Point）要塞，並且在奧爾巴尼與他會師。

倫敦決策者的企畫情形便是如此。協調這些軍事調動的最後責任落在陸軍大臣喬治‧杰曼勛爵（Lord George Germain）的肩上。杰曼的軍事生涯本已在羞辱中結束，但他的軍事經驗與他的才幹不足為比，二十年前他曾經拒絕帶著騎兵在民登戰役（the Battle of Minden）衝鋒，軍事法庭宣布他不適合服役，但是由於年輕國王的偏愛，他棄軍從政。英國政府深知豪將軍有意背著伯戈恩移師南攻費城，卻毫不設法阻止他，政府並未對他下達在奧爾巴尼會師的命令，也未給予增援部隊。一位美國史家寫道：「一個非同尋常的奇事就這樣呈現了出來。麾下一位將領前往倫敦，獲得國王批准了一項軍事攻勢的計畫；國王的一位大臣對一位將領下達詳細指

令，而不對他合作的另一位將領作任何指示；這另一位將領便擬定他自行其是的計畫[6]。……」不過，伯戈恩回到加拿大以後，給豪將軍寫了三封信，談到在奧爾巴尼會師的計畫，豪將軍卻因為沒有接到倫敦的明確指示，看不出有何理由要放棄攻打費城之計，所以堅持他的作法，在企圖引華盛頓到戰場決戰不成之後，他在紐約留下八千人的衛戍部隊，交由亨利・克林頓爵士指揮，他自己則率其他部隊主力於一七七七年七月揚帆前往切薩皮克灣（Chesapeake Bay），導致英國的兵力不但沒有集中，反而散布在八百英里方圓之陣線上。伯戈恩在加拿大、豪將軍在切薩皮克灣，克林頓在紐約城。

　　華盛頓由紐澤西邊境摩里斯鎮（Morristown）的冬季軍營，匆匆地向西南移師，前去捍衛費城，他曾經未認真打一仗就放棄了紐約，所以決定不能在大陸會議的所在地做同樣的事，但是他的隊伍軍紀不良，人數時眾時寡，他只能希望盡量延後英國部隊的挺進速度。豪將軍於九月初帶著一萬四千人朝費城前進，華盛頓帶著同樣的兵力在白蘭地酒河（the River Brandywine）的北岸構築陣地，封鎖前往費城的道路。豪將軍察覺到殖民地部隊的裝備奇劣、參謀無能、情報遲緩，便利用敵人的這些缺點，採行曾在長島十分奏效的佯攻戰術。十一日的上午，他將部隊分幾股力量，留下強大的一股做正面攻擊後，便與康沃利斯往上游行軍，渡河之後攻打華盛頓的右翼。他的戰術順時鐘順而行，攻擊奏效，敵人頓時秩序大亂，遠處的英國部隊渡過了河，將殖民軍全線擊退，日落時分，華盛頓宣布全面撤退。像殖民軍中一位年輕的法蘭西志願投效者拉斐德侯爵（the Marquis de Lafayette）所描述的：「逃兵、大砲、行囊都塞在路上，秩序大亂。」一如在長島之役般，豪將軍仍然志得意滿地未乘勝追擊，他的先行衛隊於九月二十六日進入費城，在城的北方日耳曼鎮（Germantown）發生了一場混戰，但是英國部隊向前進逼，不久之後大陸會議的所在地便也淪陷了。

　　但是，倫敦對於北方戰區的計畫此時開始執行不善了。伯戈恩

帶了幾百名印第安人與七千正規軍（其中半數係日耳曼人），正在穿越加拿大的森林，期望與來自紐約的英軍會合，他在艱難行軍之後，抵達了提康德洛加要塞，發現美洲殖民軍已經退走，還扔下了他們的大砲，他急切地向南推進，只要豪將軍移師逼近西點，他們絕對勝券在握，但是豪將軍此刻在哪裡呢？在伯戈恩移師到另一個殖民軍的要塞時，豪將軍已經由紐約啓航南行。很多人都深信，豪將軍在奪下費城之後，可以馬上回到紐約，迎接來自加拿大的遠征軍，但是他並沒有那樣做，使得伯戈恩爲此付出了代價。

在伯戈恩挺進的時候，英格蘭的民兵都反抗他，他是位很得人心、闖勁十足的指揮官，無奈身處異地，時受襲擊，他的部隊開始動搖且日益減少，若是有來自紐約的援助，他就能夠取勝。克林頓的部隊因爲豪將軍要求增援而減半，不過克林頓仍向北行軍，企圖奪下西點，但是適逢秋雨連綿，伯戈恩被困在沙拉托加（Saratoga），而英格蘭人的實力與日俱增，逐漸從四周圍了上來。伯戈恩距奧爾巴尼才五十英里，他在那裡本應與來自紐約城的部隊會師，但如今卻無法前進。隨後他在林地裡苦戰，部隊補給愈來愈少，他著實是寡不敵眾。殖民軍是在他們自己的地方用他們自己的方法戰鬥，每個人多各自爲戰，藏在灌木叢後或樹頂上，使歐洲那些精銳兵團遭到嚴重的傷亡，即使伯戈恩的人馬受過嚴格訓練與隊形整齊都毫無幫助。曾有位殖民軍逃兵告知克林頓正移師北向，但爲時已晚，日耳曼人抗命，不願再戰鬥下去。一七七七年十月十七日，伯戈恩部隊的一名指揮官霍拉西歐‧蓋茨（Horatio Gates）請降，大陸會議卻違反了投降條件，把他大部分的部隊變成階下囚，直到停戰才釋放。伯戈恩回到英國大肆抨擊政府，但他也被政府部會抨擊。

此時，舊大陸介入這場鬥爭，幫助並安慰著新大陸。沙拉托加一役雖然在美洲戰場上並未發生決定性的作用，卻在法蘭西產生立即影響。原則上法蘭西人與英國和平相處，卻一直以武器供應著殖民軍愛國者，而法蘭西志願兵也在殖民地部隊中效力。班傑明‧富

蘭克林與塞拉斯・迪恩於凡爾賽敦促法蘭西人公開結盟，但雙方還是猶豫了一年，法蘭西的大臣們對於在海外支持自由的大業感到躊躇，這是因為他們在國內對它進行壓制，許多殖民者擔心法蘭西會為了對英國宣戰而強索重大的代價，現在所有的疑慮都一掃而空，殖民者沒有法蘭西的物質補給會活不下去，而法蘭西人也群情憤激，要一雪七年戰爭的戰敗之仇。法蘭西的海軍逐漸加強，英國海軍卻正在瓦解，當路易十四聽到了沙拉托加戰役英國敗北的消息時，便決心與美洲殖民地正式結盟。在倫敦，輝格黨反對派早已警告政府不要苛待殖民者，英國政府即使已擬定了一個慷慨的妥協方案，但已為時已晚。一七七八年二月六日，在大陸會議能夠權謀新的方案之前，班傑明・富蘭克林已經與法蘭西簽定盟約了。

另一次世界性大戰開始了，英國現在連一個盟友也沒有，還有一支部隊成為美洲殖民者的階下囚，在德意志它也無法募到更多的部隊，昔日害怕敵人入侵的心理重新出現，全國都驚恐莫名，政府信譽掃地，在這種痛苦局面中，除了喬治三世國王之外，所有的人都向查塔姆求助。四月七日，查塔姆自行扶著枴杖到國會做最後一次演說，並責備反對派召回駐美英軍，他一向都支持和解而反對投降。這位裹著法蘭絨繃帶，行將就木的人物步伐蹣跚，平民院預期他死期不遠，人人都噤聲不語，他反對將「這個古老而又最高貴的君主制度支解」並且警告全國，要洞悉法蘭西干預以及使用日耳曼傭兵的危險，他痛斥國人的毫不人道：「諸位，美洲人的心情就像我身為英國人般，外國部隊留在我的國家，我永遠都不會放下武器──決不、決不、決不。」他用輕蔑的譏刺語氣否定了入侵的威脅。反對派的領袖，理奇蒙公爵（the Duke of Richmond）做了答辯之後，查塔姆還掙著要發言，但在一陣休克之後便癱瘓失去了意識，五月十一日他去世時，他的兒子威廉（William）為他朗讀荷馬（Homer）史詩中赫克脫（Hector）[7] 葬禮的肅穆場面與特洛伊城（Troy）深沈的絕望情況。心胸狹窄的喬治三世反對為查塔姆樹立紀念碑，他說：「那將會是冒犯朕個人的措施。」但是倫敦

金融界卻不理會他的決定，伯克為紀念碑撰寫了貼切的題詞：「上帝灌輸到偉人身上的美德使一個民族臻于偉大之境。」不過這樣的人在諾斯勛爵執政時期的英國可說是鳳毛麟角。

【1】 譯注：Bull Run，美國一八六一年、一八六二年的內戰，又作牛奔河之役。

【2】 譯注：Simpson Grant（1822-1855），美國第十八任總統，由戰時任聯邦軍總司令。

【3】 譯注：Robert Edward Lee（1807-1870），美國內戰時南軍統帥，最後失利投降。

【4】 譯注：Boers 南非荷蘭移民的後裔。

【5】 J. Fisher,The Writing of John Fisher(1972),vot,i.

【6】 F.V.Greene,The Revolutionary War (1911).

【7】 譯注：Hector 特洛伊城王子，在戰爭中為希臘勇將阿奇里斯所殺。

第十四章　美利堅合眾國

　　華盛頓於一七七七年在費城北邊的佛吉谷（Valley Forge）紮營過冬，每次軍事攻勢結束後，總有士卒逃亡，使得他的部隊只剩下大約九千人，後來又有三分之一左右在春天來時，隨著冰雪溶解離開，部隊缺少衣物與蔽身之所，整個冬季都在挨凍受冷，因此怨聲載道，而二十英里外的費城卻有二萬裝備精良的英國部隊在營中享福，正值社交旺季，許多費城的忠王派讓豪將軍與其麾下軍官過得愉快、愜意，當華盛頓正在愁苦支援糧食何時到達之時，豪將軍卻在費城跳舞、賭博。英國部隊並未對殖民地愛國者部隊做出圍剿，就像之前在長島、白色平原、白蘭酒河諸役的情形一樣，豪將軍拒絕在戰場上乘勝追擊殲滅敵軍，或許是因為他對邦克山一役的慘重損失心有餘悸，所以期待和解，因此按兵不動。英國政府似乎知道他不太情願出征，當法蘭西與殖民軍結盟的消息在新年之始傳到英國時，他便奉召下任回國去了。

　　豪將軍的繼任者是前任的紐約城指揮官──亨利・克林頓爵士，他的作戰態度與豪將軍完全不同，他察覺到歐洲所使用的行軍與反行軍，以及圍攻與奪取城池的戰術，永遠都無法勝過散佈四處的武裝民眾，所以他認為解決之道便是佔領及駐守整個地區，於是對戰略做出重大的改變，決定放棄北方的攻勢，開始鎮壓南方，進行征服。南方的人口眾多，財富豐盈，主要儲有歐洲大陸所能供給的補給，南方也有許多忠王派，所以務必要加以鼓舞與組織起來。紐約城太遠，因此需要新基地，克林頓看中了查理斯敦（Charleston）與沙凡那。如果允許他去嘗試此一計畫，一定大有所獲，不過一股新的力量以迅雷之勢阻止了計畫的實現。沙凡那距紐約城有八百英里之遙，行軍需五十天才能抵達。雖然英國掌控著大海，由海上調動部隊比愛國者殖民軍在陸地上調動快得多，但是現在一切形勢都因為法蘭西與其艦隊的干預而改變了，海上力量此後將支配與決定美洲的獨立抗爭。不久，克林頓便體會到英國的海

上力量已陷入爭議之中。

一七七八年四月，十二艘共八百門大砲的法蘭西戰艦和隨行的護航艦由土倫揚帆啓航，船上約有四千名士兵。克林頓聽到他們逼近的消息，企圖阻止他們奪取他在紐約的主要基地，一旦讓法軍奪下那個港口，甚至封鎖住哈德森河河口，他在美洲大陸的處境便陷入危殆之中，因此他於六月十八日放棄費城，帶著一萬部隊急行軍穿過了紐澤西。華盛頓經過不斷的招兵買馬，現有與克林頓同樣多的兵力，開始與英軍平行前進，兩軍在蒙默思郡政府（Monmouth Court House）所在地展開了混戰，克林頓雖然擊敗殖民軍，但損失奇重，直到七月初才到達紐約城，就在他到達的那一天，由海軍將領德斯坦（d'Estaing）率領的法蘭西艦隊正好出現在紐約城塔外，他們遇到英國海軍將領豪將軍所率的艦隊，而豪將軍就是被汰換的前任軍事指揮的弟弟，兩軍在港外周旋了好幾個星期。法軍企圖奪下羅德島，但卻遭到挫敗，而豪將軍在一連串的行動中，打敗了對手的干預，此次勝利頗獲美國海軍史家的好評。德斯坦在秋天放棄了這場戰鬥，啓航前往西印度群島，而克林頓搶在法軍之前，早在年初就將部隊派到聖露西亞島（St Lucia），德斯坦到達得太遲，以致於無法攔截英軍，這個具有戰略價值的島嶼遂成了英軍的基地。

不過這些勝算都無法掩飾一個基本的事實，因為克林頓耽誤了一年的時光在南方的軍事攻勢上，使得英國不再毫無異議地控制著大海，如今法蘭西艦隊控制著英吉利海峽，導致英國無法將人馬與補給運往紐約城，而英格蘭的私掠船對英國貿易也掀起了一場很刺激且有利可圖的戰爭。英國在美洲的軍事作業慢慢停頓下來，即使克林頓的三千人部隊於十二月二十九日佔領了喬治亞境內的沙凡那，原本要從南方忠王派的一個基地擊敗殖民軍的計畫也因此而停頓下來，忠王派與愛國之間在這個地區爆發一場激烈的內戰，他卻愛莫能助，使得僵持的局勢一直持續到一七七九年，主要戰場有一陣子曾由大陸移到別處。殖民軍肇因於大陸會議政府財政紊亂、信

貧疲弱，英國則由於缺乏增援部隊，雙方都無力再戰。英國政府擔心外敵入侵，打算將給克林頓的部隊都留在不列顛群島。法蘭西人明白只要他們在公海上與英國作戰，便可以在美洲予取予求，無論如何，這樣的作戰比幫助主張共和的殖民軍更符合凡爾賽專制政府的喜好，法蘭西政府在這個階段，除了派遣很少的志願兵，便沒有越過大西洋運送任何的陸軍或海軍去援助它的盟友，但是它卻送了大量的彈藥與衣物給愛國者，暗中支持他們的反抗活動。這場世界性衝突於六月擴大開來，而且危機加深，另一個歐洲強國也加入了這場鬥爭，法蘭西用外交手段迫使西班牙參戰。英國的地位每況愈下，它在地中海的海上交通陷入險境，不出幾個月，直布羅陀便遭到了包圍。在新大陸，英國被逼著提防西班牙人侵入佛羅里達，又被以紐奧良這個港口為基地的美洲私掠船，擾亂著英國商船在加勒比海的貿易。

　　在歐洲的水域，有艘走私船提供了多采多姿的插曲。蘇格蘭出生的美洲殖民地船長約翰‧保羅‧瓊斯（John Paul Jones），由法蘭西人供給一艘古老的東印度商船，他在法蘭西他將它改裝成軍艦，命名為「善良理查號」，瓊斯船長於九月帶著多國的船員，並由三艘小艦艇陪伴著，將他這令人難忘的船駛入了北海，他在佛蘭巴洛岬（Flamborough Head）的外海攔截來自波羅的海的商船隊，並且攻擊英國的護航艦「塞拉皮斯號」與「斯卡波羅號」，不過卻讓商船逃掉了。二十三日傍晚，「塞拉皮斯號」與「善良理查號」的海戰開始。英艦在構造、裝備、大砲方面都很優越，但是瓊斯將他的船調動，沿敵人而行並且猛攻敵艦，這兩艘戰艦徹夜廝殺，砲口幾乎都碰在一起了，水手們用舷側砲（broadside）、陣陣的毛瑟槍彈與手榴彈互相攻擊著，雙方打得遍體鱗傷，兩艦紛紛中彈起火，瓊斯的三艘小艦艇圍住這個火海打轉，並用射舷側砲向火海中的兩艘艦開火。英、美雙方的船長也都在激戰之中。最後到了黎明時分，「塞拉皮斯號」的彈藥艙發生猛烈的爆炸，所有的砲彈都毀掉了，連主桅後面的人員都全軍覆沒了，英軍只好投降，

「善良理查號」也因受到重創，兩天之後也沈沒了。這場海戰令法蘭西與美洲殖民者異常振奮，瓊斯因此成了英雄。

　　　*　　　　　*　　　　　*　　　　　*　　　　　*

　　在這整個期間，華盛頓的軍隊都維持原狀，無法參加戰鬥，他們除了監視克林頓之外別無所為，能在這些歲月中維持住部隊，大概便是華盛頓對愛國者所做的最大貢獻，其他的殖民地領袖沒有人能夠做像他這樣多的事。克林頓於十二月決定再試身手，降伏南方，企圖奪下查理斯敦。二十六日，他獲悉法蘭西的艦隊在西印度群島被海軍將領羅德尼勛爵（Lord Rodney）擊敗，他開始得意洋洋，帶領八千人馬乘船駛往南卡羅萊納，卻因天氣不佳使他延擱，直到了月底才開始圍城攻堅。一七八〇年五月查理斯敦陷落，城內五千名愛國者部隊被迫投降，這是迄今為止愛國者殖民軍所遭到最大的災難。自此以後，克林頓的運氣開始逆轉，他得到了一個有價值的基地，但卻遇到了內戰，他發現自己面對著的不只是戰場上的正規軍，而且還有遊擊隊擾亂著他的交通線，並且殺害忠王派。情勢已經很明顯，要佔領及降服這個地方需要大軍才行，但是海上力量的問題再度干預，謠傳法軍已渡過大西洋，使得克林頓匆匆趕回紐約城，而將他的副指揮官康沃利斯留在南方。華盛頓派了一小股由沙拉托加戰役的勝利者蓋吉率領的兵力抵抗康沃利斯的部隊，康沃利斯在坎登（Camden）一役擊敗了蓋吉，率軍進入北卡羅萊納，一路上擊潰許多遊擊隊，但他走過之後，又出現了武裝民眾，他根本使不上力，他沒有什麼可以襲擊的據點，唯一努力的成果，就是毀掉了殖民軍可能用來與歐洲交換彈藥的大批穀物。

　　克林頓在北方二度發現自己處於險境，另一支艦隊的確已由法蘭西抵達，這一次他遲了，未能先發制人，阻止敵人登陸。五千多名法蘭西部隊在羅尚博伯爵（Comte de Rochambeau）率領下，已於七月在羅特島的紐波特（New port）登陸。華盛頓保持警惕地在哈德森河谷的白色平原紮營，並派曾於一七七六年領軍遠征加拿大，在沙拉托加一戰成名的本尼迪克特・阿諾德守住西點要塞，

法軍隨時都可能由海岸向內陸挺進，與他會師。紐約城一度是克林頓的基地兼港口，但現在已經丟了。愛國者殖民軍中發生了一樁不忠的行為，阿諾德一直都對愛國者的行動感到不滿，他又娶了一位忠王派的女子為妻，加上負債累累，還因挪用政府財物受到軍事法庭譴責，他的不滿與遲疑因為蓋吉在坎登戰敗而益形加深，所以他計畫將西點出賣給克林頓以換取二萬英鎊，此舉不但會破壞華盛頓對於哈德森河流域的掌控權，還可能毀掉愛國者的整個武力，克林頓知悉這項密謀後，認為將可挽救他在北方的危機，於是派了一位名為安德烈（Andie）的年輕少校喬裝安排投降的細節。

一七八○年九月二十一日，安德烈乘著一隻單桅帆船溯哈德森河而上，夜深時分，在西岸離斯通尼角（Stony Point）不遠的地方與阿諾德會面。阿諾德把關於要塞、裝備與軍需品、衛戍部隊兵力的草圖、遇擊時的行動命令，以及最近西點舉行的作戰會議紀錄的副本通通交給了安德烈。安德烈在回程穿越兩軍間的無人地帶時，落入非正規軍之手，被帶到附近的殖民指揮官裡，士兵在他的靴子裡搜出了那些文件，指揮官不相信阿諾德會叛變，於是派人到西點要求解釋，阿諾德與妻子逃到喬治國王軍中，並且被獎賞擔任將軍指揮一支英軍。二十年後，他在羞辱與貧困中去世，安德烈被視作間諜遭到處決，處決前他寫了一封文情並茂、堂堂正正的信給華盛頓，請求將他槍斃而不要處以絞刑，可惜未能如願。安德烈是位瀟灑的年輕人，他身著猩紅色制服，站在刑台上，自己將繩圈套上脖子，場面十分動人，他的勇敢使得在刑場圍觀的群眾落淚，雖然這場鬥爭使人敵愾同仇，阿諾德的叛逃又使每位愛國者義憤填膺，但卻找不到人去擔任劊子手的任務，最後一位面孔塗黑的無名人士完成了這件工作。四十年之後，安德烈被重新安葬在西敏寺大教堂。

阿諾德的背叛行為，雖然及時被發現，對愛國者的情緒與團結都有著短暫又明顯的影響，殖民軍的處境岌岌可危，許多的美洲殖民者又堅決反戰，忠王派不是祕密便是公開地支持英國人，南方受

到慘不忍睹的內戰的打擊，<u>其中更發生美洲殖民者殺害美洲殖民者</u>
<u>的事情，人們開始懷疑著鄰居</u>。這樣可怕的事件會否吞沒愛國者在
北方的努力呢？<u>如果西點的指揮官是個叛徒，那麼還能誰能信任</u>
<u>呢？</u>愛國者在海上的運氣逆轉更加深了這些焦慮與恐懼。海軍將領
羅德尼帶著一支龐大的艦隊到達紐約港，封鎖住駐紐波特的法軍，
一直到這個戰鬥季節結束，然後他再度以西印度群島為目標出擊，
因為<u>荷蘭人為求發財，一直從那裡把武器與彈藥運給愛國者殖民</u>
<u>軍</u>，他們貿易的中心是背風群島（the Leeward Island）中的聖
圖斯塔休島（St. Eustarius）。秋天到了，有消息傳來說荷蘭已
經加入反英聯盟的行列，羅德尼奉命去奪取這個島，他在一七八七
年初完成此項任務，<u>原本準備交給華盛頓的大批彈藥與商品，全都</u>
<u>落入了英國艦隊之手</u>。

＊　　　＊　　　＊　　　＊　　　＊

　　克林頓與康沃利斯在戰略上的歧見，為英軍與忠王派帶來災
難。克林頓的命令將康沃利斯栓繫在他位於查理斯敦的基地，康沃
利斯對這些命令一直都感到厭煩。克林頓認為守住南卡羅萊納是在
南方戰區作戰的主要目標，向內陸的任何出擊都得依賴海軍先控制
住海岸。康沃利斯則急於率師深入向前推進，他堅持北卡羅萊納的
美洲遊擊隊會防礙英軍佔領南方，除非他們投降，否則英國部隊勢
必得退到查理斯敦的城內，他認為維吉尼亞是殖民地愛國者抵抗活
動的心臟，應該集中火力去征服佔有它。他似乎是想錯了，是查理
斯敦而非維吉尼亞，才是南方的軍事關鍵，它不僅是南方唯一具有
重要地位的港口，也是英軍能為自己獲得補給，而不讓殖民軍得到
補給的地方，英軍從那裡可以霸佔南方的喬治亞，而且可以在北卡
羅納及切薩皮克灣建立一些小的據點。如同華盛頓當時所寫的：
「保持著掌握四萬英里海岸的局面，因此才有藉口向歐洲各國提出
對美洲利益有百害而無一利的要求[1]。」坎登戰役之後，康沃利
斯的聲譽攀升，英國政府鼓勵他進行他的計畫，這些計畫的成功
與否都得依仗南方的忠王派，儘管他們在前次軍事攻勢中的表現

並不看好，儘管華盛頓手下最能幹的將領——納撒內爾·格林（Nathaniel Greene）奉命指揮南方的愛國者殖民軍，康沃利斯仍決心挺進，殊不知此舉將使他走向毀滅之路。

一七八七年一月，康沃利斯移師前往北卡羅萊納的邊境，他的先行部隊於十七日上午在考朋茲（Cowpens）與殖民軍正面交鋒，英軍因戰術簡陋而傷亡慘重。康沃利斯曾經體驗過美洲邊疆居民的槍法，並且深知自己部隊用毛瑟槍射擊很不靈光，因此他依仗軍刀與刺刀帶頭衝鋒。美洲殖民軍指揮官已將編制鬆散、紀律不良的民兵佈置在布羅德河（the Broad River）的前面，防止他們潰散，準備背水一戰。雖然華盛頓常常懷疑這些部隊的作用，因為沒有任何民兵「曾經養成抵抗正規軍的必要習性」。但是這一次，他不得不承認靠著這批大陸部隊的鼓舞，他們痛宰了英國部隊。

不過康沃利斯仍然強行進攻，漸漸遠離他的基地，而格林的部隊仍在戰場活動著，康沃利斯唯一的希望就是使格林出戰，並且一舉擊垮他。三月十五日，兩軍在吉爾福德郡政府（Guilford Court House）附近相遇，美洲殖民地的民兵作戰雖無大用，但是格林受過訓練的核心部隊在鐵路欄柵後面列陣，使英國正規軍損兵折將。英軍兵團由軍官率領一再地攻打殖民軍的防線，一位參加戰鬥的英軍士官描述這個場面：「我軍立刻展開行動，隊形無懈可擊，行動快速，端著武器衝鋒，到達敵人的防線四十碼之內，就察覺到他們全都將武器攔在美洲常見的建築物隔間——鐵路柵欄——上，他們正精確地瞄準目標[2]。」最後這批忠心耿耿、紀律良好的英軍勇士將美洲殖民軍驅離了戰場，但是這場屠殺並未決定戰局，愛國者的兵馬仍舊活躍，同時英國部隊因遠離家園，幾乎失去了三分之一的人馬。康沃利斯別無選擇，只有率部隊奔向海岸尋求海軍增援，格林因為殖民軍已有斬獲而放了他一馬。在不到八個月的時間裡，他們已經在沼澤、荒涼地區轉戰了九百多英里，雖說是以一比三寡不敵眾，但他已經重新征服除了開沙凡那的喬治亞整個地區，以及的南卡羅萊納的大部分。雖然他在許多戰役中失利，但卻贏得了整

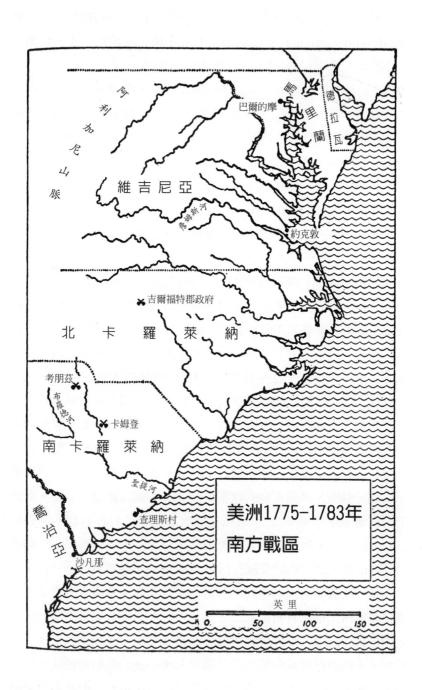

阿利加尼山脈

維吉尼亞

馬里蘭

德拉瓦

巴爾的摩

詹姆斯河

約克敦

吉爾福特郡政府

北　卡　羅　萊　納

考朋茲

布羅德河

卡姆登

南　卡　羅　萊　納

聖提河

查理斯村

喬治亞

沙凡那

美洲1775-1783年
南方戰區

英里

0　　　50　　　100　　　150

個戰爭，現在他放棄了北卡羅萊納的廣大版圖，迅速移師南方，鼓動這些地方抵抗英國部隊。

這裡的愛國者與忠王派（或當地稱作的輝格黨人與托利黨人）之間進行著兇猛的內戰，被午夜突襲、奪取牲畜、暗殺、伏擊，以及像我們今日所知在愛爾蘭的兇殘行為。格林寫道：「本州（南卡羅萊納）輝格黨人與托利黨人之間的深仇大恨，使得他們的處境變得很可悲。幾乎沒有一天是寧日，不少人成為這種兇殘個性的犧牲品。輝格黨人似乎決心要根除托利黨人，托利黨人也決心要滅絕輝格黨人。這個地方已有數千人因此死於非命。惡行猖獗，較以往更甚。如果不能立即阻止這些屠殺行動，幾個月後，這個地方的人口將更加減少，輝格黨人或托利斯黨人都無法活下去。」在格林開始降服英軍位於南卡羅萊納被孤立的據點時，康沃利斯繼續向維吉尼亞推進，他一路行軍並且大肆破壞，但是不時受到拉斐德與一支羸弱的愛國者殖民軍有技巧又猛烈的騷擾。

在這幾個月裡，克林頓都守在紐約。眼看康沃利斯愈行愈近，克林頓似乎有可能撤離這個北方基地，集中英軍全部力量以保持對南方殖民地的控制，如果這種作法成功的話，可能毀掉愛國者的大業，因為大陸會議已經破產了，華盛頓幾乎無法維持他的軍隊，但是法蘭西的艦隊再度扭轉乾坤，而且是一勞永逸。

在西印度群島的法蘭西海軍指揮官德格拉塞伯爵（Count de Grasse），獲悉美洲殖民地的情況危急，於七月傳話給現在早已於白色平原與來自紐波特的羅尚博會合的華盛頓，表明他將攻擊維吉尼亞的沿海地區，並請華盛頓竭盡努力，將整個愛國者的兵力集中在這個區域，華盛頓抓住了這個時機，刻意採取預防措施以欺騙克林頓，他將部隊自哈德森河一線撤走，與羅尚博的兵力會合，快速地向南行軍。

康沃利斯因為交通線愈來愈長，導致補給不易而失靈，轉而向海岸行軍，期望在那裡藉與克林頓聯繫。八月他抵達切薩皮克灣上的約克敦（Yorktown）開始掘壕固守，可惜後來幾個月的行動都

飽受批評，這個城面陸面並沒有天然的屏障，他也沒有主動出擊四周圍攏上來的敵人。法軍與美洲殖民軍的戰略便是抓住時機以使行動奏功，連相距甚遠的部隊也都配合著，約有九千美洲殖民軍與八千法軍進逼約克敦城下，同時德格拉塞伯爵以四十艘戰列艦封鎖住沿岸地區。康沃利斯幾乎守株待兔了兩個月之久，九月底，包圍約克敦的行動開始，法軍的攻城砲火轟垮了他的土製內堡，在防禦工事土崩瓦解之時，康沃利斯還下令不顧生死進行出擊，最後英軍只剩一門大砲發射著。一七八一年十月十七日，約七千名康沃利斯的大軍全都投降了。就在這同一天，克林頓與英國艦隊由紐約啓航，但在聽到這個不幸消息之後就折返了。

就這樣子就結束了主要的戰爭。由此得知，海上力量已經再度發揮決定性的作用；若非法軍封鎖海岸，英軍的消耗戰可能就成功了。

十一月，德格拉塞伯爵完成了任務，返回西印度群島，留下華盛頓無助地面對駐守在紐約城的克林頓與加拿大入侵的威脅。美洲殖民地還要兩年才能實現和平，幸好這兩年未再發生有任何影響的戰役。

＊　　　＊　　　＊　　　＊　　　＊

英軍在約克敦投降之舉，立即在英國產生了決定性的影響，諾斯勛爵聽到這個消息的時候，他的和藹與鎮靜全都不見了，他在房裡不時踱步，痛苦地大呼：「啊！天啊！一切都完了！」

反對派在平民院勢力大增，倫敦群眾開始聚集，譴責海軍管理不當的議案提交國會之後，政府控制的多數派立刻瓦解，停止美洲戰爭的提案僅以一票之多被否決。諾斯於三月向平民院表示他將會辭職。國王寫道：「最後這要命的一天已經來了。」因為諾斯自始至終都維持著他的尊嚴，卻在為國效力十二年之後，成了敗將而離開平民院。一七八二年三月的那個傍晚，議員們在雨中等候馬車時，看到諾斯走下台階，坐進自己事先已有告知並在這行列前頭等候的馬車，他對擁在身邊被雨淋溼而帶仇意的議員們深深地一鞠

躬,並且說:「各位,這就是參與秘密的好處。」隨即他便乘車揚長而去。

喬治國王因個人的挫敗而感到痛苦,情緒至為激動,揚言要退位到漢諾威去,但是全國群情憤激,使他根本毫無希望辦好選舉,他被逼得與反對派講和。獨立戰爭進行的成年累月中,羅金厄姆與伯克都在耐心地等待著諾斯政府的垮台,現在時機已經來了,羅金厄姆與喬治國王談條件:允許美洲殖民地獨立,並且減少國王在政治上的影響力。喬治三世被迫接受,羅金厄姆於是走馬上任,盡力從第一不列顛帝國(the First British)的廢墟中拯救一切,所有的責任便落在他與同僚謝爾本勛爵的肩上。

【1】 The Writings of George Washington, ed. W. C. Ford [1891] , vol. Ix.
【2】 The Journal of Sergeant Lamb(Dublin, 1809).

第十五章　印度帝國

　　十八世紀，英國在印度的地位產生了革命性的變化。英屬東印度公司（the English East India Company）當初建立時，只不過是個貿易投機事業，卻以日益增加的速度成長為一個疆域廣大的帝國。一七〇〇年左右，在印度居住的英國人，包括眷屬及暫時逗留的船員，並未超過一千五百人，他們分別住在少數貿易站的工廠內，對印度的政治少有關心。一百年後，數以千計的英國軍官與士兵，在英國總督的率領下，控治著幅員廣大的省分，這個令人注目的發展有部分是英國與法蘭西互相鬥爭的結果。這場鬥爭充斥在這個年代，而且蔓延至全球各地。法蘭西人對於幫助美洲的美利堅合眾國獨立感到滿意，在那個戰場上，英國簡直是一敗塗地。但在印度的情形則不然，那裡雖然時有戰爭，在歐洲的英國與法蘭西倒是和平相處著，若不是情勢已經發展成歐洲必須要干預，否則英法的衝突並不會如火如荼地散佈到印度全境。蒙兀兒帝國正在瓦解，帖木兒（Tamburlane / Tamerlane）[1] 的穆斯林後裔已緊抓住有美國當時領土一半大小的部分世界有兩個世紀之久，並以德里（Delhi）為中心，獲得各區總督（proconsul）的支持，以東方的方式維持太平，並且有條不紊地維持這塊大陸八千萬居民的生存，外界幾百年來都無法理解這種事情。十八世紀初葉，這個令人不敢小覷的王朝，因為王位繼承起了爭執而開始動搖，北方的入侵者不久就湧進了邊境，德里被波斯（Dersia）國王（Shah）洗劫一空，帖木兒的總督也開始叛變，要求接管帝國境內的省分，王位覬覦者紛紛向篡奪者挑戰，中印度（Central　India）的馬拉地人（Mahratta / Maratha）部落，兇猛好戰，雖然受到散漫的同盟約束著，但眼見印度的亂象，也抓住了他們掠奪與襲擊的機會。這個國家被無政府狀態及流血事件席捲。

　　當時在印度的貿易商，包括英國人、法蘭西人、葡萄牙人與荷蘭人，都在競相經營他們的物品，但是只要「蒙兀兒大帝」（the

Great Moqul）在德里統治，他們就可以在比較太平與安全的情況下競爭。英屬東印度公司此時業務已經穩定，資本額超過一百二十五萬英鎊，每年紅利九分。查理二世於一六六八年將孟買（Bombay）以每年十英鎊的代價租給這家公司，當地人口遽增了六倍有餘，超過六萬人。一六三九年，英國人在馬德拉斯建立據點並加強防禦工事，成為東海岸主要的貿易中心。加爾各答（Calcutta）原本毫無人煙，直到這個企業的職員於胡格里河（the Hoogli River）的河口蓋了工廠才有人居住，此地也已成為一個繁榮而又穩定的商業中心。而法蘭西的印度公司（Companiedes Indes）以本地治里（Ponticherry）為中心，也很興旺，但還無法成為英國的對手，它實際上是個公家機關（Department of State）而非私人公司。這兩個組織都有同樣的目的：對商業的推廣及獲得財務上的盈利，兩國幾乎都不曾有佔有土地的想法與計畫，像英國的董事們，長久以來都不願意擁有任何土地，或是負起超出他們貿易站範圍以外的責任。一七四〇年發生的一些事件，逼得他們不得不改變初衷。馬拉地人殺害了位於東南海岸上五百英里長的卡納提克（the Carnatic）的地方行政長官（Nawab / Nabob）及王國省長（Imperial Govornor），此舉威脅到馬德拉斯與孟買，並且襲擊孟加拉（Bengal）。歐洲的貿易商無法袖手旁觀，他們必須自行奮鬥或與印度統治者結盟，再不然就只有棄之離去。大多數的荷蘭人早就已經撤到富足的東印度群島去了，葡萄牙長久以來都是落在這場賽跑的後面，只有法蘭西人與英國人決定留下來，這兩個歐洲強權就單獨地留在這個戰場上了。

　　如同歷史上發生重大危機的情形一樣，法蘭西製造了一位人物──約瑟夫·迪普萊克斯（Joseph Duplex），他自一七四一年起就是本地治里的省長，很早以前就預見即將與英國發生的鬥爭，並且察覺到印度在等待新的統治者，蒙兀兒帝國已告終，而馬拉地帝國似乎不可能取代它。那麼，法蘭西為何不將這個耀眼而豐饒的戰利品擭取到手呢？當奧地利王位繼承戰爭在歐洲爆發的時候，迪

普萊克斯便毅然決然地採取了行動，他向卡納提克人的地方行政長官請求，禁止在他司法裁判權範圍之內採取敵視行為。大多數的法蘭西貿易站都位於這個範圍。請求獲准後，他便進攻馬德拉斯，當地的英國省長請求這位地方行政長官對法蘭西執行同樣的中立，但是他忽略了一件事，就是並未隨同請求奉上一筆賄賂。另一方面，迪普萊克斯還承諾一旦將那個城市攻下，便將它交出去。得到這樣的再度保證，這位地方行政長官便袖手旁觀。在五天砲擊之後，這個城鎮於一七四六年九月十日投降。一些英國守軍逃到了附近的聖戴維堡（Fort St. David），其中有位年輕的司書人員，名叫羅伯特·克萊武。

迪普萊克斯勝利後，拒絕將馬德拉斯交給地方行政長官，並且驅退後者的攻擊。他還沒來得及攻打聖戴維堡，就有消息傳來說歐洲的戰爭已經停止，愛克斯伯沙和約規定馬德拉斯將交還給英國人，而回報的條件是將新科斯西亞境內的路易斯堡割讓給法蘭西。就這樣子結束了在印度大鬥爭裡這齣陰沈而又不光榮的開場戲。

＊　　　＊　　　＊　　　＊　　　＊

克萊武又怒又驚，但還是留意著這些事件的發展，可惜在他的生涯中，幾乎不曾有任何徵兆顯示出他可以扭轉英國的處境，並且在印度建立英國統治。他是位小鄉紳之子，童年時期有過曲折的經歷，但看不出有什麼前途，他上的學校不下四所，而且成績根本乏善可陳。他在士洛普郡（Shropshire）的市場城鎮中，組織並領著一幫青少年流氓，向商人勒索金錢及蘋果，若不從就打破他們的櫥窗。十八歲時他被送到海外，在英屬東印度公司擔任小書記，一年五英鎊薪水與四十英鎊的開支費。他是位難相處、看不出有何前途的部屬。他憎惡會計室的例行事務與氣氛。據說他兩度企圖自殺，兩度手槍走火。一直到他得到了軍方委令，並且在該公司的武裝部隊中服役若干年後，他才展現出不列顛印度史中無人能與之匹敵的軍事天賦。包圍馬德拉斯與捍衛聖戴維堡讓他嚐到了戰鬥的滋味。一七四八年的一場新動亂給予他領導的機會。

印度的王位覬覦者奪走了德干人（the Decan）的蒙兀兒總督之位，並且征服了卡納提克人。迪普萊克斯率領少數的法蘭西士兵與二千印度部隊逐退他們，並且將自己扶植的傀儡安置在王位上，而英國的人選——穆哈默德‧阿里（Mohomet Ali）——則被追逐進入垂欽諾波利（Trichinopoly），且遭到圍城猛攻。法蘭西這一擊之後成了南印度（Southern India）的主人，下一次打擊顯然是對付英國人。和平貿易或被稱為不干預印度事務的希望都在此結束了，英屬東印度公司顯然非戰不可，否則便只有死路一條。克萊武得到了委任令，前往垂欽諾波利親眼見到了穆哈默德‧阿里處於絕望的險境，他心想如果能將此人救出，放在王位上，可能就萬事大吉了。但是該如何去做呢？因為垂欽諾波利正被數目龐大的法蘭西與印度混合部隊包圍住，英國這邊的士兵人數稀少，準備十分不足，而且非常缺少軍官，以致於克萊才不過二十五歲，便被賦予這項主要軍事指揮之權。直接救援垂欽諾波利是不可能的事，克萊武立即察覺到他必須在其他地方出擊。卡納提克人的省都阿科特（Arcot）已經被調光了部隊，他們大多數都在垂欽諾波利圍攻穆哈默德‧阿里。若是奪下阿科特，他們就不得不班師。克萊武率領著二百名歐洲人、六百名印度人與八位軍官出發，這個城鎮在他攻擊下，不費吹灰之力就陷落了，他與小批人馬還打算為即將來臨的復仇而戰。一切變化均如克萊武的預測，印度的統治者（potentate）被失去省分之事弄得不安，便由垂欽諾波利派遣他大部分的部隊前去攻擊在阿科特的克萊武，這場人數相差二十倍、寡不敵眾的戰鬥長達五十天，克萊武的弱小兵力卻在夜襲中瓦解了這場猛攻。在襲擊中，他甚至親自上陣。一位欽慕他的馬拉地人部落首長揚言要幫助英國人，才解除了圍城之厄。這不僅是迪普萊克斯的末日，其他事情也跟著結束。到了一七五二年，克萊武與來自英國的正規軍人斯特林格‧勞倫斯（Stringer Lawrence）聯手擊敗了法蘭西與其扶植的篡位者，將穆哈默德扶上了王位，卡納提克人也安全了。次年新婚但健康狀況差的克萊武揚帆回英國，他收到印度統治者們致

贈的「禮物」至爲富足。迪普萊克斯繼續奮鬥，但是於一七五四年被召回法蘭西，九年之後，貧困、羞辱交迫而死。這個對比實在驚人，因爲財富與權勢都被在印度的英國主將贏走了，悲慘的命運卻落在大多數法蘭西人的身上。

　　在英國，克萊武企圖用他一部分的財產，競選康瓦耳的議員而進入國會，可惜他沒有成功，遂於一七五五年回到印度。他到的正是時候，因爲一場新的鬥爭正要在東北部展開了。迄今法蘭西人、荷蘭人與英國人都在孟加拉這個富饒的省分和平地一起貿易，而它溫順、有智慧與勤奮的居民大都逃開了南方的屠殺與無政府狀態。位於恆河（the Ganges）河口的加爾各答正在賺取很好的紅利。來自西北，曾經奪取王位並掌權達十四年的一位穆斯林冒險家維持著和平。但是他於一七五六年去世，王位傳給了他的晚輩，年輕、惡毒、粗暴、貪婪的蘇拉嘉・道拉（Surajah Dowlah），他非常害怕最近爆發的英國與法蘭西之間的七年戰爭，會吞沒他的領地，並將他變成像在德干的王親貴族一樣的傀儡，於是請求這兩個歐洲社群拆卸他們的防禦工事。在加爾各答上游昌德納哥（Chandernagore）的法蘭西人給了他安慰的答覆，而英國人知道與法蘭西的戰爭迫在眉睫，於是擴張了法蘭西人會攻擊的河岸上的防護工程，並不理會他的要求，使他益加氣憤，因而在五月動手攻擊。

　　他集結大軍，包括槍與受過訓練的歐洲人，向加爾各答行軍。現在的研究已經釐清了麥考萊（Thomas Babington）[2] 譴責這省長與英國當局懦弱無能的嚴厲指控；但是由陸上往這個城市的路可說是沒有設防，加上管理不當與混亂，人人驚惶、爭先恐後利用船隻撤離，只剩下爲數很小的衛戍部隊與大多數的英國百姓英勇地奮戰，但三天之內一切都結束了，他們生活在太平盛世實在太久了，現在可怕的命運追上了他們，敵人在停戰的旗子下突破防禦之後，一百四十六名歐洲人投降了。他們被丟到二十平方英尺的監獄裡過夜，隔天一早，只剩下二十三人存活。勝利者洗劫英屬東印度

克萊武與哈斯廷
時代的印度

〔〔〔〕〕〕 1785年不列顛的領土

阿富汗

尼泊爾

拉治普坦納 ● 德里

奧德

馬拉地

孟加拉 ✕ 普拉西

昌德納哥 ●
加爾各答

● 奧利薩

✕ 亞薩耶

英屬
孟買 ●

尼扎姆

浦納 ●

海德拉巴 ●

邁所

塞瑞吉巴坦 ● 阿科特 ✕
卡
垂欽諾波利 ● 田
龍 ✕

馬德拉斯

朋迪榭里
諾弗港

錫蘭

公司的財物之後就走了。愛爾頓公爵（Lord Elton）說：「雖然他幾乎不曾猜到，蘇拉嘉‧道拉與英國人的交易，使他們後來將成為印度的統治者。因為「黑牢」（the Black Hole）的悲慘時刻（指上述之死亡事件）已經讓他們最後的盼望——他們仍可能留在印度只做貿易——都幻滅了。他們不勝憤慨要想報仇，已不只是準備好要戰鬥而已【3】。」

　　消息於八月傳到了馬德拉斯。英屬東印度公司的董事們還不知道與法蘭西的戰爭已經在歐洲爆發了，但是在加爾各答便有法軍由海上與德干兩路展開攻擊的謠言，他們將所有的海軍與部隊都交給了克萊武。一七七七年一月，他率領著九百名歐洲士兵與一千五百名印度士兵奪下了加爾各答，並且驅逐了蘇拉嘉‧道拉四千人的部隊。與法蘭西的戰爭現在逼著他撤退，不過只要時間夠長，可讓他在匆匆返回馬德拉斯之前攻擊昌德納哥，他可不敢輕易將昌德納哥留在法蘭西人的手中。昌德納哥在三月陷落，衛戍部隊奮勇應戰，但還是撤走了。克萊武的運氣來了，蘇拉嘉‧道拉十分殘暴，甚至對自己的人民亦然，一群朝臣決定廢了他，另立新的統治者米爾‧賈法爾（Mir Jafar），克萊武同意助一臂之力。

　　他的部隊已經成長到三千人，英國人佔不到三分之一。六月二十三日，他在普拉西（Plassey）與蘇拉嘉‧道拉交鋒，人數是十七比一，以寡敵眾。胡格里河正是漲潮之際，無法撤退，敵方在廣大的平原上擺成半圓形，克萊武沿著芒果林部署他的兵力，伺機猛攻，這不過是場兵力的考驗，算不上是戰役。然而印度在這次的運氣變了，砲擊了四小時後，蘇拉嘉‧道拉察覺到有人變節，但卻聽取那些策畫背叛他的人勸告，下令撤退。克萊武決定放他一馬，然後再進行夜襲，但是有位下級軍官違令擅自挺進，使得管制這場追擊變成了不可能，敵軍倉皇四散幾天之後，蘇拉嘉‧道拉被米爾‧賈法爾殺害。克萊武僅損失了三十六人，卻成了孟加拉的主人與普拉西之役的勝利者。

　　然而還有許多事仍有待完成。不曾在戰役中扮演一角的米爾‧

賈法爾被置於王位之上，但是這個省分蜂擁著由北方前來的穆斯林戰士，覬覦王位者多不勝數。鄰邦奧德（Oudh）虎視眈眈，法蘭西人仍然活躍，甚至荷蘭也表現出想要干預的跡象，對此克萊武均一一回擊。如果英國人不自己統治這個國家，他們便必須確保有個友善的當地人執政。間接的控制是當時常見的作法，而直接統治往往造成無政府狀態與更多的流血事件。克萊武於一七六○年二月再度啓航返回英國的時候，英國已是留在印度的唯一歐洲強權。因此僅四年多的時光，他就使印度的情勢有了很大的改變。法蘭西人仍可以保持他們的貿易站，但是影響力蕩然無存，九年之後法蘭西的印度公司也廢除了。克萊武累積了二十五萬英鎊的財產後，一如當時的風習，花錢買選票進入國會，並被封爲愛爾蘭貴族。然而他在印度的使命尚未完成。

＊　　　＊　　　＊　　　＊　　　＊

　　現代的人都不應該誤解英國在印度擴張的特性。英國政府從來就不干預在印度發生的衝突，皮特非常賞識克萊武的能力，用所有他能夠支配的資源支持著克萊武，但他對事件的影響力很小。無論如何，他的手上已經有場世界戰爭即將爆發。面對著交通的種種困難、距離以及局面的複雜，皮特讓克萊武自由行事，他自己只要提供意見與支持就夠了。英屬東印度公司是個貿易組織，董事都是生意人，他們想要的只是紅利而非戰爭，捨不得在部隊與併吞上花一文錢，但是次大陸中的動亂讓他們無法順著自己的意願與判斷力去控制愈來愈多的地盤。到末了，幾乎是個意外，他們建立了一個帝國，這個帝國不比蒙兀兒帝國弱小，卻比它更加安定。這個「帝國主義的擴張」這個概念指的是有意攫取政治權力的過程，如果把英國在印度的行動稱爲「帝國主義的擴張」則是無稽之談。有人談到印度時說道，不列顛帝國是在無意中建立起來的這種說法到是頗有道理。

　　克萊武的勝利解決了許多問題，相對也製造了許多問題。他離去之後的歲月亦是英國人在印度的歷史中最卑劣的篇章。英屬東印

度公司的目的是謀利，只要能夠維持和平，貿易興隆，他們不想知道也不在意這個國家是如何統治的。他們廢掉了年邁的米爾‧賈法爾；當時的傀儡政權變得不聽話時，他們便在一場血戰中將他擊敗，並且以拍賣方式將孟加拉的王位賣掉了。在這家公司待遇不好的員工只好收取賄賂、贈禮與可恥的外快（prequisite），有關貪瀆與取得龐大不法私人財富的傳言悄悄地傳回了英國，導致公司的董事們赫然發現自己不但失去了紅利，還名譽受損，於是向克萊武懇求，並且讓他成為所有印度地盤的總督。他遂於一七六四年最後一次啓航前往印度。他的改革大刀闊斧，以高壓手段進行，而且比普拉西戰役的勝利更加影響深遠，它們的成功促使蒙兀兒皇帝懇請他將英國的保護領地（protectorate）延伸到德里與整個西印度（Northern India），克萊武拒絕了，他一直都懷疑英屬東印度公司能否承擔帝國較大的責任，五年前他就在一封信中向皮特建議，表示王室應當霸佔該公司在印度所有屬地的主權。這個意見未受到理會似乎有一世紀之久。為了回報津貼，蒙兀兒大帝徵稅的權利割讓給該公司，唯獨司法行政仍維持在印度統治者的手中，責任分工是無法持久的，不久就製造出棘手的問題，但它至少是向前邁了一大步。英國人掌管金錢的開支，克萊武則寫道：「權力存放在它能夠存放的地方。」一七六一年一月他回到英國。英國興論不斷，克萊武在平民院中遭到抨擊，遂發表演說為自己辯護。他指出，靠著他的努力東印度公司的董事們「才得到了比歐洲任何王國幅員更大的帝國。他們按比例得到了四百萬英幣（sterling）的歲入與貿易」。關於他自己製造的權益，他在著名的一段話中大聲疾呼：「就顯示出我的所作所為都很有節制而論，我難道不值得讚揚嗎？考慮一下普拉西告捷那種境遇吧！偉大的王親貴族得仰賴我；富裕的城市得由我擺布；發財的銀行家彼此競相爭取我對之一笑；我走過單獨為我打開的金庫，每隻手上堆滿了金銀珠寶。主席先生，我此刻站在這裡，對我自己的節制都感到驚訝。」平民院一致通過了決議，認為「羅伯特‧克萊武勛爵為國效勞，偉大並且值得

稱讚。」然而他性情剛烈，飽受折磨，並沒有得到安撫，幾年之後他用手結束了自己的生命。

在印度，不久之後又出現一位如克萊武般偉大，但背景有些不同的人——沃倫‧哈斯廷（Warren Hastings），他很窮，但是祖先一度在烏斯特郡（Worcestershire）擁有很大的產業。奧立佛‧克倫威爾（Oliver Cromwell）的幾次戰爭逼得他的曾祖父賣掉在戴雷福（Daylesford）的家當，他在童年早期就想將它贏回來。他年幼時，母親就過世了，由一位叔叔將他撫養長大，並且送他到西敏寺去上學，在那裡他成了位資深的古典學者。教師都想讓他繼續去唸大學。但叔叔拒絕了，反而將年僅十六歲的他送去印度。

他在英屬東印度公司當職員，度過了克萊武連番大捷的時期。在克萊武過世的一年後，他成了加爾各答議會（Council in Calcutla）的成員。他在這個名額不多但是責任清楚的職位上，目擊到普遍存在的骯髒與混亂狀態。英屬東印度公司的員工繼續犧牲他們雇主與居民的權益而為自己攢集財富。馬拉地人奪取了德里，威脅到奧德（Oudh），馬德拉斯也受到威脅，甚至太平的孟買都捲入了內戰。一七六九與一七七〇兩年之間，孟加拉三分之一的人口都死於饑餓。在這整個浩劫期間，沃倫‧哈斯廷都緊守著刻苦的生活方式，他渴望名聲與權勢，以及足夠買回戴雷福故宅的錢。至於聚斂個人財富，那是他人的事，因為他天性並不貪婪成性。一七七二年他成了這個受到打擊、被人掠奪而仍然富裕的孟加拉省省長。他實施了兩個方案：維持公司的紅利以及讓英國人徵稅。不過，現在使克萊武被國會非難的一些耳語，已經成為英國的興論。來自東方（the East）有錢的冒險家正在製造與附和在印度新帝國的名聲。太富足又太高傲，以致於無法為他們原來所屬的社會階層接納，同時又太不懂世故而無法與貴族階級融合在一起，地方行政長官都受到大不列顛所有階級的厭惡與妒嫉。曾經阿科特與普雷西贏得勝利，以及曾為「黑牢事件」雪冤的勇氣與紀律都無人理會。這種事也並非全然不公；因為許多的地方行政長官忙於從事斂財勾當，以致於並未

給予克萊武很多援助。年邁的皮特聲稱：「印度充滿了種種不公，
天地都知道。」嫉妒、無知與濫情合起來，成了要求改革的聲音，
這種理想有它實實在在的理由。九年之內英屬東印度公司員工由孟
加拉的居民那裡聚斂了幾乎三百萬英鎊作為個人的酬勞。改革的工
具便是諾斯勛爵。

　　諾斯在他的智慧範圍之內盡力而為，他的格言是：「擒賊先擒
王。」在哈斯廷成為孟加拉省長之後的那一年，諾斯說服國會通過
了「整頓法」（Regulating Act），讓英國在印度所屬領土的政令
統一了。孟買與馬德拉斯都受到在加爾各答設立的總督管轄，沃倫
‧哈斯廷成了第一位總督，年薪二萬五千英鎊。但是，為了要設法
確保權力不會被濫用，反而使權力無能。在簽核流程上，它由孟加
拉的行政長官、董事會、總督，加上議會兩方面共同執掌。多年
來，哈斯廷與他的桎梏奮戰，他的主要對手是他的新同僚菲力普‧
法蘭西斯（Philip Francis），此人在威爾克斯時代，以無情的《尼
厄斯投書》（Letters of Janius）一書攻擊國內政府而成為著名的
作家。法蘭西斯雖然公開地栽在他手上，卻也不曾停止對他耍陰
謀。雖然哈斯廷天性脾氣急躁，卻也學會了忍耐與堅持的美德，下
決心去做任何需要做的事情。在政府企圖將他召回的時候，他在議
會中兩位最無知、最有敵意的對手也死了。法蘭西希望重新在印度
掌權，於是再度向英國宣戰。哈斯廷終於能自由行動。他解放來的
正好是時候。

　　到了一七七八年，法蘭西的船隊正逼近南方的海岸，邁索爾
（Mysore）的海德爾‧阿里（Hgder Ali）[4] 正橫行於卡納提克，
在孟買與馬拉地人交戰。花了六年的時間，哈斯廷挽回了一切，他
的海軍比法蘭西的海軍弱，雖然他們交戰不下五次，卻無法阻止法
軍在馬德拉斯海岸登陸。馬德拉斯的政府被淨化也受到激勵。曾在
普雷西戰役出力的艾爾‧庫持爵士，在印度仍是最能幹的不列顛戰
士，被指派火速前往南方。他於一七八一年在諾弗港（Portu Noro）
擊敗海德爾‧阿里，以及一年後被擊敗者的兒子鐵普蘇丹（Tipon

Sultan）與馬拉地人談判簽訂了和約。到了一七八三年唯一還活躍的敵人是法軍，他們希望能夠有進展卻因為簽訂凡爾賽條約而被打住了。英國在美洲雖然失掉了一個帝國，卻在印度得到了另一個帝國。

所有的一連串活動已經花掉了不少的金錢。哈斯廷在財務上或戰略物資都只能得到來自英國很少的援助，因為英國已被美洲、歐洲及海上的衝突弄得筋疲力盡，過度勞累，他唯一可行之途是就地募集援助。孟加拉的居民都很富裕，也感謝英國的武器與統御，使他們生活比較安全，他們應當為所得到的保護付費。哈斯廷也不講情面地如此做，如此一來他就聚集到了基金，可以去拯救孟買與卡納提克人，以及阻止會再度吞沒孟加拉的流血慘劇。批評他的人士及英屬東印度公司中的一些人，很快便指出他募集的兩百萬英鎊只有三分之一用在戰爭上，其餘的都往熟悉的方向流失了，但是哈斯廷對金錢並不在意，返國時並沒有發大財。一七八五年，他離開印度時，居民都對他心懷感激。他並不像此時在印度的其他英國人，因為他講得一口流利的方言，悠游於印度人的族群中。有一次還因為這個緣故被克萊武責難，因為他對於自己的出身與門第感到自豪，對於種族、膚色或宗教的意識都從來不曾影響到他或困擾著他。

開始的時候，哈斯廷在英國受到了歡迎與敬重，他的成就與勝利多少補償在美洲所受的羞辱與災難，而英屬東印度公司對他更有很多要感謝的地方。在他返國的前一年，小皮特（the Yonrgh Pitt）已經通過了「印度法案」（India Act），將監督委員會（the Board of Control）交由內閣管轄，並且霸佔了英屬東印度公司的政治權力。哈斯廷並不贊成此事，雖然這位總督因此擺脫了諾斯構想不周的措施所加諸於加爾各答議會的束縛，卻落到了皮持的朋友兼顧問——被任命為監督委員會主席（President）亨利·鄧達斯（Henry Dundrs）——的手中。事實上雄心勃勃、熱忱、清廉、年輕的蘇格蘭人紛紛開始充實及加強英國在印度的行政管理職位。由於克萊武

與哈斯廷的功勞，他們之中大多數人現在都能夠生活不用接受賄賂等不義之財。所有的一切都很好，但是英國國會卻不容易忘記查塔姆所譴責的「臭氣四溢的弊端」，在英國的「印度地方行政官員」仍舊咄咄逼人、粗俗、喜歡炫耀財富。哈斯廷回國不久後，國會就已經著手調查他的行徑，不過對他個人貪污所做的指控都查無實據，他應付所有黨派的政治家時，態度都高傲，毫不圓滑。國會由伯克・福克斯及謝里登（Sheridan）為首，決心要置他於死地。他在加爾各答一次決鬥中殺傷的菲力普・法蘭西斯，惡意地慫恿他的敵人們搬出古老的彈劾武器來對付他。一七八八年二月十三日，審判在西敏寺廳（Westminister Hall）開庭，審理持續了七年以上，哈斯廷在行政管理的各方面與每項細節都受到鑑查、譴責、支持、誤解或拍掌叫好，最後以無罪開釋。許多的指責都不公平，而且這件案子的審理，卻向公眾與世人宣布英國人民支持伯克的聲明：「印度必須用那些在歐洲、非洲與亞洲及在所有人類中發現的法制加以統治，也就是深植在我們心中、存在於能夠判斷的人類之感情中的平等和人道主義原則來加以管理。」

　　哈斯廷為了支付為自己辯護的費用幾乎破產，不過英屬東印度公司已給予他足夠的金錢使他可以買回戴雷福的故宅。許多年之後，在平民院就印度事務作證時，平民院揭發此事而有損他的榮譽，從此他再也沒有官職。但無論如何，他都比法蘭西的對手幸運，他們之中有幾個人在很早之前就被斬首或是一文不名。後代子孫現在已經挽回了他被輝格黨詆毀的名聲。

　　＊　　　　＊　　　　＊　　　　＊　　　　＊

　　此刻為了方便在英屬印度的故事中做番前瞻工作，英國權勢的廣大延伸伴隨著拿破崙的戰爭。在法蘭西的革命前夕，英屬東印度公司的統治只限於孟加拉省、馬德拉斯與孟買兩地港口周圍少數的海岸狹長土地。到了滑鐵盧（Waterloo）戰後的翌日，它便擁有這個次大陸西北部分之外的所有地方。

　　沃倫・哈斯廷彈劾案是英國人在印度歷史上的轉捩點。英屬東

印度公司默默無聞、才華洋溢的員工本來能夠奪取權勢，但主要的
權勢將不再緊握在他們的手裡，總督的職位此後由身名顯赫，以及
出自英國名門家族的人擔任，例如不被在約克敦投降一事而嚇倒的
康沃利斯侯爵、韋爾斯利侯爵（the Marguess Wellsley）、明托
勛爵（Lord Mintu）、哈斯廷侯爵（Francis Rawdon）、阿然斯
特勛爵（Willan Pitt Amherst）。實際上，雖然毫無名義，這些
總督不受金錢所惑，對於受到倫敦消息不靈通的政府的壓制感到不
耐，他們同時與英國的統治圈保持密切的聯繫，而可以做他們認為
正當的事，並且不必設想後果，的確有很多事情等著他們去做。卡
納提克是馬德拉斯的腹地，在一七八五年由英國給予金援的一位印
度地方行政長官掌管。海德爾‧阿里由蒙兀兒人手中一直伸展到西
部海岸的邁索爾邦奪了過來。他的兒子鐵普蘇丹，夢想支配南印度
所有地區，在他統治邁索爾邦期間造成嚴重不利的局面。在這個半
島的中南部分，海德拉巴（Hyderabad）的尼扎姆（Nizam，即語
「君主」之意）無力地統治著德干，無法維持秩序，而且在理論上
他是德里傀儡皇帝的家臣。除了這些人之外，蜂擁而至的是馬拉地
人，他們是個好戰家族的一個聯盟及兇猛的印度教（Hindw）戰
士。他們戴著輕便武器，騎乘快馬，在攻擊時能夠迅速散開，自古
以來是伊斯蘭教（Mahometan）蒙兀兒人的死對頭，渴望建立他
們自己的印度帝國。孟加拉單獨地躺在不列顛人的掌握中享受太
平，藉仗弱小的緩衝區奧德邦使它免於動亂的影響，但形勢岌岌可
危。

康沃利斯就被迫應付鐵普。在十八世紀的最後十年中，他行軍
前往抵抗鐵普，奪獲了邁索爾的大部分，使鐵普交出他一半的疆
土。康沃利斯的繼任者是毫不足取的人物，在路易十六（XVI）被
斬首的同一年掌權，設法想使戰爭叫停，但是印度的統治者現在用
錢就能雇法蘭西軍官，依歐洲型態訓練他們的軍隊。韋爾斯利侯爵
於一七九八年被留下來撲滅這種威脅。拿破崙在埃及獲勝後，想在
東方尋找一個帝國，願意援助鐵普。鐵普開始建立一支由法蘭西代

為訓練的部隊。法蘭西與英國的鬥爭再度籠罩著印度。印度洋（the Indian Ocean）由法蘭西駐守的模里西斯島（Mauritius）有發動海上攻擊的危險，韋爾斯利快速而果決地採取行動，他向鐵普提出所謂的「附屬條約」（Subsidary treaty），鐵普依約要打發走所有的法蘭西人，解散他的部隊，為保護他的領地而付費給英屬東印度公司。鐵普則寧可一戰，而於一七九九年被逐回到他在賽云帕坦（Seringapatam）的都城後，被人殺死。韋爾斯利併吞了邁索爾處於外面的部分後，並將其餘部分交給曾被海德爾・阿里奪走財產的印度教統治者，可惜他們沒能存活太久，當法蘭西在東方拓展之野心在尼羅河戰役（the Battle of the Nile）中遭到挫敗時，韋爾斯利便把他的注意力轉到卡納提克上面。它的政府已經破產，而且欺壓人民，於是他於一八○一年，用養老金使這地方行政長官退休，並且將它併入馬德拉斯管區（Presidenty），他在同一年開始處理奧德。這個作法十分不如人意，地方行政長官，雖然受到英國的保護，卻任由自己叛變的部隊，與來自歐洲貪婪的冒險家掠奪及剝削他的領地。韋爾斯利也對他加上附屬條件。英國人保證予以保護，他將大部分疆土割讓給英國人，只留下有勒克瑙（Luckhow）周圍的一部分。他遣散了所有為他效力的歐洲人，只有東印度公司批准的那些人除外；同時承諾根據公司的意見進行治理。

最後韋爾斯利處理馬拉地人。幾年前他們就已經進佔德里，抓走了蒙兀兒皇帝，並且要求孟加拉向他納貢。現在他們開始內鬥，首領逃出來向韋爾斯利求助，韋爾斯利幫助他打回浦納（Poona）後，其餘的人因此向英國人宣戰，而且在激戰之後於亞薩耶（Assaye）被韋爾斯利的弟弟——即後來的威靈頓公爵（Duck of Wellington）——擊敗。韋爾斯利也對他們加上附屬條約，奧利薩及德里這個省的大部分都交給了英國人。一位著名的史家寫道：「在七年當中他將印度的地圖改頭換面，並且發動他的國人從事僅半個世紀之後才在阿富汗的山脈停下來的拓居生涯。……這些作為

表面上看起來極其雄心勃勃，而且極爲粗暴。爲了證明他們的理由正當，他們必須辯護，表示在每個案例都考慮到當地居民的利益。十八世紀時的印度就好像是五世紀時的歐洲。韋爾斯利知道英國統治只不過是取代流血、暴政與無政府狀態的另一個選擇而已；在將他的信念轉變成事實的時候，他並沒有虛僞的矜持。羅馬衰亡之後，歐洲花了很多的世紀，使其安定下來成爲人們可以安居的土地；英國當局在印度花了五十年的時間，完成了安居之事【5】。」不過英屬東印度公司持有不同的看法。董事都仍然想要貿易，而非征服。他們敵意甚重，極盡批評之能事，促使韋爾斯利於一八〇五年辭職。

　　他的繼任者──明托勛爵被明白地禁止負起有關任何新的開疆拓土的責任，他在這個短暫的時期中原地踏步，幸好他將韋斯利的安撫工作予以完成，否則便功虧一簣。他強令印度統治者將當地軍隊解散，結果反而將一群失業及心懷不滿的士兵放虎出閘，他們形成搶劫的幫派，並且在把英國的中立看成儒弱表現的馬拉地人幫助下，開始劫掠中印度（Central India）。哈斯廷侯爵於一八一四年被任命爲總督，不得不動用大軍去鎮壓他們。馬拉地人看到他們繼承蒙兀兒帝國的最後機會消逝了，於是叛變，不過被打敗了。他們的首領被罷免，浦納領地（Principality）也被添加到孟買的管區去了。雖然有違英屬東印度公司的意願，它也差不多不由自主，成了印度四分之三地方的主宰了。

【1】　譯注：Tamburlane / Tamerlane，即帖木兒（1336-1405），帖木耳帝國的建立者，先後征服西察會台、波斯、阿富汗、印度直至小亞細亞，卒於東侵中國途中。

【2】　譯注：Thomas Babington，英國政治家、輝格黨議員，著有《英國史》等

【3】　Lord Elton, Imperial Common wealth （1945）.

【4】　譯注：Hgder Ali，又作 Haider Ali（1722-1782），即度邁索爾移斯林統治者，一七六一年成爲邁爾邦統治者，曾數次擊敗英軍，最終敗北。

【5】　J. A. Williamson, A Shat History of British Expansion （1922）.

第九部

拿破崙

第十六章　小皮特

羅金厄姆侯爵長期等待成立政府的機會，最後終於在一七八二年三月成立政府，可惜當時他只能夠再活四個月了。康沃利斯於維吉尼亞的約克敦投降之事，對於英國社會的輿論有決定性的影響。散開的一片黑暗，籠罩著這個雄心勃勃的島嶼與它固執的國王，此時的英國連一個盟邦也沒有，它獨自站在世界戰爭中間，一切都已顯得不那麼如意；法蘭西的艦隊不僅威脅著英國在印度洋的交通線，連貨幣也助長著印度次大陸馬拉地人的希望，它與西班牙的聯合船隊在英吉利海峽中活動頻繁，已經封鎖住直布羅陀，米諾卡島已經淪陷；華盛頓的軍隊在紐約城前面嚴陣以待，美洲大陸會議也不加考慮便矢言絕不單獨媾和。海軍將領羅德尼的確在桑特斯島（the Saintes）的外海大捷中重新掌握了西印度群島水域的控制權，豪將軍於九月化解了直布羅陀的三年之圍。在世界其他地方，英國的勢力逐漸減弱，聲望日益低落。喬治三世的一意孤行，使大英帝國陷入了前所未有的困境。

羅金厄姆於七月去世，謝爾本勛爵受託主持新政。他無意遵照羅金厄姆與伯克長期珍視的方針去統治這個為因應當時主要問題而建立起來的內閣，以便遵照它的集體決定為國王確定政策。這項方針被擱到了一邊。謝爾本想設法任用意見與黨派關係都截然不同的政治家成立政府。但是，由於喬治三世領導的英國政治連年都走向失敗，英國政治架構中個人的忠誠早已蕩然無存，即便這位新首相廣用人才，結果反招致所有黨派人的猜忌。雖然他才能出眾，極富演說才華，思想最為自由開放，不過就像他之前的卡特雷特一樣，各方人馬全都不信任他。不過國王卻發現他甚為可取，全力支持他。可惜三個政治主要派系之間的仇怨難解，也沒有任何一個派系強大得足以維持一個政府。雖然謝爾本得到了那些查塔姆追隨者的支持，其中包括查塔姆年輕的兒子——被任命為財政大臣的威廉·皮特（即小皮特）——但是諾斯仍掌控著相當大的派系，而且在忠

心效力十二年之後，發現國王居然對他冷淡而對此感到憤慨，於是企圖重新掌權。第三個派系是由查爾斯‧詹姆斯‧福克斯為首，曾經對批評諾斯政權不遺餘力，他本身亦很有才華，心地慷慨，可惜缺乏定見。伯克，就他扮演的角色來說，缺少家族勢力，他對實際政治並無多大才幹，自從他的靠山羅金厄姆死後，就沒有什麼影響力了。

即使反對謝爾本的情緒日益成長、擴散，這位首相在談判方面仍展現了十足的長才，他成功地以美洲獨立為基礎，結束了這場世界性大戰。法蘭西政府現已接近垮台，雖然他們曾經幫助美洲殖民地的愛國者，也只不過是希望瓦解大英帝國，除了像拉斐德這樣少數浪漫的熱心人士之外，並沒有人衷心希望在新大陸協助建立一個共和國。路易十六（Louis XVI）的大臣長久以來都不斷地提出警告，表示這種做法可能會動搖他的專制君主制度。西班牙更是直接地反對美洲殖民地獨立，它之所以參戰，主要是因為法蘭西曾承諾為了回報使用其艦隊抵抗英國，會協助其收復直布羅陀。但是十三個殖民地（the Thirteen Colonies）的反叛已在西班牙的海外屬地出現麻煩，直布羅陀並未到手，於是西班牙反要求在北美獲得廣泛的補償。雖然大陸會議已經承諾讓法蘭西帶頭進行和談，殖民地駐歐洲的代表也體會到他們的處境很危險，於是背著法蘭西，並且違反大陸會議承諾的情形下與英國簽訂了祕密的和平草約（secret peace preliminaries）。謝爾本像查塔姆一樣，夢想藉由慷慨讓步來保住大英帝國，他明白自由是唯一可行的政策，而福克斯早已在平民院公開宣布這種見解，促使英國走到這個地步。

位於亞利加尼山脈與密西西比河之間的西部地區是最重要的問題，因為維吉尼亞與中部殖民地的投機客已經在這些區域活躍甚久，他們在大陸會議中的影響力受到有力人士諸如富蘭克林、帕特里克，亨利、李氏家族與華盛頓本人的支持。由於塞繆爾‧亞當斯與約翰‧亞當斯領導的激進新英格蘭人並不關心這些西部地區，所以他們同意，如果英國人承認北方殖民地在紐芬蘭沿海有捕魚的權

利，他們就要求完全割讓這些西部地區。

謝爾本從未反對殖民者渴望得到西部地區的態度，唯一難以解決的是加拿大邊境。富蘭克林與其他人都要求得到加拿大整個地區，但謝爾本知道，若是屈從此項要求，他的政府將會垮台。經過數月的談判，雙方終於同意畫定一條邊界，由緬因的邊界開始到達聖勞倫斯河之後向上游延伸，通過五大湖區，直至它們的源頭。在這條邊界線以南，密西西比河以東、佛羅里達邊界以北的一切地區，都成了美國的疆域。這是截至此時，這項條約最重要的成果。謝爾本表現出偉大政治家風範，他的讓步阻止了英國與美國的邊境戰爭，唯一的受害者是到此時其活動已由魁北克省延伸到俄亥俄河（the Ohio）流域的加拿大皮毛公司，但是這個付出的代價很小。將捕魚權給予英國之後，總算使北部的幾個州感到滿意了。

英國政府企圖解決兩項爭執：一是美洲商人償還戰前拖欠的未付債務，二是保證十萬名美洲忠王派的安全。謝爾本力求解決這兩個問題，但是美國人表現得一點也不大方，因為他們心知肚明，自己已穩操勝算，英國政府不敢因為這些比較次要的問題而中止談判。結果和約上僅規定：「英美雙方的債權人將為了收回他們的債款而接觸時不受法律的限制」，大陸會議：「應當盡力勸告有關的幾個州歸還忠王派的財產」。只有南卡羅萊納對忠王派財產表現出諒解，而且四、五萬名「大英帝國的忠王派分子」被迫遷移到加拿大建立新家。

法蘭西現已與英國媾和，兩國於一七八三年七月宣布停戰，同年於凡爾賽簽訂和約。法蘭西人為了保住他們在印度與西印度群島的屬地，保證可得到在紐芬蘭沿海捕魚的權利，也重新佔有非洲海岸塞內加爾的奴隸買賣地點。重要的產棉海島托貝哥（Tobago）割讓給了他們，然而除此之外他們幾乎沒有得到任何具體收穫。不過，他們的主要目標總算達成了。十三個殖民地已經從大英帝國手中撤走了，英國在世界的地位似乎已受到嚴重的削弱。

西班牙被逼著加入這個和平方案，它對美洲的野心已經冰消瓦

解了，在這個戰區中唯一的收獲是英國在佛羅里達的兩個殖民地，但這也是以英國控制直布羅陀爲代價才得到的，它已經征服了戰爭期間英格蘭在地中海的海軍基地米諾卡島，而且也順利在和約中保住了這個島。荷蘭由於盟國的背叛而被逼與英國談和。

　　當時所謂的世界大戰就這樣子結束了。一個新的國家已在大西洋對岸誕生，並且躋身於萬邦之列，成爲未來的泱泱大國。大英帝國已經倒下去了，雖然英國受到了重擊，但是依然不畏不懼。

　　英國能由這場劫難中脫身，純屬謝爾本的功勞，他在不到一年的時間裡，將和平帶給了世人，並且談判妥折衝使它能夠屹立，他如此爲國辛勞，但卻少受人感戴，原因是他在任職八個月後，於一七八三年二月辭職，後來受封爲蘭斯多恩侯爵（Marquis of Lansdowne）。他的後裔從那時起便在英國政治中扮演名聲卓著的角色。繼謝爾本政府之後者是諾斯與福克斯刻板的聯合政府，據說此一聯合政府甚至對於那個朝秦暮楚的時代而言，更無法令人容忍。福克斯以猛烈抨擊諾斯的行政管理而揚名，五年之前他還曾經公開宣布，與諾斯的任何合作都太荒謬，連片刻都無法容忍，如今，他們的聯合呈現於世使公眾大感驚愕。謝爾本政府是靠著它的任務而生，福克斯與諾斯政府卻連立足的據點都付之厥如。不到九個月的時間，這個政府也就土崩瓦解了。倒台的直接原因是，福克斯企圖得到人民的稱讚，而起草改革印度政府的法案，他計畫將現在亞洲廣大疆土的統治者——東印度公司——交給倫敦某個政治委員會做些許程度的控制，批評他的人很快就指出，廣大的權力將會歸到這個政治委員會的手中，貪瀆將增加到無法預測的地步，只有堅決支持政府的人才會希望從中獲益。所有的黨派團體，除了福克斯個人的追隨者之外，全都敵視這項提案。

　　喬治三世國王摧毀了福克斯與諾斯這個理政無方的政府，期望使自己重孚人望，黨派問題與個人問題同樣在這個災難的壓力下變弱了，喬治三世體會出若能找到合適的人選，他就有機會改換政府。喬治三世發現平民院中只有一人沒有捲入過去的紛爭，他就是

偉大的查塔姆的兒子威廉·皮特，倘若他缺乏國會勢力所依靠的傳統條件，但他至少與完全信譽掃地的政府毫無瓜葛。在謝爾本執政期間，威廉·皮特已任財政大臣，名聲高潔無瑕。一七八三年十二月，喬治三世請皮持組織政府，這是他長期統治中最傑出的行動。舊的國會機器已經失靈，只要一垮台，新的聯合就接替了它的位置。往後二十年的形勢證實了這個聯合的努力是正確的。

　　　*　　　　　*　　　　　*　　　　　*　　　　　*

美洲殖民地的起義活動已經粉碎了十八世紀英國人的自滿，人們開始研究這場災難的根本原因，「改革」這個字眼到處可聞。英國統治制度的缺陷顯然已造成殖民地亟欲脫離母國，所有英國人的心裡都想到美洲殖民者用來反對母國的論據，並且質疑英國憲政的完美與否；有些人開始要求對國會中的代表制做若干改革，不過這些要求都很溫和、正派。改革派的主要目標是要增加選舉國會平民院議員的市邑數目，以減少政府貪瀆的可能性，還有人提出關於普選權以及民主代議制的其他新理論。改革派的主要人物是大地主與鄉村教士，例如約克郡的克里斯托佛·威維爾（Christopher Wyrill），再不然就是資格老練、地位穩固的政治家，例如艾德蒙·伯克。他們完全同意國會既沒有也不需要精確地代表英國人民。對他們而言，國會代表的並非個人，而是「利益團體」——地主利益團體、商業利益團體，甚至勞動者利益團體。即便如此，他們都強烈地視土地為國家生活堅實的與不可或缺的基礎。這些富裕的理論家對於政治腐敗散布快速的情形感到很苦惱，這種情形部分是由於輝格黨的制度是透過王室的支持來控制政府，部分是由於新的工商業階級購買國會中的席次所造成的。屬於東印度利益團體的「印度地方行政官員」，在西敏寺出現。同時，金權侵入了政治領域，擴大了腐敗貪瀆的範圍，威脅到地主階級的壟斷政治。因此在政治集團的行動既不過激，也並非涵蓋甚廣。伯克在一七八二年制定的經濟改革法（Economic Reform Act）表達了這些人的主張，取消曾經在辦理選舉的某些政府官員之選舉權。這是伯克有意又不太熱

心地推出的計畫版本。沒有人企圖對選舉權做一般性的改革；當人們談到英國人的權利時，指的是堅毅的自誇是國家棟樑自耕農階級，想要增加他們在郡縣中的影響力。許多早期的改革計畫都是學院派企圖保持農村利益的政治權力與均衡之舉。十八世紀英國的個人主義並未採取空談教條的形式，基本原則發表時，常令英國人感到不悅。約翰・威爾克斯大膽又成功的擁護臣民在法律之前的自由，但是整個的是非爭議都集中在一般逮捕令實際卻很狹窄的合法問題上面。湯姆・潘恩的煽動性小冊子已經在某些階層中廣爲流傳，但是國會幾乎沒有聽到有關人的抽象權利。改革的浪潮在英國奔流，還在地方偏見方面造成漩渦。

不過，在以土地爲基礎的社會上建立均衡的政治制度的夢想，正變得愈來愈不眞實。十八世紀的最後四十年當中，出口與進口總額增加了一倍多，人口也增加了二百多萬。英國正在默默地從事工業與農業方面的革命，這場革命比這時代的政治騷動更加具有深遠的影響。蒸汽機爲工廠與鑄造廠提供了新的動力來源，使工廠與鑄造廠迅速增加。運河的網絡也建立起來，可以廉價地將煤運到新的工業中心。新的精煉法使鐵的生產增加了十倍。具有堅硬耐用路面的公路延展到各地，把全國更加緊密地連結在一起。日益擴展且信心十足的工業社會正在形成。城市工人階段的快速成長、圍地與改進農作方法使小地主漸漸滅絕。製造業的突飛猛進、日加興旺的中產階級應運而生，而必須在王國的政治結構中找到一席之地。這一切都使得改革派的要求顯得不足。社會正興起了一場劇變，地主們於一六八八年得到的壟斷地位已不能維持。

人民情感與智識的生活也起了深刻的改變。美國革命的成功使英國人必須自力更生。他們內心自省，發現自己的自鳴得意與反常心理已無法抵擋公眾的眼光。約翰・衛斯理（John Wesley）的宗教復興運動已經打破了「理性時代」（the Age of Reason）冷漠如石的外表。衛理公會教派活動（the Methodist movement）使人們產生的熱情與它對貧窮的下層人士進行傳道，加速了十八世

紀世界普遍的瓦解。長久以來都支持輝格黨的不信任國教者，其財富與重要性都已增加，並重新抨擊英國國教大權獨攬，於是他們被禁止進入國會與選舉權無緣。但他們因為心智富有想像力於是形成了有智識、有衝勁與心懷不滿的團體。簡而言之，這些就是威廉‧皮特二十四歲出任英國首相時所遭遇到的騷動與難題。

　　　　＊　　　　　＊　　　　　＊　　　　　＊　　　　　＊

　　使皮特掌權的選舉是這個世紀規畫最仔細的選舉，有人認為，人們反對喬治三世親自執政的強大浪潮使得皮特出任首相。事實上，喬治三世曾向皮特求助；以財務大臣約翰‧魯濱遜（John Robinson）這位幕後人物為首的國王代理人，所建立的整個選舉機構都交由這位年輕的政治家處置。一七八三年十二月，魯濱遜與皮特在摯友亨利‧鄧達斯（Henry Duudas）[1] 位於萊斯特廣場（Leicester Square）的府邸會晤。魯濱遜草擬了一分關於選舉區的詳細報告，並使皮特深信可以獲得平民院多數的席位。三天之後，福克斯與諾斯被國王免職，接著產生的選舉就創造出威廉‧皮特保留十九世紀的多數勢力，證明他們的這個計畫很有道理，全國民眾都接受這次選舉結果，視作是全國人的真正認可。

　　這個多數勢力以許多分子為基礎，如皮特個人的追隨者、喬治三世交給他處置的「王室勢力」（Party of the Crown）、立場超然的鄉紳、因福克斯企圖抑制他們的政治權力，而漸行漸遠的東印度公司利益團體，以及由鄧達斯為首的蘇格蘭議員。這個隊伍實在罕見，代表著有廣大民眾支持的基礎。皮特並無意步諾斯勛爵的後塵，他看起來正將國王由行事不擇手段的政府中拯救出來，所以托利黨人都支持他，而輝格黨人也記得他曾經拒絕加入諾斯內閣與曾經擁護改革國會制度，即使與他毫無關係的「老幫派」（the old gang)失敗了，導致國家顏面無存，並且毀了國家的財政，但是這位態度莊重、少年老成、滔滔善辯、不會貪瀆，而且苦幹的年輕人，遂以他父親的名聲為基礎屹立在權力的高崗上。

　　他在壯年時，少有稔友，唯獨兩人——亨利‧鄧達斯與威廉‧

威爾伯福斯（Willian Wilberforce）——在他的一生中扮演決定性
的角色。鄧達斯是位性情好、隨遇而安的唯物論者，也是十八世紀
政治風氣的體現者。當時的政治盛行賄選，以錢來買國會席次、盡
情享受官位、在幕後發揮影響力以及懷疑一切。他掌控著蘇格蘭的
選民與東印度公司在政治上的效忠，因此是位不可或缺的盟友，而
且他將國會中新的多數派團結在一起。至於皮特本人，雖然不貪
瀆，卻很依仗十八世紀政府機制的支持。

　　另一方面，唯一得到皮特信任的人是威廉‧威爾伯福斯，他是
皮特在劍橋時期的朋友，篤信宗教並且有崇高理想，是這位年輕首
相良知的守護者。他屬於新世代，質疑十八世期令人厭惡的自鳴得
意，他身邊四周的那群人被稱爲「聖徒」，這個稱呼並無貶抑之
意，他們在平民院中形成一個緊密的團體，首要的政治目標是廢除
販賣奴隸。他們汲取「福音會教徒」（Evangelical）或「低教會派」
（Low Church），英國基督教聖公會中的一派，主張簡化儀式，
反對過分強調教會的權威地位，比較傾向於清教徒的宗教熱情。查
塔姆的兒子——威廉‧皮特就駕馭著這兩股對立的勢力。

　　這個時代最偉大的演說家福克斯與伯克都是皮特的對頭，他們
高談著宏大的改革計畫。然而皮持受到鄧達斯的幫助，以靜靜的、
就事論事的方式重新構建國家實際可行的政策，可惜他的追隨者形
形色色，限制住了他的行動範圍，眾多的利益團體，使他早期上任
的希望成空而志不得伸；他未能立法反對販賣奴隸。威爾伯福斯與
他的「聖徒」一直受到布里斯托（Bristol）與利物浦兩地商人的阻
撓，這些商人都是政府的支持者，皮特拒絕疏遠他們。由於皮特的
努力如此微不足道，使得多數人開始懷疑他身爲改革派的眞誠；廢
止販賣奴隸還必須等到福克斯再度上台的時候才實現。但是威爾伯
福斯從不允許別人懷疑他的朋友，他會對此加以責難，並且一直相
信皮特在國會所作的判斷。

　　皮特在未來還需要有極大的耐心，因爲他的支持者都很固執、
善妒且常心存不服，使他想要改革愛爾蘭政府的企圖遭到挫折，而

這種改革在失掉美洲殖民地之後是勢在必行。僅在苦戰之後，皮特與鄧達斯才說動平民院通過「印度法案」（India Bill），成立像福斯所提議，但又似乎比較無效力的監督委員會。這個機構一直維持到六十年以後印度叛變（the India Mutiny）之後。鄧達斯因為獲得管理這個委員會之權，他手中的權力就這樣大大加強了他的政治地位。一七八五年四月，喬治三世國王與市邑的議員毀了皮特的另一個希望，他們否決了他所提的國會改革措施。

如此一來，皮特一上台便被十八世紀的政治勢力征服了，他未能廢止販賣奴隸，未能解決愛爾蘭問題，也未能使國會更加代表全國。不過他就任早期有一項成就，就是「印度法」（India Act）。不過這項法不但沒有減少反而增加了政治腐敗的機會。他十分清楚地看到改革的必要與道理，但他寧可常常與抗拒的力量妥協。

＊　　　＊　　　＊　　　＊　　　＊

皮特在最實際且最迫切的難題──整頓與重建國家的財政──上最有成就。他為財務部創立了管理明智而不尚貪瀆的傳統，這傳統至今猶存。他的內閣歲月，適逢經濟思想暨貿易思想的風起雲湧。一七七六年，亞當・斯密所著的《國富論》（the Wealth of Nations）出版，在整個教育界名聲鵲起。皮特深受這本書的影響。第一個大英帝國信譽掃地，幾乎已經由地圖上消失了。另一個在加拿大、印度之間的對蹠之地正在發展起來，以及包括詹姆斯・科克船長（Captain Jarnes Cook）[2] 剛繪入航海圖且將很少為人所知的南方大陸（the Southern Continent）。但是緊密經濟帝國單位的概念──即殖民地在貿易事宜上永遠受母國的管轄──它們與其他國家的貿易來往都應受到全面限制，己經證明是極為有害的。現在時機已經成熟，應該揭櫫自由貿易的原則了。亞當・斯密以堅定、譏諷的文章痛斥重商主義（Merchutilism）。皮特深信亞當・斯密之說。他是英國第一位相信自由貿易的政治家，有好一陣子他的托利黨追隨者也接受這種理論。老舊、牽涉不清的關稅壁壘制度首次做了有系統的修正。總共有六十八種關稅，有若干貨物都

須繳交許多個別的累加稅；一磅荳蔻至少應當要付九種不同的關稅。皮特於一七八四年與一七八五年，對這種混亂稍有整頓，全面的關稅改革，最先且顯著效果的是走私的情形大為減少。

進一步的改革，鞏固了歲收。我們一定得將現代「預算」這個辦法歸功於皮特。他招了一些能幹的官員，重新整頓歲入的徵收與支付，成立審計處（the Audit Office），取消財務部的許多閒職。國家財政的情形實在很可悲。一七八三年年底，國會為了戰爭而撥出的四千多萬英鎊軍費全都帳目不清。政府的信譽很低，內閣不為人所信任，高達二億五千萬英鎊的國債比沃波爾主政時代增加了一倍半以上。皮特決心使歲收有所盈餘，用來減輕龐大的國債負擔。

一七八六年，他為此目標引進一項法案。每年準備一百萬英鎊購買股票，將利息用來減輕國債，這便是時常遭到批評的「償債基金」（Sinking Fund）。這個計畫有賴於每年歲收的節餘超過支出。後來，沒有節餘的時候，皮特都時常被逼著用以高利率借來的錢維持「償債基金」。對於採取如此所費不貲的手續，他所持的理由是屬於心理方面的。國家財政的健全與否，由「償債基金」中的數目來評斷；數目若大，倫敦金融界便會對財政產生穩定的印象。後來貿易復甦、經濟益加繁榮，十年便付清了當時很可觀的一千萬英鎊。

一七八六年，海關與國內稅各局合併，監督委員會重新改組以它現代的形式成立。但是皮特理政最驚人的成就是與法蘭西談判伊登（Eden）條約──亦即根據新的經濟原則而簽訂的首項自由貿易條約。皮特手下一名能幹的年輕官員威廉‧伊登（Willian Edon）奉派往巴黎談判，期望使法蘭西對英國棉製品降低關稅，同時表示英國也將對法蘭西的酒類與絲製品降低關稅，這兩種商品都未與任何英國產品競爭，但是蘭開郡棉製品的出口損害到法蘭西東北的紡織製造業者，並且使其受到此一開明措施波及的法蘭西工業階級益增不滿。

　　對皮特而言，進一步的重建與改進希望被歐洲的戰爭與革命粉碎了，造成他個人的悲劇。他的天賦主要在於工商管理方面，他最偉大的紀念物是他有關財政的論述，他精通數字。如柯爾律治（Samuel Taylor Coleridge）[3] 所言，皮特的心智發展過早，沒有「大智若愚的徵象，也不像智力日增的人」。他發現他難與他人相處，他進入權力圈後便與其他人斷了聯繫。由一七八四年一直到一八〇〇年，他都不與人來往，只在倫敦狹窄政壇與他在普特尼（Putney）的宅邸之間來去。他對於這大都會以外地區的人的生活一無所知，甚至在平民院與政治俱樂部當中，也與人保持疏遠。

　　皮特非常清楚十八世紀英國的經濟變遷，卻對國外政治的狂瀾不很敏感。他堅信不干預原則，不為法蘭西舊政權的崩潰所動。他不動聲色，冷眼旁觀國會中他的兩位反對派領袖福克斯與伯克就這個問題而起的爭執，他只關心其他的議題，如果法蘭西人決定反對他們的統治者，那是他們的事。如果想要像英國建立君主立憲，那或許是件好事，只不過這全然在皮特的考量之外。皮特首相對於輝格黨反對派熱心支持法蘭西革命分子的事充耳不聞。伯克與其他人相信，英吉利海峽對面政局的不安會危及英國的君主制度，也會危及文明社會的種種原則，但皮特對伯克等人的警告全都不予理會。

　　一七八九年到一七九三年，當時巴黎與法蘭西各地興起可怕且使世界動搖的動亂，震撼人心。英國政治卻處於寧靜平凡的氣氛中，彷若處於真空狀態。目睹此種情形確是了不得的事。關於預算的演說、諮議大臣愛德華勛爵（Edward Thurlow）因為對皮特有陰謀而被免職的事，說明內閣所有成員應互相忠誠與意見一致、反對販賣奴隸的動議，全都成了來自倫敦的新聞。皮特決心避開山雨欲來的歐洲衝突，因為他深信，如果任由法蘭西的革命分子自行整頓門戶處理內政，英國就可以避免捲入戰爭，於是他一成不變地避免發表能被闡釋成挑釁或表現贊同的言論。他無動於衷地注意反對派氣勢洶洶要求以武裝運動去對付不開明的專制政治。反對派擔心奧地利與普魯士的君主會干預並弭平法蘭西革命，他們以福克斯為

首，在戰爭中看到了破壞皮特大權獨攬的希望。但是伯克說：「對
個人的影響而言，自由是他們可做他們喜歡做的事；我們必須在冒
險恭賀之前，先看看採取什麼行動會使人們高興。」他的看法比較
接近全國普遍的情緒。王室對於法蘭西君主的困境表示同情，如果
干預變成了不可避免，王室自然偏向支持路易十六。皮特不偏不倚
維持中立路線，並且以他特有的倔強，堅持中立立場，超過了充滿
動亂的三年。

【1】　譯注：Henry Duudas，即梅爾維爾爾子爵（Viscount Melville）。
【2】　譯注：the Southern Continent 即澳洲大陸。
【3】　譯注：Samuel Taylor Coleridge（1772-1834），英國詩人、評論家、著
　　　名詩作有《忽必烈序》與《古舟子詠》等。

第十七章　美國憲法

　　美國獨立戰爭已成過去，十三個殖民地可以自由創造自己的生活，這一場奮鬥已經對原始的政治組織產生了很重大的影響，它們依據一七七七年簽署的「邦聯條款」（the Articles of Confederation），設立了一個虛弱的中央政府，它的權力只相當於殖民者可能容許英國王室所享的權力，他們的大陸會議既沒有權力也沒有機會在如此廣大的土地上、於革命與戰爭的廢墟中創立秩序井然的社會。

　　美國最強有力的分子，是來自內陸邊境地區的小農民，他們為陸軍供應兵源，而且在大多數州內根據民主方針重新制定了憲法，控制著立法機構，小心地衛護著自州的權利。戰爭結束後，大陸會議所代表的聯邦（the Union）可能在戰後的壓力下喪失功能。美國社會被強大互起衝突的利益團體弄得四分五裂，農民積欠城市居民很重的債務。大陸會議濫發紙幣造成通貨膨脹，到了一七八○年，一美元金幣值四十美元紙幣，每個州都承受著債務重擔，為了償還利息而徵收的稅賦讓人們不勝負荷，各處都可以看到貧困的小農民出售財物，發國難財的人則乘機崛起。在美國社會中，債務人與債權人之間、農民與商人兼金融家之間的鴻溝日益擴大，帶來了日益加深的經濟危機動盪與不安。希望延長債務期限的運動廣布四方。在麻薩諸塞州，農民與退伍士兵都因擔心貨款抵押品收不回來而起義舉事。一七八六年秋，丹尼・謝斯上尉（Captain Daniel Shays）率領一夥武裝農民企圖攻擊郡法院。人們都非常為擔心這樣的事件會如野火燎原。華盛頓本人像克倫威爾一樣擁有大批財產，他寫道：「每個州都有易燃物，一絲火星就可能使它著火。對於已經發生的失序情形，我的感受比筆墨表達的多到不知何種程度。」

　　不僅國內的情形需要採取行動，和約中若干棘手問題也都未獲解決。償還英國商人的債務、補償忠王派的損失、撤離英國在加拿大邊界上的貿易站與要塞，在在都亟須儘早解決。英國政府正在立

法抵制美國貨運。西班牙在佛羅里達重新安頓下來，防止美國在西南部的拓展活動。法蘭西也感受到驚天動地的鉅變即將來臨，美國與法蘭西正式結盟。有遠見的人察覺到另一場世界衝突迫在眉睫。各州的失序使美國呈現混亂，全國未統一且欠缺組織，似乎很容易成為外國勢力野心的獵物。

城鎮市民日益要求修正「邦聯條款」，謝斯的起義刺激起行動，一七八七年五月，來自十三個州的代表在費城開會討論此項事宜，堅決主張建立強大中央政府者佔絕大多數。農民領袖者[1]之一的維吉尼亞的帕特里克‧亨利拒絕出席，他們之中最偉大的人物湯瑪斯‧傑弗遜因駐節巴黎而未到會。這次大會中有位領導人物叫亞歷山大‧漢彌爾頓（Alexander Hamilton），他代表紐約市極有權勢的商業利益團體。這位相貌英俊、富有才華的人，是西印度群島一位商人的私生子，在戰爭期間於華盛頓的幕僚中迅速嶄露頭角，他後來進入紐約上流社會，擁有美好的婚姻。他憑自身能力而進入統治階級，且認為統治階級應當繼續統治。現在他成了要求能幹的中央政府以及限制各州權力者所肯定的領袖。歐洲面臨的危機以及民主制度所受的威脅，促使這些人在代表大會（Convention）中展開高層次的辯論。大多數的代表都贊成聯邦政府（Federal Government），但是還在為方法與細節爭辯不休，許多歧見與討論互相抵觸。較小的州急於想在十三個州這個大社會中保留平等地位，嚷著反對聯邦政府的代議席位簡單地以人數為基礎。

所有的代表都來自大西洋海岸地區久已建立的中心，但是他們不自在地體會到，自己的權力與影響力不久就會受到西部人口成長的威脅。在俄亥俄河與亞利加尼山脈以西的廣大土地，已被大陸會議規定的，任何地方只要擁有六萬自由的居民，就可基於平等加入聯邦。那裡的人口正在拓展，他們要求自己的權利只不過是時間的問題。四海知名的十三個州會發生什麼事呢？它們曾經將英國人趕走，它們有某種正當理由感到自己比起這些遙遠的半拓居區域的居留者（denizen）更加知道政治與聯邦的真正利益所在。來自賓州

的古韋納爾‧莫里斯（Gouverneur Morris）──他有這不同尋常的教名由他的母親名作家古韋納爾小姐（Miss Gouverneur）所取──這麼說：「人們常棲息的地點，並非遙遠的曠野，而是適當培養政治人才的學校。如果西部地區的人民掌權在手，他們將會毀掉大西洋沿岸居民的利益。」這兩點都很正確。大西洋沿岸各州有財富兼經驗，但是新西部地區有充分資格加入聯邦；在費城參加大陸會議的代表也沒有採取任何防止新西部加入聯邦的步驟。一旦東、西部發生衝突，西部似乎顯得比較有力量與前途。大陸會議代表都心懷疑慮與焦慮地開始制定美利堅合眾國憲法（the Constitution of the United States）。

這項憲法是分簡明扼要的文獻，它界定了新中央政府的種種權力，設立了一位行政首長──總統。總統由州議會推舉的選舉人間接選舉產生，任期四年，有權否決國會的法案，但是也會受彈劾；他是軍隊統帥與政府最高首長，僅對人民負責，完全不從屬於立法機構。眾議院（the House of Representatives）以人口比例爲基礎，二年一選。但是這種對民主原則的讓步，由州議會六年一選而設立的參議院（Senate）予以抵消。參議院保衛有產階級的利益而不受憑藉人口比例原則而選出的眾議院的壓力，以及通過與總統共享任命官員與簽訂條約的權力來控制這個權力很大的政府機構。最高法院（Supreme Court）位於這憲法體系的頂峰，由總統提名，並由參議院批准、終身任職的法官組成，它擔負起司法監督的任務，不僅強制監督國會通過的法案，而且還有州議會通過的法案，以確保它們符合憲法。

上述情形就是一七八七年九月在費城設計出來的聯邦機制。在它本身範圍內，至高無上的國家威權逐漸建立起來。但是這個權限範圍有嚴格的界定與限制，依憲法而授的一切權力不是歸聯邦政府，就是操在州的手裡。這裡並沒有喬治三世在西敏寺的大臣曾經試圖行使的中央「專制政制」。這個歷經艱難困苦而奮鬥建立的新國家，此後就由世界前所未聞之物──成文憲法──予以鞏固。此

項有權威的文獻，一眼看去便與英國成文憲法中的許多傳統與前例
呈現出鮮明的對比。它未含有革命性的理論，也非以法蘭西哲學家
挑動歐洲的著述爲基礎，而是將英國舊學說重新表述，以應付美國
的急迫需求。這部憲法重申英語民族信奉許多世紀以來痛苦演進的
原則，它將英國人經年累月關於正義與自由的觀念奉爲神聖，此後
在大西洋的西岸將被視作美國的基本觀念。

當然，成文憲法本身帶著僵硬刻板的危險，但是又有什麼人能
夠預先立下解決未來世代難題的規矩呢？在費城的代表們深知這一
點。他們做了憲法可以修正的規定，擬定的文獻在實踐方面比較靈
活且允許人修改憲法。但是任何提議的更動，都會遵照開國元勳的
指導原則，必須在討論及辯論中通被全國接受才行。憲法主要的目
標是保守的，將保護各州的原則與機制，不容許隨意、任性與考慮
不周的竄改。美國人民根據基本的學說建立了政治制度，這個制度
將受到尊敬與忠誠對待，像英國給予議會與王室同樣的尊敬與忠誠
對待。

＊　　　　＊　　　　＊　　　　＊　　　　＊

接下來得將憲法公布於眾。代表們都預見奉行民主與孤立主義
的州議會會否決它，因此建議召開地方代表大會，對新的治國方案
進行投票。漢彌爾頓與羅伯特・摩里斯（Robert Morris）的強大
而組織完善的團體已經變成知名的聯邦黨（the Federal Party）。
他們二人希望所有與國家息息相關的人（使其中有些人即不願在戰
爭期間爲了各州的行政管理而建立革命團體），都能看出新憲法的
意義與道理並且限制極端分子的影響力。

對於邊遠莽林地區的居民，以及小農民的農業民主政治領袖
而言，這部憲法似乎背棄了革命，他們扔掉了英國的統治得到地方
自由，現在卻創造另一個更有力與具強制性的機構。即便有人告訴
他們，說他們正在爲人權（the Rights of Man）以及個人的平等
而奮鬥，他們也知道這部憲法旨在保護財產、反對平等，但仍在日
常生活中感到合約與債務的背後，有強大的利益團體在壓迫他們，

但是他們群龍無首。即使如此，在維吉尼亞、紐約和其他地方，對於憲法的通過都有激烈的爭辯。傑弗遜擔任外交任務駐節巴黎，焦慮地沈思新政權的問題。但是漢彌爾頓與摩里斯一夥人在一系列稱為「聯邦黨人」（The Federalist）的公開信件中宣傳得有聲有色並佔了上風。

「聯邦黨人」信件是美國文學中的經典。在當時源源不絕的爭議性著作當中，其中所含的實用智慧有如鶴立雞群，作者關心的並不是有關政治理論的抽象論點，而是威脅美國的眞正危險、現存聯邦的弱點，以及新憲法各項條款中值得辯論的益處。漢彌爾頓、約翰・杰伊（John Jay）與詹姆斯・麥迪遜（James Madison）都是主要的執筆者，前兩位都是紐約人，麥迪遜是維吉尼亞人，沒有一位作者是來自新英格蘭，這地區已失去了它以前在國內的顯著地位。這幾個人的人格與見解都大不相同，但全都一致認爲在憲法中建立全民信念是十分重要的。唯有這樣，十三個州中許多不協調的聲浪才能夠趨向和諧。他們在這方面的成就以及可以持續成功多久，都在他們撰稿以來已經消逝的一又四分之三個世紀中得到見證。「聯邦黨人」信件所建立的信念，至今仍受到美國人民的擁戴。

「聯邦黨人」信件力稱：自由可能被濫用而成爲放縱。美國必須建立有秩序、實現安定與成立有效率的政府以避免災難。一位聯邦黨人在其中一篇信中有力並且全面地陳述了這個長存的問題。

人類獲得財產權的才能五花八門，因人而異，這種不同正是不可超越的障礙，而使人無法擁有同樣的利益。保護這些才能是政府的首要目標。由於人們有保護不同的、不平等的獲得財產之能力，因此便產生了持有不同程度與不同種類的財產之現象。這些財產對於各個所有者（Proprietor）的感情與看法的影響，使社會分成不同的利益團體與黨派。

派系之爭的潛在原因就在人的天性裡面；而它在公眾社會的不

同環境中，在每個地方都引起不同程度的活動。對不同言論的渴
求，已經將人類分成黨派，並且互相煽動、憎恨，使他們更加傾向
折磨與壓迫，不願爲了謀取共同益處而進行合作。但是最普遍與持
久的分裂來源是對財產所做的各種不同的、不平等的分配；有產者
與無產者形成了社會中不同的利益團體；債權人與債務人都曾受到
歧視。地主利益團體、製造業主利益團體、商人利益團體、金融家
利益團體，以及許多較小的利益團體，都在文明國家應運而生，而
且將這些國家分化成被不同的感情與看法驅使的不同階級。規範不
同及互相干預的利益團體，便成了現代立法活動的主要任務，使黨
派之見捲入政府日常的必要活動之中。

　　他們的對手也以印刷品從事反擊，可惜徒勞無功。維吉尼亞州
的理查德・亨利・李寫道：「因爲我們有時濫用民主，有人遂視民
主的支脈爲討厭之物，但我並不與那些人爲伍。」每位基於深思的
人都可看出，現在提議要做的變更是將權力由多數人手裡轉到少數
人手裡。在這派系鬥爭以及聯邦黨與激進派的衝突當中，十一個州
在十八個月內批准了憲法，羅德島與北卡羅萊納又袖手旁觀了一段
時間。新大陸對社會革命極度不信任，社會上兩大派別之間的鴻溝
仍舊無法跨越。相信人權的人被逼著等待時機，那些像漢彌爾頓一
樣害怕暴民參與政治，與體會到極需定居與秩序，以及保護太平洋
沿岸地區有產利益團體的人已經贏了。

　　一七八九年三月，新的聯邦議會召開會議，參議院與眾議院都
難以達到法定人數，反對憲法者對此感到欣喜若狂，新政權中似乎
沒有一點活力與熱忱。就在這個月底，足夠的議員抵達政府開會的
紐約，他們的第一件事就是選舉總統。喬治・華盛頓是革命時的指
揮官，顯然是位人選，他無私又勇敢、有遠見有耐心、冷靜且直
爽，一旦打定主意便不動搖，擁有形勢所需要的天賦，但他不願意
接受官職，認爲沒有什麼比在蒙佛農（Mount Vernon）過平靜、
活躍的退休生活更能使他感到愜意。但就像以往常見的情形一樣，

最後他還是擔負起職責。當古韋納爾‧摩里斯大義凜然,寫信給華盛頓時說:「權力的行使視個人的性格而定。你冷靜、堅定的脾氣,是新政府展現氣慨時不可或缺的。」他所言不無道理。

關於官銜與地位高低的問題引起了諸多混亂與討論,招惹批評人士的嘲笑,但是華盛頓的聲望使這新設的總統添上了尊嚴。一七八九年四月三十日,在紐約新落成的聯邦大廈(Federal Hall),華盛頓鄭重其事地宣布就職,成為美利堅合眾國的第一任總統。一個星期後,法蘭西議會(the French States-General)在凡爾賽舉行會議;另一次大革命即將使一個惶惑的世界感到震憾。脆弱的、未曾測試的美國統一與秩序結構正好及時建立了起來。

＊　　　＊　　　＊　　　＊　　　＊

許多的細節問題還有待安排。第一步是要通過「權利法案」(Bill of Rights),批評人士不滿之處是憲法中居然缺少類似這種基本的主張,於是納入十項修正案(Amendment)。其次是一七八九年的「審判法」(the Judiciary Act),使最高法院成為聯邦機制中最令人敬畏的部分。史家查爾斯‧奧斯汀‧比爾德(Charles Austin Beard)[2] 與瑪麗‧瑞特‧比爾德(Mary Ritter Beard)[3] 夫婦合寫道:

法律加以評盡闡釋的細節規定,最高法院由一位法院院長(Chief Justice)與五位陪席法官組成,各州有聯邦地方法院(Federal District Court)以及一名檢察官(Attorney)、法官(Marshal)與適當數目的副手(deputy)。這就是創立的權力機構,以便使中央政府的決定成為由新罕布夏(New Hampshire)至喬治亞,由(大西洋)沿岸地區到邊境的每個社會中充滿生氣的力量。……「審判法」的制定者還別出心裁設計了一個可以向最高法院上訴的制度。地方政府的措施與聯邦憲法產生衝突時,都可以藉這個上訴制度使地方政府的措施變成無效。……簡而言之,在美利堅合眾國的領土之內,重新建立了昔日大英帝國對殖民地議會的

控制，控制權則操在間接選出並且終身任職的最高法官手裡。[4]

　　然而當時依然還沒有政府行政部門。不過很快就成立了財政部、國務院與國防部。新的聯邦政府成功與否，有賴於被選出來擔任這些要職的人；他們是來自紐約聯邦黨要人亞歷山大·漢彌爾頓；現在由巴黎歸國的維吉尼亞民主黨人湯瑪斯·傑弗遜；以及略遜一籌的麻薩諸塞州的諾克斯將軍（General Knox）。

　　由一七八九年上任到辭職爲止的六年期間，漢彌爾頓用卓越的能力去培育憲法，並且將美國富商巨賈的經濟利益與新制度連結成一起，務求創造出統治的階級。漢彌爾頓打算，說明聯邦政府意謂著強有力的國民經濟。依他的建議，政府採取了一系列的措施。一七九〇年一月，他向眾議院提出「關於政府信貸的第一分報告」（First Report on Public Credit），國家的債務將由國會承擔，政府信貸必須依仗對過去義務的承認，國家的戰爭債務將由聯邦政府接管，以便能爭取大批債權人關心國家利益，整個債務將獲得政府的資助予以償付；曾因投機而變得無用的舊債券與證券都將由政府買回，並且另外發行新證券。償債基金即將創設，國家銀行也將設立。

　　金融界對這項計畫備感歡欣，但仍有些人發出不平之鳴，因爲他們明白新政府正利用徵稅的權利，償還利息給國會承擔的各州債務之投機持有者，資本家與農人之間的衝突將再度凸顯出來。新英格蘭的商人已將他們戰時大部分利潤投資購買現在大爲增值的紙面債券；麻薩諸塞擁有最大的州債券，獲利也最多。大部分的公債都集中在費城、紐約與波士頓少數人的手中，因爲他們曾以巨大折扣購買債券，全國稅收依債券的票面價格來償還他們。維吉尼亞於是發生暴動，強烈反對漢彌爾頓的計畫。農人不信任國家財政的整個構想，他們預見托利黨財閥政治（plutocracy）中最壞分子將控制新政府。帕特里克·亨利寫道：

　　他們察覺到這個制度與一六八八年革命在英國引進的制度有驚人的相似之處。英國的制度已將龐大債務永遠加諸在英國之上，而且已經將一種不受束縛的影響力悄悄地交到政府手中，這影響力瀰漫在政府的每個部門，壓倒了所有的反對力量，而且每天威脅著要毀滅與英國自由有關的一切事物。同樣的原因產生了同樣的效果。因此，在我們這樣的農業國家中，建立、集中並長久維持龐大的金融利益集團之措施，……必定在人類事件的過程中產生兩種弊病之其中一種；不是農業匍伏在商業腳下，便是改變目前聯邦的形式，而此種改變對美國自由的存在是致命的威脅。……為你們撰寫請願書者無法在憲法中找到授權國會承擔各州債務的條款。」

　　這種分裂在美國歷史中具有持久的影響。強大政黨的雛形已經被人察覺到，它們不久就找到了首批領袖，漢彌爾頓很快就被人肯定，他是北方金融界與商業利益團體的領袖，他的對手除了國務卿傑弗遜之外別無他人。這兩人曾於新政府成立的頭幾個月攜手合作。的確，漢彌爾頓得到傑弗遜的支持獲得足夠的票數，通過了他提出的關於聯邦政府承擔各州債務的提案。他能成就此事，是因為同意容納國會與政府的新所在地應當設在波多馬河（Potomac River）河畔跨越維吉尼亞邊界的一個城市，同時費城將取代紐約而成為臨時首都。但是隨著漢彌爾頓實行他的財政措施之後，投機風潮驟起，引起了國務卿的反對，造成這兩位領袖互相誤解，華盛頓受到需要穩定新憲法的影響，於是運用他的影響力防止這兩人公開決裂，但到了一七九一年，傑弗遜還是與維吉尼亞農人在紐約與北方尋求和漢彌爾頓陣營中的不滿者結盟。

　　在破裂發生之前，漢彌爾頓提出了他的〈論製造業的報告〉（Report on Manufacture），成為未來美國保護貿易主義理論的基礎。保護性關稅（Protective duty）與補助金（bounty）將由政府引進以鼓勵國內工業。美國人眼前展現出如英國蓬勃成長的繁榮工業社會的遠景。

聯邦政府外表的團結因為華盛頓重新當選為總統而又推遲了幾個月。但是，傑弗遜與漢彌爾頓之間的衝突並不只限於經濟方面，對政治的看法也是南轅北轍，終致分道揚鑣。他們對人性也有徹底相反的看法；漢彌爾頓是位成功非凡的金融家，認為人是受本身的情感與興趣所引導，除非是受到嚴謹的控制，否則他們的動機都是邪惡的。據說他曾說過：「人民！人民是隻巨獸。」由多數人實行的統治令他深惡痛絕，他認為國家一定得有個強大的中央政府與有權力的統治圈才行，而他由實際統治的工商業階級支持之聯邦機構中看到了美國的希望與前途。英國發展中的社會便是新大陸追求的理想，而他希望憑他在財政部的努力，於大西洋的西岸創建這樣的社會。他象徵著美國發展的一個面；即成功的與莊敬自強的工商界。工商界並不信任普通人的集體統治，但漢彌爾頓在另一種心情下，稱這種統治是「民眾至上」（the majesty of the multitude）。但是在這種物質方面成功的福音中，找不到代表美國人民特色與提升他們地位的政治理想主義。伍德羅·威爾遜總統（Woodrow Wilson）[5] 曾稱他為：「非常偉大的人，但並不是偉大的美國人。」

湯瑪斯·傑弗遜是與漢彌爾頓完全不同環境中成長的人，與他政治觀念對立的預言家，來自維吉尼亞的邊境，那裡是頑強的個人主義與博愛思想的家鄉，也是力抗英國中央集權階級制度的核心。傑弗遜曾經是〈獨立宣言〉主要的起草人，美國革命中農民運動民主人士的領袖。他博覽群書對科學興趣極廣，是位有天賦的業餘建築師，他雅致的古典宅第——蒙提瑟洛（Monticello）——是根據自己的設計所建造的。他與歐洲哲學中最時興的左翼（Left-Wing）圈保持聯繫；而且像法蘭西以重農主義者（Physiocrats）之名而實行的經濟學家一樣，堅信建立以自耕農為主的社會。他害怕工業無產階級的程度，一如他厭惡貴族政治一般，工業與資本主義的發展使他膽顫心驚。他蔑視也不信任銀行、關稅、操縱信貸的整個機制，以及紐約客漢彌爾頓正技巧地引進美國的所有資本主義

代理機構。他察覺到聯邦政府中央集權的權力可能導致個人自由遭到危險。他勉強地由巴黎返國為新制度服務。時間的流逝與拿破崙戰爭的壓力將減輕他對個人主義的厭惡，但他仍堅信，只有在自由的自耕農中間才能實現民主政治。傑弗遜聲明：

> 歐洲的政治經濟學家已經建立了一條原則，即每個國家應當努力為自己發展製造業。而此一原則，像許多其他的原則，我們都將傳給美國。……但是我們有廣大的土地，吸引人們發展畜牧業。那麼，用我們所有的公民來從事它的改進，或者抽出一半的人力為另一半人製造工業品與手工藝品，豈不是上上之策？……大批種植者道德敗壞的現象，沒有什麼年代或國家曾經提供關於它的範例。它是那些人身上的記號。他們都像牧民那樣不仰望蒼穹，依靠自己的土地與行業而謀生，而是依賴顧客的意外損失以及心猿意馬為生。這種消極的態度產生打躬作揖與唯利是圖，扼殺道德觀念以及為野心狂圖預備稱手的工具。……那麼，在我們有土地可供勞動的時候，就永遠不要期望看到我們的公民忙著於工作台上製造，或是在轉動捲線桿。……因為製造業的普遍發展，我們的工作坊仍可留在歐洲生產。將糧食與材料運給那裡的工人，遠勝過將那裡的工人運來這裡消耗糧食與材料，而且同時還會帶來自己的態度與原則[6]……大城市的烏合之眾對於純粹政府的支持添了不少東西，正好像痛楚添在健康人體上的情形一樣。使共和國保持活力充沛的正是民族的態度與精神。這些方面的退化，不久即將噬食國家的心臟——法律與憲法。

傑弗遜堅守著維吉尼亞人對社會的概念，他們的概念單純而且未受到個人主義複雜性、弊端與挑戰的影響。他在法蘭西見到或認為他見到自己政治概念的實現——過時的貴族政治被推翻，而耕地者的權利在革命中得到伸張。漢彌爾頓則指望小皮特的英國是他對美國所存希望的具體表現。英法戰爭的爆發將會使漢彌爾頓與傑弗

遜之間的敵對與衝突到達緊要關頭，預示美國兩大政黨——聯邦黨
與共和黨——的誕生，兩黨都將經歷分裂、浮沈與改變名稱，今日
的共和黨與民主黨可以由此追溯自己的世系。

【1】 譯注：或者現在被人稱作農業民主派。

【2】 譯注：Charles Austin Beard（1874-1948），美國著名史家，著述本身，
主要有《美國憲法的經濟解釋等》。

【3】 譯注：Mary Ritter Beard（1876-1948），美國歷史學家，著《美國勞工
運動史》等。

【4】 Charles A. Beard and Mary R. Beard. The Rise of American Civilitigation
(1930), vol. i.

【5】 譯注：Woodrow Wilson（1856-1924），美國第二十八任總統。

【6】 Author's italics－W.S.C.

第十八章　法蘭西大革命

　　一七八九年法蘭西發生了與世人以前所見的革命完全不同的劇變。英國於十七世紀目擊到王室與人民之間的權力激烈更替，但是國家的基本制度並未受到波及，至少不久就都恢復了。英國的人民主權也還不曾朝著普選方向擴大，英國人的自由相當爲人瞭解並且時常受到維護，他們無法要求平等，不平等也不會讓人覺得受到非常嚴重的委屈，因爲所有的階級都混雜在一起，由一個階級升到另一個階級，即使不容易至少也是可能的，而且有相當大的機會能夠實現。美國在革命中曾經宣布更廣泛的人權，在大西洋的西岸樹立的自由範例，高貴且光芒四射，對世界施展著令人不敢輕視的影響力。十八世紀末葉，人民甚至政治家都已預見美國引人注目的未來。在歐洲，爭取自由、平等與人民主權的動力還必須有賴其他地方，例如法蘭西。英國的革命純屬國內事務，大體而言，美國革命的情形也是如此，但是，法蘭西大革命將由巴黎散布出去且波及整個歐洲大陸；它引起戰爭，它的回響一直傳到十九世紀，甚至更後面的年代。每一次大規模的民族運動，到一九一七年布爾什維克（Bolshevik，俄國社會民主勞動黨的多數派、過激派）使形勢發生嶄新的轉變之前，都將訴諸一七八九年在凡爾賽制定的原則。

　　法蘭西於路易十六的統治時期，絕對不是最受壓迫的國家，儘管時常有人說是如此，法蘭西很富足，人民大多很富裕，那麼爲什麼會發生革命呢？關於這個問題的論著成篇累積，但有件事實卻很清楚：法蘭西的政治機制絕對沒有表達人民的意願，它無法與時俱進。路易十四給予它形式與外貌，在他威嚴的雙手擺布之下，這個機器曾經幾乎是從頭到尾都在操作，他的繼承者承繼了他全部一應俱全的權力，但是全然沒有承繼他任何的才能，他們既不能使這個機器運作也無法改變它。同時法蘭西日益成長的中產階級正伸手要求他們未被賦予的權力，他們覺得對自己如何被人統治的問題應當有發言權。全國都充滿未能得到宣洩的政治情緒，動亂因而待機而

發。所有好探究的人早就期盼這場爆炸是不可避免的，猶如英國官員由巴黎報導所說，法蘭西的人民已經「被灌輸了前所未有的、討論國是的精神」。在某個時刻，法蘭西人普遍的挫折感必然會尋覓主動的表達，它們僅僅需要的是一顆引爆的火星。王室政府弊端叢生的財政制度無法獲得矯正，遂供應了這種火星。

　　法蘭西的政府早已破產，路易十四在長達三十年的戰爭過程中已使得國家民窮財盡。他於一七一五年歸西時，公債是每年歲收的十六倍有餘，法蘭西人也沒有千方百計想躲避這個負擔，許多人都孜孜不倦想使法蘭西有償付能力，可惜都沒有成功。這些阻礙想來令人生畏。大部分的人，包括法蘭西公民中最有聲望且最有權勢的人，大都免繳賦稅。在不交稅的人當中，貴族階級爲數四十萬左右，他們可能身爲地主及軍事領袖，曾經爲國家效力，他們的特權可能一度被認爲是理所當然，但是這情形已不再如此。英國軍事貴族在十五世紀爭奪王位的內戰中摧毀了自己。法蘭西比較沒有受到歷史的照顧，它的民主制度長久以來都飽受尙武好戰、精力充沛、野心勃勃的貴族階級所攻擊與反叛。法蘭西歷代的國王與大臣都被迫採行後來證明是有害的政策，如果容許貴族階級憑他們的領地過活，他們會叛亂，但如果使他們在宮中度日則會受到監督；生活慵懶與享受奢侈是有效裁武解甲的方法。這兩者凡爾賽都可以供應，大部分由這些受害者付出代價。而大多數的貴族階級都被迫或勸導住在凡爾賽，金壁輝輝煌煌的巍巍宮廷內一度住有約二十萬人，他們在宮中虛擲光陰與金錢，他們需要的令人膽寒的武器是決鬥用的長劍。就這樣子，離鄉的地主（absentee landlord）就此崛起，他們無權插手政治，遠離他們的領地，不爲他們的佃農所愛，對這些土地或國家毫無貢獻，並且由他們不再親自管理的土地上抽取免付稅的豐厚利潤。

　　神職人員的特權也非同小可；教會擁有法蘭西大約五分之一的土地，還有土地上許多有價值的建築物。教會當局由這些來源每年可以得到大約四千五百萬英鎊的收入，這筆收入再加上什一稅便又

增加了一倍。然而有三個世紀之久，大約有十四萬教士、修士與修女不曾為財產或財富付過稅。他們享受權利如同他們佔有國家財富一樣不公平。他們當中大部分的人都很虔誠、克己與正直，但仍有一群在政治上貪圖富貴、眷戀紅塵，並且憤世嫉俗的高級教士，削弱、降低了井然有序的基督教的尊嚴及影響力。法蘭西的天主教會，沒有抗拒無政府主義與無神論的力量，而這兩者正在歐洲最有文化的國家中沸騰與醞釀。

最沈重的財政負擔落在農民的肩上，我們沒有誇大他們的困境，自十八世紀初開始，他們就一直在購買土地，而在粉碎歐洲穩定使人民從事一代生死搏鬥的大革命前夕，已擁有法蘭西三分之一的土地。然而，他們的委屈著實很大，對「農民」土地所徵的稅，幾乎是對「貴族」土地所徵的稅的五倍。不過最令他們痛恨的稅是人頭稅（taille，法國一七八九前施行者），即由每一百里弗赫（livre，法國舊時流通貨幣名，當時價值相當於一磅白銀）收入中抽五十三里弗赫。受財源枯竭所迫的政府所濫用與誤用的包稅制（tax-farming），使農民更受其害，眾多的間接稅與各種徵收更加增添了苦況。一七八八年的冬天，這種苦況非常悽慘，許多人死於饑餓。有人說得好，革命並不是由饑餓的人民發動的。農民過的日子並沒有比前一個世紀的生活差還可以說舒適一點，他們大多數對政治沒有興趣，只渴望能夠自由，擺脫壓迫他們的地主與不合時宜的各種稅。革命的動力來自其他地方，由於貴族階段已經沒有幹勁，失去了信心，神職人員又意見分歧，軍隊已不可信賴，國王與宮廷缺乏治理國家的意志與能力，只有小資產階段（bourgeois）擁有爭取權力的欲望，與奪取的決心與自信。

小資產階段並不像我們今日瞭解的那般民主，他們因某種理由而不信任群眾，但是無論如何都預備煽動與利用群眾來對付「擁有特權的」貴族，而且在必要時用來維護自己的地位，對抗君主制度本身。盧梭（Jean Jacques Rousseau）[1] 在他著名的《社會契約說》（Social Contract）及其他文章中，曾宣揚關於平等這個主題。

每個人不論多麼卑微，生來都有權利在治理國家中扮演角色。雖然
這是很久以前所有民主制度所承認的學說，但是盧梭是第一個用廣
義、尖銳的言詞將它明確表達出來的人。伏爾泰（Voltair）[2] 與
對狄德羅（Denis Diderot）[3] 主編的《百科全書》（Encyclopedia）
有所貢獻的學者及政論家，長久以來對所有為人接受的宗教觀念與
社會觀念表示懷疑。這些編輯《百科全書》者旨在對法蘭西人闡明
統治應秉承理智，同時應為了知識而追求知識。在舊政權嚴加控制
的政治世界裡，這些觀念都像有力的酵素一樣開始發生作用。在路
易十六的統治時期，沒有任何人能說這些觀念將領導中產階級追求
權力到何種程度。

　　不幸的是，在十八世紀的法蘭西要想奪取甚或發現權力的寶座
都非易事。這個國家由眾多公僕管理行政，他們當中某些人由政府
支薪，某些人靠他們職權範圍內所抽取的佣金及利潤過活，某些人
則為私下聘雇。這個制度已經長久敗壞且毫無效率造成檔案成堆，
辦事複雜的局面。一位法蘭西的史家，在法蘭西大革命爆發後不
久，撰述說居然花了四十年書信往來才能修補教堂屋頂。壓迫與激
怒了這個國家的並非專制政治，而是混亂。在革命的前夕，有位大
臣向國王報告說這個國家已經「不可能加以統治了」。

＊　　　＊　　　＊　　　＊　　　＊

　　為了對這種費用浩大的雜亂情況進行改革，政府曾做過許多嘗
試。為了籌集金錢，甚至做了更多的嘗試。在路易十五（Louis XV）
長期統治期間，公債總額已經大為減少。路易十六於一七七四年登
基時頗有心勵精圖治，任命能幹並且正直的蒂爾戈（Anne-Rob-
ert-Jacques Turgot）為財政大臣（Controller-General of
Finance）。蒂爾戈的計畫都很單純，若是允許他執行的話，這些
計畫可能會非常有成效。他提議為了應付國家赤字，政府與宮廷都
得力行撙節。他還建議將傜役（the Corvee，即農民在道路上服
強迫性的勞役）與閒差及地方關稅一齊廢止。壓制同業行會
（craft-guild）或行會（corporation），以及促進國內穀物的自由

貿易，將可增加社會財富，振興實業活動。但是穀物的自由交易導致投機，麵包價格上漲，甚至發生暴動。由於貴族階級被蒂爾戈抨擊他們的特權而搞得很難堪，宮廷中由瑪麗‧安托瓦內特（Marie Antoinette）王后為首，指責他是革命分子，所以他任職四年就被要求下台了。他所有的改革幾乎全部一掃而空。這些改革顯然至為必要，全國人民也知道他們的國王無法實行這些改革措施。

蒂爾戈於一七七八年下台。同年，法蘭西與蒙受戰火的美洲殖民地結盟。他的消失並沒有解決任何問題，與英國作戰還需要更多的錢。國家赤字達到五億里弗赫，大約二千五百萬英鎊，不過在當時，這也不是什麼驚人的數目，依靠合理的稅收制度就可以將它擺平。但是在凡爾賽，哪裡找得到理由呢？路易十六身處窘境，任命一位瑞士新教徒內克（Jacques Necker）為「財政總監」（Director-General of Finance）。內克以蒂爾戈的命運作為前車之鑒，他明白不可以去招惹貴族階級的特權，因此致力改革監獄與醫院以及廢除對嫌疑犯嚴刑逼供的制度。他做的事尚不只這樣，他還設立地方議會（provincial assembly）來進行與激勵地方政府的工作，但是這些議會都有各種不實際的新觀念，盲目憎恨中央政府，所以紛紛在叫囂中沈沒了，幾乎鮮有例外。內克受到阻撓感到失望，遂於一七八一年五月辭職。

此時，美利堅共和國的誕生激起法蘭西民眾的意志，他們也想嚐一下自由的滋味，美國都可以獲得自由，他們為何不能？在拉斐德率領下的法蘭西志願兵，與羅尚博麾下的王室部隊曾在美國獨立的奮鬥中扮演角色。為什麼舊王朝（the Ancien Regime）一定要壓抑法蘭西人的自豪與精力呢？但是宮廷依然窮奢極欲，行政紊亂，國庫空虛。路易十六失去了蒂爾戈與內克，變得不喜歡統治，除了狩獵、製造鐘錶及飲宴之外別無所好。他只剩下一個方便之途，即是舉債借錢。到了一七八五年，政府的存款已經山窮水盡。次年，政府召開「顯貴大會」（the Assembly of Notables），要求大會同意對所有財產同樣課稅以及取消財政特權。大會拒絕這些

要求，直到他們後來知道這場災難的原因才交了稅。神職人員都持反對立場，紛紛回家去。政府的崩潰迫在眉睫，巴黎發生暴動，王后與首席大臣的芻像遭人焚燒，除非政府承諾召集議會，否則無法募集貸款，路易十六只好向這場風暴低頭。一七八八年，內克在歡呼聲中奉召還朝，面對著緊迫的財政困境而召開議會。在此時造訪法蘭西的英國議員寫下了預言：「那麼嚴重的混亂局面，與狂熱情緒將不會輕易地消逝。……整個王國的革命時機似乎已經成熟了。」

　　　　*　　　　*　　　　*　　　　*　　　　*

　　議會即是法蘭西的國會，在法蘭西歷史上每逢重大危機時，都曾經召開議會以便領導國家與支持王室，但是它已經有一百七十五年沒有召開過了。人們找不到什麼尚在使用的傳統來指導處理事務。現在它可能完成何事，它的權限止於何處，全都只能依仗猜測，國王的大臣沒有擬訂任何政策。於凡爾賽聚集的議員所面對的決策，不論是英明或愚笨都有無限的機會。議員可以自行去改革法蘭西或使它復興，再不然就是透過派系的權力鬥爭將這個國家擲入無政府狀態及戰爭中。不到三年的時間裡，議會與它的後繼者已經完成了一場全面的革命，在歐洲引發了重大的衝突。但是在一七八九年的五月五日，卻沒有人預示政治激情的發展速度與程度，每種景象似乎都是法蘭西古老代議團體與君主制度講和，在這個階段中，甚至狂野之士也幾乎不曾想到君主制度會被推翻，人們都希望議會制度在共同目標下支持君主制度，法蘭西不久就會加入立憲國家行列。議員於五月四日前往聖母院（Norte Dame）望彌撒時，沒有任何人想到他們的工作會導致現代歐洲第一個無情獨裁制度的誕生，它甚至博得了「恐怖時代」（the Terror）之名。他們也不曾想到，自己的無能將為歐洲自尤理烏斯・凱撒以後最偉大的戰鬥人士鋪好統治之路。

　　根據任何歐洲曾享受到、最廣義的選舉權，法國的五百萬選民選出了大約一千五百名議員，神職人員與貴族階級各自舉行選舉，

人數佔整個「議會」半數的「第三政治集團」(the Third Estate)，包括有地主、商人、律師、醫師、行政官員以及其他專業的成員。他們帶著各自選民的抱怨來到凡爾賽，他們的情緒可以用英國熟悉的辭句做總結：在他們表決對王室撥款之前，先平反冤情。代表中產階級的財產、教育與天賦使他們與國家有著利害關係，因此要求得到發言權。他們是「啓蒙運動」(the Enlightenment)的信徒；其中某些人讀過伏爾泰、盧梭與《百科全書》編著人的著作，也都精通關於自由與平等的理論，決心要在自己實際的領域中應用這些理論，少數人自大西洋對岸形成的偉大民主制度試驗中汲取靈感，所有的人都意欲伸張自身的權利，不僅只是發言讓別人聽到而已，而且要求分享長期未曾享受的統治權。許多比較謙卑的神職人員與少數開明的貴族都與第三政治集團有同樣的見解。

　　議會首要的問題是如何進行投票。「第三政治集團」迅速察覺到，如果全部三個議院一起開會投票表決，那麼，贊成改革的議員就會佔絕對多數，尤其宮廷現在對它們引起的危險已有所警覺，若強迫三個政治集團（三個議院）分別投票，宮廷就能保住它的權力，挑撥享有特權的兩院對抗這第三院。路易十六被苛求的王后催促著採取行動，他召來部隊關上議會大廈(the Parliament House)所有的門，將「第三政治集團」摒除門外，並且揚言要解散他們，這些措施導致了革命出現第一個轉捩點。第三院(The Commons)根本無所畏懼，他們已經改變了名稱，自稱國民議會(the National Assembly)。面對著議院鎖住的門，他們現在撤到鄰近的網球場，並於六月二十日在那裡立下著名的誓言，永遠都不中止商討，並且「不論什麼地方只要環境許可，便繼續開會，直到這個國家制定憲法，並在堅實的基礎上鞏固憲法」。於是一個一院制的國民代表大會（Constituent Assembly）宣告誕生，此後另外兩個政治集團（即兩院）也不復存在了。

　　國王對這場危機舉棋不定，本想使用武力，但又擔心發生流血事件而猶豫不決，他之所以如此乃因天生懶散且富有悲天憫人之

心。他設法對代表們發表嚴峻的訓詞但卻毫無用處。議長（President）堅定地告訴他說：「沒有任何人能對全國的國民議會下令。」路易十六做出讓步。一位英國的評論家亞瑟・揚（Arthur Young）對這事件發表意見，恰當地表達了世人的看法。他是農民兼農業學者，當時正在法蘭西旅遊。他評論「國民議會」時說：「他們一舉將自己轉變成查理一世的『長期議會』（the Long Parliament）。」這是句預言。但是法蘭西的歷史將比十七世紀英國的歷史發展得更快。路易國王僅剩下三年的日子了。

抗爭的場面現在移到巴黎了。這個了不起的大都會擁有六十萬居民，半世紀以來都是這個國家人文薈萃的智識之都，法蘭西人民的希望、觀念與抱負都以這裡為中心，而不是以凡爾賽的繁文縟節為焦點。巴黎因為王室部隊集中在它的周圍而人心惶惶，在巴黎所有六十個區（citizens' militia）自動自發地開始招募民兵。「武裝起來吧！」（Aux armes）的呼聲處處可聞，志願投效者不計其數，但是武器寥寥可數。他們很快就找到了補救之道，七月十四日的清晨，一群民眾強行進入軍人療養院（the Invalides），奪取了大批的手槍與大砲，這些武器都一一分發出去了，現在唯一要蒐集的是彈藥。巴黎主要的彈藥庫在巴士底獄，那裡很陰森，長期以來成為王室的監獄。整個早上一直到下午，民眾都在與看守指揮官德勞內（de Launey）進行談判，沒有任何人知道戰鬥是如何發生的，是因為心懷不軌還是因為失誤。德勞內向外面的群眾開火，他們的領導者都拿著白旗，德勞內的行動等於是發出了總攻擊的信號，外面的人請出大砲，進行砲擊，民兵個個視死如歸，英勇奮戰。兩個小時的戰鬥之後，這座城堡投降了，它立刻遭到劫掠，石塊逐一被拆除，德勞內被殺死，他血淋淋的頭顱被高掛在椿子上，似乎預示著更多兇殘的事即將到來。

就這樣，代表王室威權的主要象徵倒下了。當時巴士底獄只關了七名犯人，其中一位是瘋子。但他們的獲釋，反倒引來法蘭西全國各地的歡呼。波旁王朝（the Bourbons）中最仁愛的國王

路易十六，迄今簽發有他印璽的逮捕令（Letters de cachet）不下
一萬四千件，他常有很好的理由，往往不經審判就將他的臣民交付
囹圄。巴士底獄的陷落顯示王室專制作風已經告終，對於自由大業
與巴黎群眾而言，它是奏凱祝捷。隨著這次暴行的成功，法蘭西的
革命已向前邁出了血腥的一大步。

　　　　＊　　　　　＊　　　　　＊　　　　　＊　　　　　＊

　　一七八九年夏天，對於外在的世界與在法蘭西的外國人而言，
這一場革命似乎已經實現了它的目標，人們皆認為一切都已經過去
了，特權已經被推翻了，人民的權利已獲得伸張，國王與國民議會
將坐下來為國家策畫新的未來。英國駐法大使報告稱：「最偉大的
革命已經完成了，而人命損失甚微；我們從此可以視法蘭西是個自
由的國家。」他的話算是表達了當時共同的看法。伯克在英國沈思
默想，他比較有遠見，在他後來即將付梓的《法蘭西大革命回想
錄》（Reflections on the French Revolution）中，察覺到即將
發展的形勢。他以流暢的言詞指出，法蘭西的劇變並不像一六八八
年英國革命那樣，恰如其分地尊重傳統而完成高尚而有秩序的改
變。法蘭西大革命與過去的傳統完全決裂，君主制度還將苟延殘喘
兩年，同時國民議會在商討理想的憲法，以便二千五百萬法蘭西人
民能依此憲法自由地生活。但是不理性的力量已經以理性之名鬆綁
釋放而且不易受到遏制。法蘭西注定要經歷每種革命形式的實驗，
雖然後來其他國家也出現這種型態，但是結果差別不大。法蘭西是
一座熔爐，近代革命的各種嘗試首先在那裡得到檢驗。

　　在凡爾賽的路易十六因為巴士底獄的陷落而感到心緒不寧，他
最年輕的弟弟阿圖瓦伯爵（Count d' Artois）對這件事所代表的意
義十分清楚。阿圖瓦伯爵後來成為查理十世國王（Charles X），
他也是另一次革命的受害者。阿圖瓦與一夥追隨他且不肯順應時勢
的貴族逃到國外去，反動派也跟著首次遷移國外。大約有二十萬貴
族階級成員與他們的眷屬，據說在後來的三個月期間申請拿到他們
的出國護照，這些人被稱作「移民」（émigres），在德意志與義大

利避難，許多人遷往科不連茲與杜林（Turin），在國外密謀反抗法蘭西建立好的新秩序。國王、王后與宮廷偷偷摸摸與他們書信來往，國民議會與巴黎的群眾都十分擔心新建的立憲制度下的國王會與「移民」聯手背叛他們，並且在外國勢力的援助下恢復舊政權。他們的疑懼並不是沒有根據，路易十六像英國的查理一世一樣，認為陽奉陰違是王室的特權，在表面上接受許多令人倒胃口的改革，同時又在王后的教唆下秘密設法推翻改革。

巴黎人很快就明白了這一點，市民的領袖控制著決策。十月，他們決定將國王由凡爾賽召回巴黎，與國民議會置於監視的範圍內，民兵成了「國民警衛隊」（the National Guard），由美國獨立戰爭中的英雄拉斐德擔任指揮。他是位有崇高理想的軍人，現在投身擔任法蘭西革命的裁判角色，但這並不是有規則可循的遊戲。十月五日，巴黎的婦女出發前往凡爾賽，抗議麵包價格太高，國民警衛隊中有許多人是她們的丈夫，決定陪同前往。他們前往有何不可呢？這項行動成了家庭出遊，拉斐德勉強地率領他們前去。午夜時分，他們抵達了皇宮，場面失序，國王與王后不得不面對群眾，但仍表現得很莊嚴。拉斐德表示，如果路易十六回巴黎，他會保證國王的安全，路易十六同意了，次日在首都高高興興地接受歡迎。巴黎贏得了另一次勝利，自從路易十六登基以來，凡爾賽宮首次關上了百葉窗，拉上窗簾。

＊　　　＊　　　＊　　　＊　　　＊

國民議會隨著國王遷回巴黎，但是不久前才有大約三百位議員辭職或告假，他們對於局勢變化如此快速感到驚惶，擔心首都的安全，於是都願意退居外省或流亡國外。國民議會宣布封建制度結束，並且擬好了「人權宣言」（Declaration of the Rights of Man），宣布所有的人享有平等的公民權，繼而廢除世襲的爵位，並且將屬於教會的土地收歸國有。這些土地終於可以自由地販賣與分配，一個土地新階級誕生了，他們將一切都歸功於這次的革命，也將成為革命部隊以及拿破崙帝國部隊的中堅分子。

議員的熱情並沒有就此打住，接下來改革了司法制度，將神職人員（或他們之中會接受改變者）變成領國家薪水的公僕，取消傲慢的舊行省，並將全國分成今日的八十六個省（或行政區）。一七八九年參加革命的人絕不充許相似的諸多方案相互影響。歐洲對巴黎正在推行的政策感到驚訝及驚惶。不久之後，革命的原則就由法蘭西伸展到國外，強行令歐洲一些古老的國家接受。法蘭西的革命領袖都開始夢想以武力來傳播人人平等的福音。

如果有人被授以權力，或許能控制住局勢的擴大。米拉波伯爵[4]是位相貌醜陋、生活隨便的人，然而他擁有真正掌握形勢的能力。麥考萊曾經公道地描述他：「在小節方面，他和威爾克斯相似；在大節方面，他與查塔姆的才幹有幾分相近。」米拉波在能力、口才與判斷力方面都高出他的議員同僚，因此到處遭人嫉妒與不受信任，宮廷也不聽他的話，不採納他經常提出的諫言。他在一七九一年四月去世，雄心大志完全沒有實現。法蘭西失去了他，等於失去了一位幾乎與克倫威爾相伯仲的人才。

國民議會的領導權現在落到群眾煽動家與極端派的手裡，大權首先傳給了吉倫特派（the Girondins）[5]，這樣稱呼是因為他們的主要人物來自波爾多周圍的行政區。後來領導權又落入雅各賓黨人（the Jacobins）手中，他們的名稱取自杜伊勒利宮[6]附近的一個修道院，此處現在充當政治會議的場所。

對於所有這些狂熱分子的行動，路易十六至今一直表示默許。他佯裝毫無所謂，忍受著當前的窘境，雖然在公開場合說「可」，其實心裡想說的卻是「否」。他身邊是來自哈布斯堡的專橫王后，她一直深信她可以使歷史的進程改向。長久以來都有人秘密諫勸國王離開巴黎，到外省聚集保守分子以求自保。以前每當巴黎的氣氛使國王感到難耐的時候，國王總是成功地採取此策。路易十六則不然，他決心孤注一擲，企圖逃往東北邊境，他將親自率領「移民」，並藉奧地利兵力援助而重建王室威權。六月二十日午夜，他化裝成僕侍溜出皇宮，王后則裝扮成女家庭教師，帶著子女與他會

合，一起乘坐四馬拉馳的馬車向北急駛，行駛了一夜，又在酷夏次日奔馳了一天，這是這年最長的一日。那天傍晚，在距巴黎一百四十英里、距邊境僅三十英里的瓦倫鎮（Varennes），由於一連串的意外，路易十六錯過了忠心耿耿等候的護送人員。換馬的時候，他從馬車窗口露臉呼吸新鮮空氣，被急於在革命中立功的驛站長（pasting master）根據他薪水裡的幾張紙幣上的國王頭像認出了路易十六。國王、王后與他們的子女都被逼著下車，由警衛看守，次日毫無顏面地被引回巴黎。<u>此次的逃亡失敗，使得君主制度走向末日，這位國家元首在革命分子眼中是背信棄義，有負所託。如今什麼都救不了他了</u>，擺在他面前的還有一年半不自由的日子，他的一舉一動都受到嚴密監視，群眾甚至衝入了杜伊勒利宮，當面侮辱他。不久他就陷入囹圄、正式被廢，像公民卡佩【7】一樣受審，並於一七九三年一月三十一日由吉約坦博士（Dr. Joseph Guillotin）發明的死亡機器（即斷頭台）予以處決。直到最後一刻，他都很勇敢地保持著尊嚴。就在他的頭顱落下時，共和國獲得了勝利。

歐洲現在還陷在戰火之中，衝突已於前一年的四月開始，直到二十三年後才在滑鐵盧（Waterloo）戰場告終。吉倫特派內閣很焦急，一直心有所懼地注視即將取代他們的狂熱雅各賓黨人。它已經對奧地利宣戰，希望藉一場民族解放運動撐住它瀕臨危險的政府。在萊茵河的對岸，奧地利、普魯士與「移民」的軍隊已經集結了一段時間，他們來勢洶洶，揚言要消滅法蘭西大革命的怒火。幾個月平靜無事，此時奧地利與普魯士的君主瓜分了波蘭（Poland），併吞了這個不幸共和國的大片疆土，且來不及迅速消化，他們在秋季開始入侵法蘭西。對世人而言，顯然倉卒成軍的法蘭西民兵永遠無法抗拒普魯士與奧地利的正規軍，但是法蘭西正快速變成全民皆兵的國家；迪穆里埃將軍（General Dumouriez）出乎意外在瓦爾米（Valmy）以大砲擊退了普魯士人，全國彷彿受到了激勵，接著他出兵攻佔尼德蘭的奧地利行省，革命共和國一舉就席捲了路易十四奮鬥四十年而未能到手的廣大土地。一個國家以所有的人力與資

源進行全面戰爭，在歷史上尙屬首次。新的人物崛起，領導並指揮
著法蘭西的力量。他們之中有力拔山河、精力充沛的喬治‧雅各‧
丹東（George Jacques Danton）；鐵面無情、不貪瀆、性情專橫
的馬克西米連‧德‧羅伯斯比爾（Maximilien de Robespierre）；
善於惡語中傷、煽動暴民的天才讓‧保羅‧馬拉（Jean Paul
Marat）；以及活得最久、善於設謀取勝的國防部長拉扎爾‧尼古
拉‧卡爾諾（Lazarre Nicholes Carnot）。在迪穆里埃的部隊
中，有許多年輕有熱忱的軍官與士官，也都將成爲傳奇，例如米歇
‧內依（Michel Ney）、尼古拉‧蘇爾特（Nichloes Soult、若
阿香‧米拉（Joachim Murat）、拉納（Lannes）、路易‧尼古
拉‧達武（Louis Nicholes Davout）、馬爾蒙（Marmont）、安
德烈‧馬賽納（Audié Masséna）、維克托（Victor）、讓‧安
多歇‧朱諾（Jean Andoche Junot）及伯納多特（Bernadotte）。
法蘭西最偉大、戰績赫赫的時代開始了，歐洲其餘國家將面臨長期
的劫難。

【1】　譯注：讓‧雅克‧盧梭（1712-1778），法蘭西思想家、文學家，其思想和
　　　著作對法蘭西大革命和十九世紀歐洲浪漫主義文學產生巨大影響，著作有
　　　《民約論》等。
【2】　譯注：Voltair（1694-1778），澍蘭啓蒙思想家、哲學家，主張開明君主
　　　制，著有《哲學書簡》、哲理小說《老實人》（又作《憨第德》）及歷史著作
　　　等 e Girondins，法蘭西大革命時期的一派，其中議員來自吉倫特省。
【3】　譯注：法蘭西啓蒙思想家唯物主義哲學家和文學家，《百科全書》主編。
【4】　譯注：Count de Mirabeau，全名爲Honoré Gabriel Riqueti（1749-1791）
　　　法蘭西大革命時期君主立憲派領袖之一，於一七八九年當選爲出席三級會議
　　　的三等級代表，於一七九〇年充當王室的祕密顧問。
【5】　譯注：法蘭西大革命時期的一派，其中議員來自吉倫特省。
【6】　譯注：the Tuileries，法蘭西王宮，建於一五六一年，一八七一年焚毁。
【7】　譯注：Citizen Capet，卡佩乃法蘭西王朝名，卡佩家族包括波旁等旁系。

第十九章　對抗中的法蘭西

英國的輝格黨人，特別是改革派與激進派（Radicals），起初都歡迎法蘭西大革命，不久卻對它的過分行動起了反感。十八世紀的倫敦並不是沒有民眾起義的經驗，但是在威爾克斯的動亂與一七八〇年喬治‧戈登勛爵（Lord George Gordon）領導的暴動中，法律總是制服了烏合之眾。現在，法蘭西對所發生的事情做了令人害怕的示範，即改革派釋放出來的社會力量如虎出柙般完全不受控制，大多數的英國人都對法蘭西的情勢感到恐懼而退縮。只有福克斯樂觀看待，在平民院中單槍匹馬，盡量本著良心為這場革命仗義執言。為了此事，他遭到故友兼盟友伯克不留情面的攻擊，在反對派中忠實的追隨者也跟著遞減。同樣的感受也普及全國愛自由的年輕人，滿腔熱忱地稱讚起一七八九年法蘭西大革命。威廉‧華茲華斯[1]寫道：「在那個黎明還能生活真是幸福。」創作蓬勃、新興浪漫主義運動（Romantic Movement）的其他詩人與作家也與他有同樣的看法。幾年之後，他們當中的大多數人卻都感到幻滅，有些思想前進的科學家與政治思想家忠心支持外國的革命觀念。他們在開會的時候，為七月十四日與法蘭西憲法舉杯慶祝，但是他們在英國所有的保守大眾當中，只不過是很小的潛在勢力罷了。比較危險的是正在主要城鎮突起，通常由中產階級領導的激進派工人團體，他們與巴黎的雅各賓黨人保持密切的書信往來，並且派遣團體代表去參加國民議會以及後來的「制憲會議」（the Convention），這些鼓動者在英國社會雖屬少數，但他們表達的聲浪卻不小，英國政府最後終於採取強硬的行動來對付他們。

這就是世界革命的觀念在巴黎風起雲湧時的英國景象。一七九二年，法蘭西的新統治者無緣無故對政治犯進行屠殺，使英國許多自以為是的革命分子感到震驚且信心動搖。一七九三年處決法蘭西國王的行動更使蔑視威權臻於極點。丹東在他著名的演說中對法蘭西大革命的態度做了總結：「盟國的國王都威脅著我們，我們則將

一位國王的首級丟到他們的腳下，以示挑戰。」馬拉[2]大聲疾呼：「我們必須建立自由的專制政體，來粉碎國王的專制政體。」法蘭西共和國的部隊不僅是奧地利與普魯士部隊的威脅，也是法蘭西政府的威脅，因此實在應將他們置於戰場，如同吉倫特派的部長坦白所言：「和平不可能實現。我們有三十萬武裝人馬，一定要竭盡其力地從事長征，否則他們就會回來割我們的脖子。」

　　皮特在一七九二年的預算發表演說中，宣布他相信歐洲能享有十五年的太平。他奉行的政策是不干預。在他面對戰爭問題之前，對英國而言比屠殺貴族或在制憲會議中發表演說更重要的事，比世界革命的威脅更具體的事，必定要發生了。英國歷史中屢見不鮮、戰爭導火線，這次來自尼德蘭。到了十一月，法蘭西當局下令，指示他們的將領奧地利部隊撤到那裡，法軍就追到那裡，這項命令顯然威脅到荷蘭的中立。法國當局的第二項命令，是宣布安特衛普與大海之間的須爾德河開放以供航行。一個星期之後，法蘭西的戰船砲轟安特衛普的堡壘，十一月二十八日，這個城市陷入法軍之手。十八世紀國際政治的微妙均衡因此被打破。

　　英國外交大使（the Foreign Secretary）格倫威爾勛爵於十二月三十一日在給法蘭西大使的照會中聲明英國政府的立場，從那時起，其中的字句就被人們接受，視爲英國外交政策的經典說明：

　　英國永遠不會答應法蘭西隨其之意在其自稱的天生權利之藉口下自行裁決，擅自否認經由神聖條約建立，以及所有強國同意予以保證的政治制度。本政府，恪導其已遵守逾一世紀之準則，決不會漠然坐視法蘭西直接或是間接地使她自己成爲「低地區」的君主，或歐洲權利與自由的一般仲裁者。如果法蘭西眞正希望與英國維持和平與友好，必須表示願意放棄其侵略與擴張的政策，並且將其本身限制在自己的疆域之內，而不侮辱其他的政府，不擾亂它們的平靜，不侵犯它們的權利。

一七九三年一月的最後一天，法蘭西制憲會議在丹東演說的鼓動下，宣布將奧屬尼德蘭併入法蘭西共和國（the French Republic），次日法蘭西就對英國與荷蘭宣戰，並且堅信英國國內的革命迫在眉睫。皮特現在別無選擇，法蘭西佔領了法蘭德斯海岸，特別是須爾德河河口，已經嚴重危及英國的安全，英國與歐洲大陸的貿易將陷入危險，英吉利海峽也不再安全。但如果不是有這種來自巴黎的蓄意挑釁，皮特可能還會躲避這個問題。如今，尼德蘭南部已落入法軍之手，世界革命即將爆發，這個威脅就如火燒眉毛般無法逃避了。

皮特於三月在平民院演講中，以沈痛的心情首次提出戰時財政的建議，並勾勒出衝突的原因。

引導我們進入戰爭的動機很多。聽說過爲了維護榮譽的戰爭，這也被人們認爲是審慎與政策性的戰爭。在現在的情勢下，可以使民族升高情緒或激勵他們努力的任何因素，都同時促使我們參與戰爭。法國人蔑視我們嚴守中立的態度，違悖神聖誓言的信仰，妄想干預我國的內政，煽動我國臣民反對政府，侮蔑我們感激、尊敬與愛戴的君主，並且企圖離間王室與人民，說它別有動機並代表不同的利益。在一再發生如此無理、至爲嚴重的挑釁之後，這件事對於我們而言豈不成了攸關榮譽的戰爭？爲了維護民族精神與英國尊嚴而必須從事的戰爭？我已聽說爲了整個歐洲安全而從事的戰爭。難道那些戰爭不是因爲歐洲國家發現了法軍長驅直入、大肆擴張的威脅嗎？我聽說過爲了新教而從事的戰爭；我們在這種情況中的敵人，同樣是所有宗教（路德教、喀爾文教）的敵人。他們渴望藉著武力，於各地傳播他們在原則上信奉的異教制度。我聽說過爲了合法繼承而從事的戰爭；但是現在正爲我們世代相承的君主制度戰鬥。我們與將破壞我們憲政結構的人戰鬥。當我看看這些事情的時候，它們給予我鼓勵與安慰，支持我義不容辭去從事的痛苦任務。回顧這次戰爭之前所處的繁榮景況，我們應當知道目前事物井然有

序的意義，以及去抵抗無法享受我們幸福生活，因此對我們存有惡
意與嫉妒而企圖破壞的人。我們應當記住，在目前危機中，繁榮的
情況使得我們努力奮鬥，以及供應形勢緊急時所需要的手段。我確
信，現在所從事的大業中，努力只會與我們的生命共存亡。基於這
種立場，我提出了決議案，現在並期待你們的支持。

　　英國即將進行二十年以上的戰爭，現在則面臨著大規模的備戰
任務。而部隊因為缺少裝備、將帥與士卒，戰鬥力或許較以前任何
時候都差，這些軍務的情況，以及陸、海軍的行政，如此駭人聽
聞，還能成就任何事，可真是奇蹟。皮特本人對於戰爭或戰略一竅
不通，指揮的工作大都落在道地的商人亨利‧鄧達斯的肩上。依十
八世紀的舊傳統，他擁護殖民地暨貿易戰爭，這種作法受商人階級
的歡迎，並且帶來貿易上的利益。有幾年英國遠征西印度群島，因
為人員不足及企畫不善而浪費大批資源。由於錯誤的軍事行動，募
集人馬都顯得困難重重。
　　如果英國曾擁有一支小而精悍的部隊，這場戰爭對它而言就不
會有多大困難。它可以與由萊茵河一帶移動的盟軍一同沿法蘭西的
海岸直擊巴黎，推翻挑起這場衝突的共和國政府。但如今，皮特僅
能派遣五千以下的人馬去幫助荷蘭盟軍保護邊境。接下來的軍事攻
勢，完全有損英軍的名譽。英軍試圖奪下敦克爾克，結果悲慘地收
場。到了一七九五年，英國在歐洲大陸的部隊已經被逐退到德意志
邊境的埃母河（the Ems）河口，並撤退返國。倫敦曾經對法蘭西
保王黨（French Royalists）寄予厚望，因後者在法蘭西內戰中曾
發動大膽計畫，想要扼殺革命。一七九三年，法蘭西保王黨奪取了
土倫。由於鄧達斯已經將所有可用的英國部隊派往西印度群島，否
則供入侵的重要基地早就穩穩到手了。

　　　＊　　　　＊　　　　＊　　　　＊　　　　＊

　　土倫的局勢發生了其他的變化。法蘭西陸軍的年輕中尉出自首
屈一指的科西嘉（Corsican）家族，他精通砲術與軍事技術，剛好

休假離開兵團，順道往訪指揮雅各賓黨人圍攻土倫的杜哥米耶將軍（General Dugommier）營地。他沿著砲列巡視，指出所發的砲彈達不到一半射程，這個缺陷修正後，這位身爲砲術專家的中尉開始在指揮部有了發言權。不久命令由巴黎到達，規定根據習見形式的戰術攻城，部隊正好缺少所需的物質，沒有任何人膽敢駁斥領導法蘭西事務的公共安全委員會（Committee of Public Safety）的指示。不過，在白天露天召開的作戰會議上，這位身爲專家的中尉大聲發言，他說這些命令都愚不可及，其他的人都有同感。不過還是有法子奪下土倫，他在地圖上指出在土倫海岬上的埃居萊特要塞堡（Fort L'Aiguillette）控制著土倫港的入口，他說：「奪取土倫，關鍵就在那裡。」其他的人紛紛奮不顧身地服從他的命令，他策畫並且率軍攻打埃居萊特要塞堡。一場惡戰之後，土倫陷落了。由數以千計保王黨防守的土倫防禦防線仍舊保持完整，攻城者兵力薄弱的戰線與它遠遠地相對。但在埃居萊特要塞堡陷落的早晨，英國艦隊正離開港口，這位中尉不僅已經瞭解佔取土倫港的軍事意義，而且還瞭解保王黨防禦土倫所堅持的精神力量及政治實力。英國艦隊一離去，所有抵抗力量就土崩瓦解，結果守軍倉皇地逃到尚未離開的船隻上，土倫城投降了。數以千計、無助的俘虜本來可能是反革命（the Counter-Revolution）的先鋒，都遭到了慘不忍睹的報復。有人向羅伯斯比爾兄弟，以及在巴黎的公共安全委員會報告這些事的時候，他們都樂於進一步知道這位精明幹練、顯然樂意助人的中尉的情況。他的姓名就是拿破崙·波拿巴（Napoleon Bonaparte），他攻下了土倫。

「恐怖時代」達到了最高點，巴黎的政治狂熱瀰漫。任何人都不知道什麼時候會碰到劫數，每天都有一批四、五十名男女前往斷頭台受死。政客與人民爲了自保，聯合起來反抗羅伯斯比爾。一七九四年七月二十七日，或者根據新的法蘭西計算方法是第二年的「熱月」[3] 九日，因爲革命黨人（the Revolutionary）已經決定撕掉尤利烏斯·凱撒與教皇格列高利（Pope Gregory）的公曆而

重創曆法。就在這一天，在激烈的騷動中，羅伯斯比爾被拖下送去斷頭台，在土倫揚名的中尉拿破崙也因爲這樁事件而又被拋回到原位，他與羅伯斯比爾兄弟相識，是他們的「智囊」，如果情勢有任何變化，可能隨著他們而走入冥府。但「恐怖時代」的偏激行爲已隨著羅伯斯比爾而告終，後來的督政府[4]不久就需要他了。一七九五年設立了一個受人尊敬的政府，導致巴黎富裕人士武裝起義，督政府的官員身處險境，其中的巴拉斯（Barras）想起了奪下土倫的中尉，於是拿破崙被授權指揮軍隊，將大砲全都列置在議會的四周，並且開始驅散宣稱根據公共意志公平地舉行自由選舉的平民。「葡萄月」[5]十三日的砲擊事件，使拿破崙再度魚躍龍門，次日他就宣稱指揮法蘭西部隊抵抗義大利北部的奧軍，以爭取光榮及戰利品的希望激勵衣衫襤褸、饑腸轆轆的部隊，並於一七九六年率領部隊通過阿爾卑斯山脈（the Alps）的隘道，進入景色怡人、土地肥沃，尚未遭到戰火蹂躪的地區。在一連串最危險的小型戰役中，以極寡致勝，擊敗了奧地利許多指揮官，征服了義大利半島北部寬廣的地帶。由於勝利，使他戰勝了軍事領域的所有對手，成了法蘭西大革命的利劍，而他決定要利用革命來摧毀革命，這是他的第三個階段。科西嘉人、雅各賓黨人與將軍是他走過的幾座里程碑，下一步就是效法亞歷山大大帝的方式征服東方（the Orient），計畫先入侵埃及，然後佔領君士坦丁堡（Constanttinople）以及征服亞洲所有其他城市。

＊　　　＊　　　＊　　　＊　　　＊

英國政府被迫在國內採取未實行且具有代表性的嚴峻措施，共和制度的鼓吹者都被掃入監獄，「人身保護法」暫時擱置不用，有頭有臉的作家都以叛國罪名受審，但是政府無法說服陪審員定他們的罪。根據新的「叛國法」（Treason Act），即使對憲法作溫和批評也會遭到危險。自一七八二年以來，不受西敏寺擺布而由新教議會（Profestant Paliament）統治的愛爾蘭，處於公開反叛的邊緣。皮特認爲，只有對愛爾蘭天主教徒做出很大的讓步才能夠避免叛

亂。能言善道的愛爾蘭領袖亨利・格拉頓（Henry Gratten）曾經
竭力爲國家爭取更多的自由，極力主張應將選舉權、參加議會及擔
任官職的權都給予天主教徒。他們雖然得到了選舉權，但仍未得到
議會的席次。

使這些黑暗歲月變得光明的勝利寥寥可數。一七九四年，裝備
不良、軍官不足的法蘭西海峽艦隊（French Channel Fleet）曾與
英國海軍將領豪將軍不熱烈地交戰。三年之後，西班牙已與法蘭西
結盟，在聖文森角（St Vincent Cape）的外海，西班牙艦隊被英
國海軍將領約翰・杰維斯（John Jervis）與霍雷蕭・納爾遜徹底
打敗，但由於海軍中的裝備遭到忽略，以致在斯皮特海特
（Spithead）停泊的英國軍艦都拒絕出海。

這項抗命行動拓展到諾爾河（Nore），倫敦實際上被英國艦
隊封鎖了幾星期。同時，法蘭西的艦隊在公海上前往愛爾蘭搜尋，
並無所獲。英國海軍全都忠心耿耿，他們在國王壽誕之日所放的
禮砲也十分響亮，砲內火藥十分充足，將希內斯的防禦工事都轟
塌了。英國做了輕微的讓步，滿足善變的官兵後，在坎珀多因
（Camperdown）外海漂亮地打敗了法蘭西的衛星國荷蘭，恢復了
榮譽。同時，英格蘭銀行暫時停止支付現金。

法軍在歐洲大陸各處高奏凱歌，拿破崙已經降服了義大利北
部，正準備通過阿爾卑斯山的各處隘口攻擊奧地利。一七九七年，
他與奧地利簽訂雷歐本草約（Leoben preliminaries），若干月後
改訂坎波佛米奧條約（the Treaty of Campo Formio），比利時
已併入法蘭西，光榮歷史可以上溯到中世紀黑暗時代的威尼斯共和
國（the Republic of Venice），淪爲奧地利的一個行省。米蘭
（Milan）、皮德蒙（Piedmont）與義大利北部的許多小公國，也
合併成爲新生的南阿爾卑斯山共和國（Cisalpine Republic）。法
蘭西在西歐稱雄，在地中海藉著與奧地利秘密的協議，因而不必擔
心來自德意志的攻擊。唯一要做的只要考慮下一步要征服何地。清
醒的人可能主張借道愛爾蘭攻打英國，拿破崙卻認爲應當在更大的

戰場上施展身手。一七九八年春天，他率艦啓航直奔埃及，納爾遜也尾隨他而去。

八月一日下午，納爾遜艦隊的一艘偵察船發出信號，表示許多法蘭西戰艦停泊在亞力山卓（Alexandria）東面的亞布克爾灣（Aboukir Bay）。十三艘「裝有七十四門大砲的法蘭西軍艦」一字排開，差不多長達二英里，艦頭朝西，停泊在淺水區，艦的左側是危險的淺灘。法蘭西海軍將領布魯伊（Bruyes）深信英國海軍將領無人敢冒險在淺灘與法艦之間航行。但是納爾遜知道這些艦長們的能耐。黃昏時分，「歌利亞號」（the Goliath）後面跟著「熱心號」（Zealous），謹慎地溜到法艦前鋒與海岸之間，在日落前的幾分鐘內開始行動，五艘英艦一連串在敵艦與海岸之間通過，同時納爾遜在「先鋒號」（the Vanguanrd）上面，領著艦隊的其餘艦隻幾乎停在法艦戰線的右舷這邊。

法軍水手有許多人都在岸上，軍艦的甲板上堆滿了索具，他們不曾想到要清理海岸面的砲眼。暮色快速地低垂，法艦陷入一片混亂，四盞平行掛著的風燈映照著英艦無情地打擊敵艦的前鋒，沿著戰線一艘又一艘。十點鐘的時候，布魯伊的旗艦「東方號」（the Orient）爆炸了，它前面的五艘軍艦早已投降，其餘的軍艦不是錨鏈被擊斷，便是企圖避開燃燒中的「東方號」而亂成一團，無助地隨波飄流。清晨的時候，有三艘法艦撞到岸上後投降了，第四艘被艦上軍官放火燒毀，這支曾經運送拿破崙軍隊前往埃及冒險的龐大艦隊，僅剩兩艘戰艦與兩艘護航艦逃之夭夭。

納爾遜在尼羅河（the Nile）的大捷中切斷了拿破崙與法蘭西的聯繫，結束了他征服東方的宏願。他對敘利亞（Syria）境內的土耳其人（Turks）發動軍事攻勢，在亞克（Acre）被西德尼·史密斯爵士（Sir Sydney Smith）與英國水兵在那裡進行的防禦所阻。一七九九年，拿破崙逃回法蘭西，將軍隊棄置不顧，英國艦隊再度在地中海稱雄，這是個轉捩點。英國在一八○○年耗費時日的圍城之後攻下馬爾他（Malta），已在地中海得到一個鞏固的海軍

基地,艦隊不需要像戰爭早期那樣回國過多。

但是英國政府無法根據歐洲戰略要求的規模,想出協調的軍事計畫,因為它資源有限,盟邦又很少靠得住。它曾派次要的遠征隊伍前往歐洲大陸周圍的一些地方。英軍襲擊過西班牙的不列塔尼,後來還襲擊了義大利南部,這些行動騷擾著敵人當地的指揮官,但是幾乎不曾影響到大規模戰爭的進行。拿破崙再度在義大利統領法蘭西軍隊,一八○○年六月,打敗了在皮德蒙境內馬倫哥(Marengo)的奧軍,法蘭西再度成為歐洲的霸主,英國此時對戰爭的貢獻是英艦隊保持警戒與英國給予盟國的經援。拿破崙嘲弄英國是「一個店小二民族」其實有些道理。英國部隊除了「針刺」(pin-prick)與「牛虻」(gadfly)騷擾戰術外,使自己揚名立萬的時間尚未到來。拉爾夫‧阿伯克龍比爵士(Sir Ralph Abercromby)這位將軍不悅地說:「英軍從事的戰爭中有其他軍隊都未經歷的諸多風險。」不久他就在埃及登陸,並且逼法軍投降,算是收回了自己對他部隊的侮辱。他在一八○一年於亞歷山卓獲勝,卻受了重傷,但此役為黎明帶來了第一線曙光,法軍已經被趕出了東方。

*　　　　*　　　　*　　　　*　　　　*

一八○○年,英國的政治情況,主要是與愛爾蘭通過了「王國合併法」(the Act of the Union with Ireland)。前幾年的震驚與驚惶事件,使皮特決心要在這個多事的島嶼試試最後一招以解決問題。愛爾蘭趁英國政府困難重重之際迫它做了許多讓步,因此要求更多,同時愛爾蘭的天主教徒與新教徒正互相殘殺。新教徒在北愛爾蘭的烏斯特成立了防衛宗教的橙社(the Orange Society,又作奧蘭治協會),在愛爾蘭南部沃爾夫‧湯恩(Wolfe Tone)領導下的愛爾蘭人聯合會(United Irishmen)愈來愈不顧一切地求助於法蘭西。叛亂、法蘭西入侵的企圖及殘酷的內戰使愛爾蘭的局勢黯淡無光,人們對獨立的都柏林議會所寄的希望都漸漸消失了,甚至根據十八世紀的標準,這個機構也腐敗到令人吃驚的地步。皮特於是決定,英格蘭與愛爾蘭這兩個王國的合併是唯一的解

決辦法；與蘇格蘭的合併已經成功，爲什麼不與愛爾蘭也合併呢？但是任何協議主要的必需條件，是將愛爾蘭的天主教徒由刑法濫用中解救出來。皮特在這個問題上被目前半瘋狂國王的良心疑慮弄得無計可施。毫無顧忌的幕後勢力、也就是內閣會議中虛僞的同僚，迫使喬治三世遵守加冕誓言，使國王確信這個問題涉及到他的加冕誓言。皮特自行擁護天主教解放的主張，並未設法由國王那裡取得書面批准，一八○一年三月十四日，喬治三世拒絕同意皮特的政策，皮特認爲非辭職不可，天主教的解放因此延擱了近三十年。同時「王國合併法」已經有人大肆庇護與賄賂，壓倒了強烈的反對，而在愛爾蘭議會獲得通過。格拉頓發表了他一生最精闢的反對王國合併的演說，但仍於事無補。西敏寺吸收了愛爾蘭議員，並在後來的十九世紀嚐到此一決定的苦果。

皮特筋疲力盡，備感厭倦，被英國籌備戰爭的討厭任務弄得十分困惑。他曾被後來的史家責備，說他沒有指揮大規模戰爭的能力。史家也指責他的財政措施，這是因爲他寧可借貸而不願增稅，因此像前人所爲，使後代子孫添上負擔。他選擇大行舉債，缺乏計畫的渡過每一個年度，一直到發動軍事攻勢的季節淒慘地結束；一天天地過日子，期望未來鴻運高照。但是，如果皮持真是位能力平庸的陸軍大臣，他的繼任者也不見得有任何改進。

的確，威廉・皮特有許多缺陷，但他仍傲視同時代的人物。他確實較任何人更能得到人民的信任，因爲他堅忍有勇氣，從來都不對批評表示畏縮。他以毫不含糊的語調與措詞巧妙的演說，反駁對手：

他（福克斯先生）向我挑戰，要我用一句話說明這一場戰爭的目標是什麼。我不知道我是否能用一句話，但是我卻可以用一個詞告訴他，這個目標是「安全」；防止威脅世人的最大危險而爭取安全。這種安全是防止在社會過去任何階段均未存在的危險，防止在程度及範圍上空前嚴重的危險。這種危險曾遭到歐洲所有國家抵

抗，但是不曾有任何國家像英國這樣成功，因為從沒有任何國家像
英國如此上下一心，不遺餘力。

皮特的地位由「國王的朋友」與他黨派的叛徒湊成的聯盟奪
走，他們佯稱是全國聯合政府（Government of National Union），
笨手笨腳地統治了三年多。他們的領袖是平民院和藹的前任議長亨
利·亞丁頓（Henry Addington），其實沒有人認為他是個政治
家。年輕的喬治·坎寧（George Canning）是托利黨崛起的希望，
他用嘲笑的押韻詩這樣寫道：

倫敦大過帕丁頓
皮特也就強過亞丁頓

戰時情勢要求建立聯合政府（Coalition Government），輝
格黨反對派僅僅因為他們缺乏統治經驗，就被人們視為不合格，他
們在一八○○年便已經因戰爭而改變形式，由反抗世界革命的戰爭
轉換成反抗世界專制獨裁（Caesarism）的戰爭，而變得有無力
感。拿破崙崛起之前，他們不斷地呼籲與革命分子議和並且互相瞭
解。現在他們被弄到要理會他們偏偏沒有什麼權威的戰略與軍事細
節問題。可能身為國家唯一領袖的意識，似乎未影響皮特的行動。
像坎寧與羅伯特·史都華·卡斯爾雷勛爵（Lord Robert Stewart
Castlereagh）這樣的年輕人都在他手下任職受過訓練，他們對上
司忠心耿耿。如同坎寧所寫的：「我不知道是否皮特願意拯救我
們，但是他確實是唯一能夠這樣做的人。」

一八○二年三月，亞丁頓政府藉亞眠條約（the Treaty of Amiens）
與拿破崙講和，戰爭因此停頓了一段時間。儘管他的追隨者極力反
對，皮特仍支持政府講和。英國旅遊人士成群結隊前往法蘭西，福
克斯也在其中，所有人都急著目睹革命的現場，親自看一看令人畏
懼的、現在由拿破崙擔任的第一執政官（the First Consul）是何

許人。但是旅遊季節很短,次年五月戰爭又起,再度處理失當,英
國當局完全未能利用喘息之機改進防禦能力。拿破崙現在正於布倫
集結兵力,意圖入侵英國。皮特已在肯特郡境內的瓦默爾
(Walmer)退隱,過去歲月的辛勞工作已經損害了他的健康,他未
老先衰,過著寂寞孤單、超然物外的自然生活,幾乎沒有朋友添點
歡樂。他與世人接觸過的唯一時間就是他下野的短暫期間,當時他
擔任五港同盟(Cinque Ports)[6] 的主管(Warden),組織民兵
防止入侵的威脅,這位前任首相策馬帶著一隊雜七雜八的鄉下人,
在南海岸(the South Coast)的野外操練。同時距英吉利海峽對
岸只有二十英里的地方,拿破崙的大軍已準備就緒,僅在等待順風
與無礙的航道。此時此景在英國歷史上實屬罕見。

【1】　譯注:William Wordsworth(1770-1850),英國詩人,作品歌頌大自
　　　　然,重要作品有與 S.T. Coleridge 共同出版的《抒情歌謠集》及其他詩作。
【2】　譯注:Jean Paul Marat(1743-1793),法國大革命時期雅各賓黨人的領
　　　　袖之一。
【3】　譯注:Thermidor,法蘭西共和曆的十一月,相當於公曆七月十九日到八月
　　　　十七日。
【4】　譯注:Directorate(1795-1799)法蘭西第一共和國的政府。
【5】　譯注:Vendémiaire,法國共和曆的一月,相當於公曆九月二十三日到十
　　　　月二十二日。
【6】　譯注:專為王室提供戰艦的五個港。

第二十章　特拉法加之役

　　一八〇四年皮特重新上台掌權，他竭盡全力投身於重組英格蘭戰力的工作中。自英法重新開戰以來，英國單獨對抗拿破崙，在它歷史上存亡最艱危的期間，單槍匹馬奮鬥達兩年之久。皮特的努力最後終於創造出與奧地利及俄羅斯的另一次聯盟，但是這需要花時間。法蘭西人此刻已經把歐洲大陸國家嚇得被動接受他們的統治，現在正集中法蘭西全部武裝部隊力量對付頑固的不列顛島民（Islanders）。他們已制定好周密的計畫，要使英國臣服。龐大的軍隊已經組織好，集中在英吉利海峽的港口，準備入侵英國，平底船艦隊也已建造了，準備帶二十萬人馬渡過海峽，爭取似乎定可得手的勝利。拿破崙如意到已由教皇爲他加冕而成爲法蘭西皇帝，他的大計只差一件沒有辦到，那就是掌控海洋。在從事那樣的大業之前，一定得先控制英吉利海峽，像以前以及有史以來，英國王室海軍似乎獨挽狂瀾，防止民族滅亡於一旦。它的任務五花八門，日復一日，冬去夏來，英國艦隊封鎖大西洋海沿岸法蘭西海軍基地布勒斯特與洛歇福（Rochefort），以及地中海的土倫。他們不計任何代價地防止法蘭西主力艦隊會合，爲了英國實力所依賴的貿易與商業，保持海上道路的自由暢通；像法蘭西艦隊偶爾逃脫，英艦都必須追趕且將其擊沈或驅回港口。通往英吉利海峽的「西端」（the Western Approaches）都必須絕對無誤地守住，不讓法蘭西侵入。當入侵的危險威脅國土的時候，西端是相距甚遠的英國艦隊的聚集點，也是海軍將領威廉‧康沃里斯爵士（Sir William Cornwallis）麾下海軍主力的所在地。如同美國史家、海軍將領馬漢[1] 所說：「法蘭西『大軍』從來不屑一顧的，遠方這些飽受暴風雨侵襲的軍艦，使『大軍』無法稱霸世界。」

　　一八〇三年，納爾遜已經返回地中海，重新指揮艦隊。他國家的命運可能在這裡決定，他的任務是圍堵在土倫的法蘭西艦隊，阻止它襲擊西西里與地中海東部或駛入大西洋，否則它可能會從那裡

解除洛歇福與布勒斯特的封鎖，強渡英吉利海峽，與來自北面布倫的艦隊聯手出擊。納爾遜深知此時情勢緊急，他身為指揮官，將所有才華都用來創建第一流的機器，艦上人員都經過重新改組，軍艦都在極度危險、困難的環境下重新裝修竣工。他沒有可以監視土倫的安全基地，直布羅陀與馬爾他又離他太遠，米諾卡島已依亞眠條約歸還給西班牙，他必須到薩丁尼亞與西班牙的沿海城鎮去補給。每次淡水用完時，他都被逼得解除封鎖，將整個艦隊移入薩丁尼亞的港口，與土倫港口的法蘭西艦隊相比，甚至在數目上也未佔優勢。在這樣的情況下，不可能完全包圍法艦。納爾遜急於誘他們出來一戰並且殲滅他們，他派了一些巡防艦，構成監視土倫的一道網，他也率戰艦停駐在薩丁尼亞的外海，小心地準備隨時進行攔截。在那兩年中，法艦兩度企圖出擊，但都被打退了。這整個期間，納爾遜沒有踏上海岸一步，他夢繞魂縈，心裡想的都是法艦將往哪個方向逃竄，是西西里與埃及？還是西班牙與大西洋呢？他必須看守住法艦所有的逃亡路線。

　　拿破崙慢慢編織對英國施以最後一擊的周密計畫，但是他的手中重要工具卻很脆弱。法蘭西海軍在革命時期已遭到摧毀性的打擊。由於財政瓦解，剩下的船艦逐漸失修，已有好一段時間無法增添新艦。軍官差不多都已經在斷頭台上喪生，軍紀差使法蘭西海軍已無法扮演決定性的角色。即便如此，拿破崙的海軍大臣（Minister of Marine）仍竭力重振海軍。新的法蘭西海軍指揮官都能在海洋上襲擊商船，表現傑出。一八〇四年五月，拿破崙皇帝已經將土倫的艦隊託付給富航海經驗的傑出海軍將領維爾納夫（Pierre Charles Jean Baptiste Silvestre de Volleneuve）。維爾納夫明白，除非是他走運，他的艦艇只能扮演防禦性角色。拿破崙無法忍受任何妨礙他大計的障礙，因此法蘭西人制定了一套複雜的佯攻之計，用來欺騙蜂擁至法蘭西搜集情報的英國密探。西班牙也被拖累入他的計畫之中，西班牙艦隊是完成主要計畫是不可獲缺的主要力量。在一八〇五年初的幾個月，拿破崙做了最後的安排，

精挑細選受過訓練的九萬多名攻擊部隊，駐紮在布倫的營地。英吉利海峽沿岸的法蘭西港口都無法容納戰艦，在大西洋與地中海的法蘭西艦隊都必須集中在其他地方，以便掌控英吉利海峽。拿破崙皇帝以西印度群島為集中地，並令地中海與大西洋的艦隊打破封鎖，而且如他判斷的，引英國艦隊進入西大西洋的水域之後，就可以命令他的艦隊到西印度群島進行集結，然後法蘭西與西班牙的聯合艦隊就可以與海軍將領甘陶梅（Ganteaume）所率的布勒斯艦隊會合折返歐洲，溯英吉利海峽而上，保證由布倫過海攻打英國。這個計畫在紙上作業十分傑出，但是並未考量到法蘭西船艦的狀況，而且忽略了英國海軍將領在遇到敵人全面來襲時，常常進行重要的集中攻擊戰略。

　　一八○五年四月，納爾遜正在薩丁尼亞海岸線外守株待兔。消息傳來說維爾納夫已於三月三十日趁黑夜出海溜出了土倫，納爾遜尚未知悉維爾納夫率領著十一艘戰艦與十八艘護航艦朝西航行。狐狸已經出洞，追逐於焉開始。運氣似乎對納爾遜不利，他的護船艦被維爾納夫擺脫，所以他必須先確知法艦不是奔往西西里或近東（the Near East）。在確定並無此事後，便率艦隊首途駛往直布羅陀，當時西風大作阻止其前進，直到五月四日，才抵達直布羅陀海峽，此時方知維納爾夫已經在三個多星期前通過海峽到了卡地茲。六艘西班牙戰艦已經前來與維納爾夫的艦隊會合，橫渡大西洋的長途航行於焉開始。納爾遜收集來自護航艦與商船的零星消息，判斷出法蘭西人的打算。現在他充分發揮長才，由令人困惑的、模糊不清的以及相互衝突的情報中看出了法蘭西的計畫。沒有任何證據顯示維納爾夫已經北上，幾乎不可能有任何理由指出他會沿著西非海岸南行。因此納爾遜在五月十一日做了西航這個重大的決定，他的十艘戰艦尾隨在敵人十七艘戰艦之後。此次航行平靜無事，陣容堂堂的英艦以每小時五海浬的平均速度追逐著他們的獵物，隨後就在西印度群島中展開一場捉迷藏的遊戲。維納爾夫與他的西班牙盟友於五月十四日抵達馬丁尼克島，納爾遜卻於六月四日

才在巴貝多（Barbados）登陸，錯誤的情報使他在加勒比海錯過了維納爾夫。不過他到達巴貝多的消息仍使這位法蘭西海軍將領大驚，而立即於六月八日在大西洋再度出海向東行駛。六月十二日，納爾遜趕到安地瓜島（Antigua），維納爾夫的艦隊四天前還在那裡。納爾遜必須做出生死攸關的決定，他認為法蘭西的艦隊正前往歐洲。他的判斷對嗎？在一封急件中他寫道：「像教皇一樣，截至目前都並非無懈可擊，我認為我的意見有錯。因此認為敵艦已前往歐洲，可能是我判斷錯了。儘管有許多有識之士提出不同的意見，我卻無法做出其他的判斷。」

離開西印度群島之前，納爾遜派了一艘單桅帆船帶著急件返回英國，它在六月十九日通過維納爾夫的艦隊，而注意到這艦隊的航向與位置。單桅帆船上的指揮官看到了維納爾夫正朝東北而行，企圖前往比斯開灣，於是快速航行返國，於六月八日抵達普利茅斯。新的海軍大臣巴勒姆勛爵（Lord Barham），年已七十八歲，擁有一生海軍經驗，立刻識破了敵人意欲為何。納爾遜的艦隊正尾隨在維納爾夫的艦隊後面快速東行，相信將在卡地茲趕上敵人，希望能在直布羅陀阻止敵人的艦隊進入英吉利海峽。此時，法蘭西的艦隊正穩定地採取更偏北的路線，往芬尼特斯角（Cape Finisterre）的方向駛去。維納爾夫有意將被封鎖在菲洛爾港（Ferrol）的法西艦隊救出來，待力量增強後，與來自布勒斯特的甘陶梅艦隊會合。不過甘陶梅儘管有拿破崙斷然的命令，卻未能突圍，英國海軍將領康沃利斯在英吉利海峽西端的艦隊將他困在港口內。同時英國海軍將領羅伯特・考爾德爵士（Sir Robert Calder）遵照海軍大臣巴勒姆的命令，在菲洛爾外海攔截維納爾夫的艦隊，展開了七月下旬的特拉法加（Trafalgar）戰役。考爾德的行動並沒有決定戰局，法艦逃到了菲洛爾港避難。

同時，納爾遜已於七月十八日抵達卡地茲，發現海軍將領科林伍德勛爵（Lord Collingwood）守在那裡，但未見敵人蹤影。納爾遜明白維納爾夫一定已向北走，遂在摩洛哥（Morocco）補給，

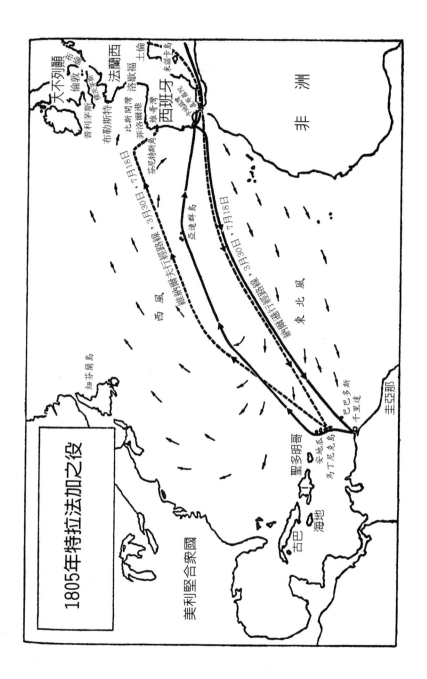

1805年特特拉法加之役

於二十三日向英國水域行駛。拿破崙在同一天抵達布倫，危機迫在
眉睫，王室海軍的外圍艦隊自動集結在英吉利海峽西端入口防禦這
個島嶼，考爾德與康沃利斯於八月十四日於布勒斯特外海會合。次
日，納爾遜率領了另外的十二艘船艦到達，將艦隊主力提升到差不
多有四十艘戰艦。納爾遜獨自隨他的旗艦「勝利號」前往樸茨茅
斯。隨後幾天，戰役達到了高潮，因為拿破崙仍相信英國艦隊已經
分散，入侵的時機已經到了，維納爾夫遂再度於八月十三日由菲洛
爾駛出，企圖與甘陶梅會合，然後入侵英吉利海峽。八月二十一日
甘陶梅欲離開港口，但卻遭康沃利斯率領全部軍艦包圍上去，法艦
只好縮回港內。此時，維納爾夫已經慢慢進入大西洋，卻改變了主
意，他熟知艦隊訓練不佳，補給奇缺，艦上有許多病患，於是在八
月十五日放棄了龐大的冒險計畫，火速前往南面的卡地茲。入侵英
國的威脅因此消失。

　　急件於九月初送達倫敦，報告說維納爾夫的艦隊已經南行。納
爾遜在麥頓的家中被召回，奉命重掌指揮權。他說：「即便上帝知
道我想休息，不論何時，只要有人希望我出征，我就會準備前
往。」在熱烈歡送的場面中，他於樸茨茅斯重新登上「勝利號」，
並於九月十五日起航。英國全體國民都知道國運現在正操在這位身
體孱弱的人手中。兩個星期以後，他在卡地茲外海與艦隊會合，英
方現在已有二十七艘戰艦了。他寫信給科林伍德說：「我們只有一
個偉大的目標，就是殲滅我們的敵人。」他計畫使現在集中在卡地
茲港的敵艦絕糧，並且逼它進入公海一決雌雄。這件事涉及巡邏整
個卡地茲附近的海岸線，他將自己的船艦編列成封鎖艦隊，他的精
力與激勵使艦長精神百倍，還對他們講述新穎的大膽作戰計畫，甚
至故意不理會海軍部的「作戰指示」（Fighting Instructions）；
為了獲得決定性的勝利，他決心放棄傳統與敵艦平行並進的作戰隊
形，他企圖在維納爾夫的艦隊由港口出來的時候，大膽地將英艦分
成兩列，以正確的角度駛入敵方陣線，一旦敵方的艦隊前鋒被切
斷，其中部與後部的船艦就會被打垮。納爾遜與艦長開過會之後寫

道：「全體都贊同這個計畫，因為它很新穎、罕見、簡單且一定會成功。」艦隊的官兵個個情緒緊張卻又興奮，準備迎接即將來臨的考驗。此時的維納爾夫已經接到，率艦隊駛往那不勒斯（Naples）去支援拿破崙新軍事計畫的命令；在他獲悉即將被人接替之後，決定在他繼任者到達之前奉命行事。十月十九日上午，一艘英國護航艦向納爾遜的旗艦打信號：「敵艦已經將它們的上桅帆桁升起來了。」若干時間後，信號又表示：「敵艦由港口出來了。」納爾遜接到了這些訊息，便率領艦隊駛往東南方，切斷敵人進入直布羅陀海峽的退路，逼他們在公海交戰。二十一日天亮時分，他從「勝利號」的後甲板上看到敵艦的戰鬥序列，包括海軍將領格拉維拉（Gravian）麾下的十二艘西班牙軍艦充當前鋒，後面是維爾納夫指揮的二十一艘法蘭西戰艦。法軍艦隊自土倫逃脫至今已有七個月了，自從一八○三年戰爭開始以來，納爾遜首次看到了他的敵人。

　　英國艦隊在法艦西邊大約十英里佔上風之處。清晨六點鐘，納爾遜發出信號，令艦隊朝東北東的方向行駛，依計排成二列縱隊出擊，法艦看到挺進的英國艦隊，便向北方行駛，納爾遜繼續全力緊緊進逼。維納爾夫的水手航海術很笨拙，使他相信不太可能逃走，便下令停船，頂風排成很長的傾斜隊形，等待納爾遜進攻。這位英國海軍將領向他的一位軍官說：「他們擺出一副隨遇而安的樣子，但是我一定要給他們從未領教過的教訓。」納爾遜向「王權號」上率領南路縱隊的科林伍德發出信號：「我打算進入敵人戰艦的前鋒，防止它們逃入卡地茲港。」然後到他的指揮艙內祈禱：「願我敬拜的全能上帝，讓我的國家，也為了歐洲普遍的利益，取得輝煌的勝利。……至於我自己，我將生命交給創造我的祂，願祂的祝福能使我為國效忠而做的努力光耀人間。」兩支大艦隊正愈來愈靠近。「勝利號」上又升起另一個信號：「英國要求人盡其責。」科林伍德看到飄動的信號旗，暴躁地說：「我希望納爾遜能停止再打信號，因為我們都相當知道自己該做什麼了。」但是當有人向他報告這訊息的時候，他所率領的一列戰艦反而發出了歡呼聲，雙方船

艦愈靠愈近，英國艦隊沈寂無聲，每位艦長都瞄準敵手。幾分鐘之後兩列英國戰艦就砲聲雷鳴，開始了行動，舷側砲火咆哮、桅桿的折斷聲、毛瑟槍近距離的砰砰射擊聲，在空中亂鳴。「勝利號」猛衝進維納爾夫的旗艦「布森陶爾號」（Bucentaure）與「勇猛號」（Redoubtable）之間，三艘戰艦頓時鎖在一起，互相以舷側砲火掃射。下午一點十五分，納爾遜正在後甲板上踱步，彷彿在檢閱的時候，被「勇猛號」桅頂射出的子彈打中了肩膀，他的脊椎骨被打斷了，在「勝利號」隆隆的砲聲中，他被抬到了艙下，戰鬥仍激烈地進行著。到了一八○五年十月二十一日，十八艘法艦投降，其餘的艦隊也全面撤退；十一艘逃入卡地茲，但又有四艘在西班牙的外海被英艦俘獲。「勝利號」的航海日誌上記下了這個過程：「部分戰火仍持續到下午四點半鐘，此時勝利的消息早已報告給總指揮納爾遜子爵知道，可惜他卻因傷重殉國。」

　　這場勝利很徹底，且是最後的勝利。英國艦隊，在最傑出的指揮官指揮下，像他一樣盡了它的職責。

　　　　　　＊　　　　　　＊　　　　　　＊　　　　　　＊　　　　　　＊

　　這時，拿破崙的注意力被吸引到另外的戰場。當維納爾夫在那年夏天無法突圍衝進英吉利海峽的時候，拿破崙皇帝突然改變了計畫，決定攻打由皮特的外交與金錢而掀起來的歐洲反法族盟。一八○五年八月，在土倫的法蘭西部隊拔營出發，開始了前往多瑙河的長途行軍。

　　隨後的戰役毀掉了皮特的希望與計畫。在特拉法加戰後的那個月裡，奧地利的麥克將軍（General Mack）於烏爾姆投降，奧地利與俄羅斯在奧斯特里次戰鬥中被擊潰，拿破崙福星高照再傳捷報，這對英國而言，似乎象徵著一切都要重新努力起。就在這個時候，英國首相接見了一位自印度返國的年輕將領，這位軍官直率地記下了他對皮特的看法：「他性格上的缺點是過於樂天。……每想到一個方案，就想像它已經履行了。」這個苛刻卻正確的判斷，出自將與法蘭西皇帝的軍隊數度交手的一個人，他的姓名是阿瑟・

韋爾斯納，也就是後來的威靈頓公爵。

　　個人的憂傷使皮特的生活黯淡起來。平民院經由議長的投票，決定彈劾他的親近同僚兼終身同伴，受封爲梅爾維爾勛爵（Lord Melville）的亨利‧鄧達斯。他們指責他對海軍部的行政管理不善，導致部屬挪用公款。做出毅然決然反對鄧達斯的演說者，除了威爾伯福斯別無他人。在平民院的場面令人感到十分沈痛；皮特聽聞威爾伯福斯攻擊他另一位最好的朋友時，不禁熱淚盈眶。在這不利的彈劾決定之後，反對派擠在他的身邊四周，「看看皮特如何看待此事」，但是他在支持者簇擁下走出了平民院。正是這種使摯友喪失顏面的恥辱，而不是奧斯特里次戰役，弄垮了這位首相的精神與體力。他於一八〇六年一月去世。威爾伯福斯爲他的朋友寫下了悼辭：

　　他去世的時刻與環境特別令人感傷。我眞的從來不記得有任何事件對感情產生如此明顯的情緒。……他對最複雜的問題都有清楚、周全的看法；他心地公正、追求眞理，遇到阻礙後仍承認眞理；他寬宏大量，只要認爲是對國家有利的，便毅然改變他的措施，儘管他知道將因此被人指控爲態度前後不一；他願意傾聽不同意見，聽取瞭解不如己者的建議；他爲人純潔、公正無私、性格正直、熱愛國家。就這些方面而言，我從來都不知道有與他相伯仲的人。

　　倫敦市政廳內，他的紀念碑上有如下的銘文：「在許多思想蔓延，使文明社會受到解體威脅的時代，他是團結、忠心、理智以及良善的人，捍衛值得他尊敬的英國君主制度。」這眞是一篇恰如其分的墓誌銘啊！

【1】　譯注：Alfred Thayer Mahan（1840-1914），美國海軍軍官、歷史學家，著有《海軍力量對一六六〇至一七八三年歷史的影響》等。

第二十一章　法蘭西人的皇帝

　　威廉・皮特的繼任者在戰爭的執行方面表現得十分堅定，卻比皮特還要不熟練。從皮特於一八○六年去世到威靈頓於一八○九年崛起的這三年裡，英國由於運氣作弄，並沒有多愜意。英國的軍力在對地中海沿岸地區的遠征中有所浪擲，只在那不勒斯王國的邁達（Maida）贏得一次小小的勝利。法蘭西突然猛攻，首次被沈著的英國步兵擊潰，這次戰役的種種報告全都送達到英國的阿瑟・韋爾斯利爵士（即威靈頓）手上，強化了他在戰場上應當如何迎戰法軍的看法。但邁達之役在戰略上並無重大意義。英國雄心勃勃，想在南美洲的西班牙殖民地建立永久立足點，暫時佔領了布宜諾賽利斯（Buenos Aires），最後卻失去了有價值的武力。幸虧艦隊的奮戰，世界的海道得以維持暢通，歐洲重要的西西里島與薩丁尼亞島也未落入拿破崙的掌握。

　　一八○六年與一八○七年，由格倫威爾勛爵率領的「清一色才子」（All the Talents）內閣整理國政，才子大都出自輝格黨，這是他們自一七八三年以來首次執政，一八三○年則是最後一次執政。二十多年來與權力的無緣，已對這個黨產生了潛伏性的貶抑影響，他們的組織與方案都在領袖們困惑的爭吵中煙消雲散。歐洲的衝突再起，他們在十七世紀九○年代支持的議會改革運動也希望落空。拿破崙的崛起破壞了他們有效反對戰爭的機會，他們零零落落、無關緊要地抨擊政府戰略方面的提議，現在甚至因為受愛爾蘭問題的壓力而希望解除對羅馬天主教徒的諸多限制，不過在這件事情上他們失敗了。陸軍大臣（the Secetary of State to War）威廉・溫德姆（William Windham）提出了令人稱讚的陸軍書面改革意見，他建議縮短役期、增加軍餉，於是廢除了地方民兵，通過了「訓練法」（the Training Act），使普遍服兵役成為義務，每一次可召集二十萬英國男丁入伍。這在立法上真是驚人之舉，但在實際執行上並不很成功。威爾伯福斯說：「他是位辦事最蹩腳的

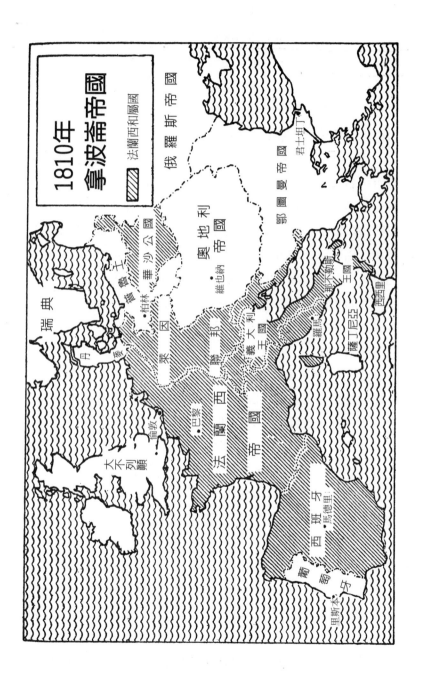

1810年
拿破崙帝國

法蘭西利屬國

俄羅斯帝國

瑞典

丹麥

普魯士王國

哥柏林

華沙公國

奧地利
帝國

維也納

萊因聯邦

義大利王國

鄂圖曼帝國

君士坦丁

大不列顛

倫敦

巴黎

法蘭西帝國

羅馬

那不勒斯
王國

薩丁尼亞

西西里

西班牙

馬德里

葡萄牙

里斯本

人，甚至於在自己的措施中也看不到精確之處或知識細節。」福克斯廢除奴隸販賣而挽回了政府的統治機能，這項禁止販奴措施是英國最偉大的成就之一。這項是皮特常常迴避的措施，卻是福克斯的最後一搏。他熱心的口才曾經激勵輝格黨人達四十年之久，他整個議會的生涯幾乎都在反對派的陣營中消磨掉了。死的時候他擔任國務大臣，他的強敵皮特已早他一步赴黃泉有九個月之久。

一八○七年，輝格黨政府垮台，後繼者是托利黨各派組成的聯合政府，名義上由波特蘭公爵（the Duke of Portland）領導，目標是要盡其所能爭取民心。這件事非常成功，托利黨的陣營中出現被皮特施以日常府務訓練的新人物，例如喬治・坎寧、斯潘塞・珀西瓦爾（Spencer Perceval）與卡斯爾雷子爵都在伸手抓權。政治鬥爭集中在陸軍部（the War Office）的方針，以及坎寧與卡斯爾雷二人的怨恨與敵對上。這些不安定的情緒，不久便迫使政府放棄威廉・皮特的策略，積極參與歐洲陸上與海上的戰爭，成了當時政府的常規。

＊　　　＊　　　＊　　　＊　　　＊

速度是十分重要的，因為拿破崙正達到他生涯的高峰，他曾在奧斯特里次打敗俄羅斯與奧地利，成為尼德蘭、義大利、萊茵河上各邦的主人。一年後，他又在耶那（Jena）擊潰普魯士，成為普魯士的主人。隨後的七年中，法蘭西的衛戍部隊把守著柏林（Berlin）與普魯士所有重要的地區。此時的沙皇（Czar）仍在戰場上活躍，一八○七年六月，俄羅斯軍隊在埃勞河（the Eylau River）畔被擊敗，拿破崙與沙皇亞歷山大一世（Alexander I）隨即和解，雙方的軍隊集結在尼敏河（River Nieman）的兩岸，兩位皇帝在河中的小舟上會面，互相擁抱，締結了他們之間的和約。不僅訂和約，而且結盟。亞歷山大一世因為只從英國那兒得到微不足道的支持而與之疏遠，自行屈服於拿破崙的魔力之下。這兩位君主根據他們共同的利益來規畫歐洲，亞歷山大一世檢閱法蘭西的陸軍，在拿破崙身邊看著禁軍（the Old Guard）行進通過，看到這些

老兵都帶有刀疤劍痕，不免感到吃驚，他對內伊（Michel Ney）[1]
激動地驚呼：「造成這些創傷的那些士兵在哪裡呢？」「先生，他
們都死了。」

　　七月七日在提爾西特（Tilsit）所簽署的法俄聯盟，是拿破崙
權力登峰造極的表現。他幾乎已掌控著整個歐洲：奧地利的皇帝像
個唯命是從的僕從，普魯士國王與他俊美的王后哀哀乞憐，幾乎已
是階下囚。拿破崙的兄弟分別在海牙、那不勒斯及西伐利亞
（Westphalia）據地稱王，他的繼子也以他之名統治著義大利北
部。西班牙因為相信局勢不可能惡化，而同意參與他封鎖歐洲大陸
的措施。丹麥與斯堪地那維亞紛紛急著想歸順，連舉足輕重的俄羅
斯，也已經盪到他那邊去了。只有大不列顛仍不求和解，未被征服
也不接受安撫，它虎踞英倫三島，控制海洋，由自豪又固執的貴族
統治，獨自挺立、心存慍怒、精神奕奕，鎮定地面對拿破崙龐大的
聯盟。有些焦急的商人與製造商抱怨英國的封鎖影響到他們的利
益，他們煽動輝格黨政治家譴責封鎖，但政府的基礎是建立在土地
上而非貿易上，因此對反對之聲充耳不聞。然而將會給英國帶來勝
利的力量大多得歸功於日益成長的工業優勢，工業界非常清楚這一
點，一大堆戰後隱憂現在已肇其端，工業界將要求在戰後分享更多
的政治權力。但就目前而言，愛國情操至上。英國這個抗命不從的
國家，破壞及嘲笑歐洲的統一，擾亂法蘭西的太平，因此，拿破崙
決定用全部的軍力對付它。除了襲擊遊艇，法蘭西軍艦如果冒險進
行海戰不是被擊沈，便是被俘獲，英國的封鎖像是用濕冷的裹屍布
將法蘭西帝國與被拿破崙控制的歐洲包了起來，無法貿易、無法得
到咖啡、無法得到糖、無法與東方或美國人聯繫……，沒有結束這
個僵局的辦法。拿破崙原本認為只要將歐洲掌握在手便可逼英國講
和，但是英國因為海上貿易而興旺，它的統治階級對職業拳擊賽與
獵狐像對世界危機同樣深感興趣，對拿破崙的企圖全然未做任何回
應。

　　法、俄兩位皇帝曾在尼敏河小舟四上上會面，這個嚴重而帶有

威脅性的消息傳到了倫敦。英國的一位密探報告說，一切已安排妥當，拿破崙將藉此奪取丹麥的艦隊，並且控制通往波羅的海的入口，這是藉俄羅斯幫助而聯合入侵英國的前奏。令人欽佩的英國內閣毅然決然地採取了行動，海軍將領甘比爾（Gambier）奉命率領二十艘戰艦進入波羅的海，若有必要，會使用武力迫使丹麥艦隊投降。丹麥人在哥本哈根（Copenhagan）港遭到猛攻之後，只有屈膝認輸。英國這項侵犯中立國的行動引起輝格黨政治家與文人反對政府的風暴，但是當時的情勢證明這種行動迅捷且正當，同時也為猛烈的行動找到了藉口。英國艦隊離開領海兩天之後，拿破崙便通知駐巴黎的丹麥公使，表示如果英國拒絕俄羅斯在大戰中擔任調停，那麼丹麥就會被逼表明立場，若是英國政府沒有火速行動，法蘭西就會在幾個星期內控制丹麥海軍。

　　陸軍大臣卡斯爾雷忙著重建正規軍，這件事也因議會的大刀闊斧、火速通過法案而獲解決，由已經恢復的地方民兵中抽出三萬人組成了正規兵團。另外法案還規定為民兵招募四萬九千人，擔任保鄉衛國的任務。

　　拿破崙使歐洲其餘地區都安全無虞之後，便將注意力轉到西班牙半島（the Spanish Pennisula）。他明白在海上他毫無力量可言，為了摧毀他的勁敵，他必須用封鎖的武器來對付英國。他將從俄羅斯邊境沿著北歐與法蘭西西部海岸，及地中海海岸直到達達尼爾海峽（the Dardanelles）沿線，建立海關，像銅牆鐵壁般不許英國貨物進入歐洲市場。拿破崙在柏林宣布這項政策，這是由陸上對海上力量所做的封鎖。法蘭西部隊及海關官員在這個巨大屏障中最弱的環節，是西班牙半島。為了完成這個令人驚訝的計畫，不僅得控制西班牙，還要控制英國的傳統盟友葡萄牙；葡萄牙的首都里斯本是英國艦隊重要的潛在基地。

　　因此西班牙半島處於關鍵地位，英國內閣也慢慢將注意力轉到這個戰爭即將來臨的戰區。拿破崙決定在英國艦隊向南航行之前，假道西班牙攻擊里斯本。英國外交大臣坎寧展現出年輕人的精力，

一支英國艦隊駛往塔霍河（the Tagus 或 Tajo），集合了葡萄牙的船艦，將葡萄牙王室、政府與上流社會人士送往安全的巴西。幾天之後，朱諾元帥進入葡萄牙的首都，次日拿破崙就對他剛佔領的這個國家宣戰。

法蘭西與英國現在死纏惡鬥。針對拿破崙的歐洲大陸封鎖措施，英國政府發表了樞密令（Order in Council）[2]，宣布在海上封鎖所有法蘭西及其盟邦的港口；換句話說，幾乎是整個歐洲都進行封鎖。拿破崙的勒令與英國的命令影響到中立國家的海運，這場貿易戰的結果對英、法雙方都有深遠的影響。歐洲的貿易癱瘓了，許多國家都在法蘭西的束縛下動盪不安，英國軍艦對中立國船隻的干預惹起了英、美關於自由航海的問題，這個重大的爭執，不求助於戰爭是無法解決的。

拿破崙對於權勢貪得無厭，時時都想打垮英國、粉碎她無形的封鎖，於是決心攫取西班牙的王冠。他誘使西班牙的國王查理四世（Charles IV）與他的兒子費迪南德（Ferdinand）進入在貝約納（Bayonne）的陷阱，以行刑隊脅迫他們簽署讓位文獻，然後讓他弟弟約瑟夫（Joseph Bonaparte）坐上西班牙的王位，作為法蘭西帝國的諸侯（vassal）。他對這項暴行的成功欣喜若狂，寫信給康巴塞雷斯（Cambacérès）時說：「西班牙的輿論悉聽孤意，各地都已恢復平靜。」一八○七年五月十六日，他在給外交大臣塔里蘭的信中說：「西班牙的問題進行順利，不久將完全解決。」但是事情並不像他想像的那樣容易。西班牙人一體會到發生了什麼事，即他們的國家實際上已遭到法蘭西併吞，便馬上自動自發地在各地起義。五月二十四日到三十日之間，他們在整個半島上的村莊，紛紛拿起能當武器的東西，前往省會或地方行政中心，同樣的過程已經在那裡大規模地進行。歷史上從未見過一個人口眾多的古老民族，由於一個想法的激勵，掀起了全國的起義。在比斯開灣海岸上的阿斯土利亞（Asturias），這個極小的行省被重山峻嶺將它與西班牙的其餘部分隔開，對於其餘的省分正在做什麼毫不知情，但它

卻能徒手將法蘭西的總督趕走，奪下軍火庫，獲得了十萬支毛瑟槍，自行成立政府，並且在拿破崙登峰造極之際對他宣戰，派特使到英國去請求結盟及援助。特使於六月六日的夜晚在法茅斯（Falmouth）登陸，被海軍部護送去謁見坎寧。坎寧瞭然於心，從那個時刻起，半島戰爭（the Peninsulan War）就開始了。首次被法蘭西大革命釋放的兵力，經過拿破崙的訓練及指揮，初次遭遇到並非國王或舊世界的統治階級的頑抗，而是受宗教與愛國情操激勵的整個人民頑抗。當年聖女貞德曾經試圖以這種宗教與愛國情操教導法蘭西人，可惜功敗垂成，現在西班牙卻要以此教導歐洲。

　　戰爭的特性變得不堪聞問。在德意志、義大利與其他地區，都曾經有劫掠與粗暴行為，但所幸部隊都不殺俘虜，居民袖手旁觀。現在在西班牙，法蘭西部隊在行軍途中，不斷發現落隊與受傷袍澤遭到可怕肢解的屍體，有時屍體上還帶著受過酷刑的痕跡，這使得他們不寒而慄，明白與他們搏鬥的敵人在正規戰役中雖然沒有能耐，但是刀槍不饒人也不向人求饒，而且敵人到處都是。約瑟夫國王於七月由馬德里（Madrid）寫信給拿破崙說：「至今沒有任何人講過實話。事實上，除了隨我到這裡來的幾個人之外，找不到任何支持我的西班牙人。所有的人都被同胞的同仇敵愾情緒嚇到了。」他並且要求「充足的部隊與金錢」。拿破崙皇帝遲遲不重視西班牙起義的兵力，他已經在歐洲作戰長達十五年，自認瞭解此類起義叛亂以及它們的意義，他甚至認為自己在解民倒懸，因為他在歐洲大陸許多地區的確如此，所以他無法瞭解為何一個民族寧可忍受自己內部的不當統治，而不願接受外來的理性統治。七月底，他在杜伊勒利宮，有消息傳來說在西班牙有樁很嚴重、且對於他的整個權力架構頗具威脅性的事件。

　　杜邦將軍（General Dupont）由哥多華（Cordova）撤退前往馬德里，在安達魯西亞省（Andalusia）境內的貝倫（Baylen）被敵人纏住，進退維谷。炎炎熱日他得為取水一戰，後因此事未成，遂率領二萬二千名法蘭西士卒向西班牙叛軍投降，這是歐洲在

法蘭西大革命以來的戰爭新局面，拿破崙覺得自己封鎖歐洲大陸的
措施受到了極為不利的打擊。貝倫的投降逼得馬德里方面的法軍不
得不帶著約瑟夫國王撤退到厄波羅河（the Ebro）背後的東北方。
朱諾元帥在葡萄牙，那裡的人民同樣地也集體揭竿而起，他被一個
方圓達幾百英里，充滿敵意的國家，以及英國控治的海域，也可從
海上發動攻擊，孤立了起來。拿破崙的身心開始感到震撼，害怕帝
國王位基礎受到動搖，雖然此時此刻，他仍夠強大到足以撤出西班
牙，但他的權勢仍舊如日中天，但是他仍害怕由一個站不住腳的、
危險的處境中撤退。他必須像所有獨裁者一樣，由一次凱旋走到另
一次凱旋。他曾經盼望藉由個人與薄弱西班牙政府之間的安排，靠
詭計、陷阱、不流血也不付代價，將西班牙收編到他的帝國內，但
是這個國家突然間變成了他軍事方面主要的難題，於是他決心要征
服西班牙，他將精銳的部隊由德意志調到南方。他預料一八○九年
會徵兵，用新兵來補充精銳部隊，並且由他的新兵訓練所調了十六
萬新兵，陸續前往他們在德意志以及奧地利各處的駐紮地。他對於
德、奧兩國的態度早已有所疑慮。老兵則行軍穿過法蘭西進入西班
牙，一路上備受照料，法蘭西各城鎮都給予他們正式盛宴的款待。
士兵因民眾的善良表現而很振奮，民眾看到皇帝的壯盛軍容也都深
為所動。

　　但同時，英國人施展出精明的一招，坎寧與他的同僚決定派軍
前往西班牙半島去幫助西班牙叛軍。不過在加里西亞與安達魯西亞
兩省的軍人集團（Junta）都還不曾願意接納外國部隊，這支遠征
軍就只好派往葡萄牙，於一八○八年七月在里斯本北方的蒙德哥河
（the Mondego River）登陸。這一支較小的英軍只有三萬裝備精
良的士卒。首先登陸部隊的指揮官阿瑟·韋爾斯利爵士，早在印度
與馬拉地人作戰中已聲名卓著，他曾經贏得亞薩耶之役，且是印度
總督的弟弟和國會議員，也是托利黨政府的成員，在這個時候擔任
愛爾蘭統督（Lord-Lieutenent）的秘書長。他並沒有等候部隊的
其餘人馬到來，便佔據了陣地。在羅利卡（Roliça）一仗中，朱諾

慘遭擊退。在維米埃若（Vimiero）一役中，這種情形又重演了一次，只是規模較大而已。法蘭西的攻擊縱隊被現在開始引起人們注意的「稀薄紅色防線」（the thin red line）[4] 預備的火力擊潰，朱諾向里斯本撤退。

在這個勝利的時刻，哈利·伯拉德爵士（Sir Harry Burrard）到達，接替了阿瑟·韋爾斯利爵士的職務，後來在同一天，伯拉德又將指揮權交給了休·達爾林普爾爵士（Sir Hew Dalrymple）。韋爾斯利本想奪取托雷斯維德拉（Torres Vedras）隘口，就此切斷朱諾的撤退路線，因為上級不採納而未能如願。但是法蘭西的這位指揮官現在派凱勒曼元帥（Kellerman）到英軍軍營進行談判，提議如果英國人將他的部隊送回法蘭西，他就撤出葡萄牙。雙方遂簽訂了「辛特拉協定」（the Convention of Cintra），英方一絲不苟地執行，朱諾與二萬六千名法蘭西兵卒搭乘英國運輸船在洛歇福登陸。韋爾斯利很憤慨地對他的軍官說：「我們現在可以去射擊紅腿的松雞了。」對於放虎歸山，讓朱諾返回法蘭西，英國人自然大聲抗議，倫敦的一個軍事法庭宣布這三位指揮官無罪，不過僅其中一位後來再度受到任用。

他就是至關緊要的那一位：

阿瑟爵士與哈利爵士，
哈利爵士與休爵士，
公雞在報曉，
「喔 喔 喔」。
阿瑟爵士是隻鬥雞，
但是其他兩人
只知報曉
「喔 喔 喔」。

拿破崙本來有意將朱諾交付軍法審判，由於英國人正在審問他

們自己的將領，他於是宣稱自己很高興不必非要訴訟這位老朋友。歷史已經認可拜倫（George Gordon Byron）[5] 所寫的詩句：「辛特拉！大不列顛對你的名字痛心疾首！」

拿破崙現將他一百萬的精銳部隊調入西班牙，這支大軍正在厄波羅河的後方集結時，他籌畫了盛大的展示，在艾福特（Erfurt）將所有的屬國與盟國集合在一起，重聚的場面十分堂皇，有三十八位君主與統治者應皇帝之召與會。沙皇到的時候，拿破崙試圖煽動他聯手向君士坦丁堡進攻，並且沿著歷史的路線前往征服印度。沙皇亞歷山大一世對拿破崙的性格十分欣賞，他憧憬著與拿破崙一同征服世界，但同時也對拿破崙在奧德河（the Oder）河畔派駐很大的衛戍部隊感到苦惱。塔里蘭藉微妙的密談，洩露了拿破崙的利益所在，並且敦促沙皇與法蘭西結盟，而不是與法蘭西皇帝結盟。這次的聚會極其隆重且壯麗，即便亞歷山大一世與拿破崙在嘉賓之前互吻，但是艾福特的聚會只不過是提爾西特聯盟空洞的回聲罷了。

拿破崙要在厄波羅河上指揮大軍的時刻已經來到了。西班牙軍人集團指揮著九萬名毫無經驗但熱情沸騰的志願兵，懷著重獲自由的幻想與之對抗。拿破崙皇帝揮舞著刀槍，來勢洶洶的法軍向馬德里猛進，驅逐西班牙軍隊，使他們連連敗退，法蘭西的騎兵在戰鬥中恣意且無情地報復著。拿破崙極其狂暴到使他身邊的幕僚都感到吃驚，他總是率領著主力部隊硬拼，甚至於在索莫山（Somo Sierra）不顧傷亡地使自己的貼身衛隊向敵軍砲陣衝鋒。十二月，他進入了馬德里，將隨著輜重車一道逃走的約瑟夫重新推上被竊取的西班牙王位。但是西班牙的人民不畏不懼，在入侵者的營地四周進行令人膽寒的遊擊戰。

＊　　　＊　　　＊　　　＊　　　＊

一位能征慣戰的英國新將領，此時已經涉及「辛特拉和約」的將領，之後擔任指揮官的約翰‧摩爾爵士（Sir John Moore）。他由里斯本穿過薩拉曼卡（Salamanca）向瓦雅多利（Valladolid）

挺進，他曾受到西班牙大力承諾援助的引誘，試圖冒極大風險使西
班牙的希望成眞。他大膽地衝刺，切斷了甚至威脅到所有法軍的運
輸線，並且立刻阻撓了法蘭西部隊在西班牙南方的行動或對付葡萄
牙的行動。拿破崙由馬德里注視著戰局，視摩爾爲一理想獵物，一
八〇八年的耶誕節，他率領了五萬人馬，同內伊元帥、蘇爾特元帥
以及禁軍，一同前去攔截與擊潰摩爾。拿破崙與他的士兵一起步
行，拖著沈重的腳步走過瓜達拉瑪（Guadarrama）的積雪。他以
驚人的速度前進。摩爾及時得到情報，利用本身的兩棲作戰能力，
放棄了他與葡萄牙的運輸線，並且命令他的運輸船隻到西班牙西
北端的科藍納（Corunna）去等他。兩支軍隊正在賽跑，但是當法
蘭西的騎兵渡過塞科河（the Rio Seco）的時候，被英國後衛部
隊的騎兵擊退，法軍的一名將領被俘，摩爾已經通過了亞斯托加
（Astoga），並且已在到達他避風港口的半途中。

　　拿破崙皇帝此刻坐在亞斯托加一座橋的欄杆上，看著由首都送
來的急件。片刻之後他站起身來，佇立著陷入沈思，然後他下令將
他的旅行馬車帶來，並將追逐英軍的任務交給蘇爾特元帥，獨自出
發到瓦雅多利與巴黎去了。在幾個月前，他就已經知道奧地利軍隊
正在集結，而他也預料奧地利一定會對他宣戰，但是國內有更重要
的事要辦，他的弟弟盧西恩與他的繼子歐仁・德・博阿內
（Eugene de Beauharnais）都警告他說塔里蘭與他的警察總監
（Minister of Police）富歇公爵約瑟夫（Joseph, Duke of Fouché）
圖謀不軌。除此之外，現在已經沒有截斷英國軍隊的機會，追趕已
成了強行軍，而蘇爾特與內依可以承擔此項任務。

　　英國軍隊經由崎嶇難行、白雪覆蓋的山區，艱難地撤退，法軍
在後窮追不捨。英軍走過之地，有酒店之處，就有士兵酒醉的場
面。劫掠時起，饑寒交迫而垂垂待斃的落隊者沿途可見，還有爲了
阻礙追兵免於被俘而由峭壁拋下來的、陸軍裝金幣的箱子，均使得
英國部隊的脫逃變得極爲狼狽。但是摩爾在盧哥（Lugo）突然轉
向，率領部隊堅決地求戰。蘇爾特雖然略佔優勢，仍等待援軍有兩

天之久。英國部隊決定趁黑夜溜往科藍納，於一八〇九年一月十四日抵達。但是這港口空空如也，逆風使得英國艦隊與運輸船被延誤，看來似乎還是會大戰一場。十六日，蘇爾特以二萬人攻擊摩爾的一萬四千人，不過卻到處被擊退，且也遭到反攻。夜幕低垂之際，追兵已經被打慘了，摩爾與他的副指揮官大衛·貝爾德爵士（Sir David Baird）也不幸戰死沙場；著名的散文與詩篇都記錄了他的陣亡與葬禮。

在行戰中參加過戰鬥的內皮爾[6]（Sir Charles James Napier）寫道：

這位將軍由一隊士兵從他跌倒的地點載往這個城鎮，他血流如注，傷勢加重，但是他的心智堅定，毫不動搖。在他左右的那些人，由他臉色的堅決判斷他的傷不足以致命，願他能恢復健康。他聽到這種說法，將傷處看了一會兒，然後說：「不，我覺得這不可能。」他有幾次讓他的隨從停下來，將他轉個身，以便他注視戰場情況，當他由槍砲聲中聽出英軍在挺進時，感到很滿意，允許擔架兵繼續往前行。到了他的營帳之後，外科醫生為他驗傷，認為他已毫無獲救希望。他的痛苦加劇，說起話來十分困難，他不時地問法軍是否被擊退了。他對老朋友安德遜上校（Colonel Anderson）說：「你知道我常常都想這樣子死去。」他再度問是否打退了敵軍，有人回答是的，他便說：「知道我們已打敗法軍，我真是至感安慰。」他的表情依然堅定，神智清醒。僅僅有一次他談到母親時很激動。他詢問朋友以及屬下軍官的安危，他甚至在這個時刻都沒有忘記推薦那些立下功勞、有權晉陞的官兵。他的氣力消退得很快，生命即將滅絕，此時彷彿預見他死後會有卑鄙的中傷者，便以不屈服的精神發出感嘆：「我希望英國人民感到滿意。我希望我的國家會對我公道。」他的遺體由參謀人員裹在軍用斗篷中，在科藍納堡壘下葬，此時戰鬥尚未結束，敵軍的砲聲似乎在為他送葬。蘇爾特對他的勇氣表現出至高的崇敬之情，為他立了一座紀念碑。

摩爾的同胞可能還他個公道，因為他憑藉著大膽、熟練與運氣，粉碎了拿破崙的冬季軍事攻勢，並且將這位皇帝與他最精良的軍隊引到西班牙最不重要的地區，這樣子對於在西班牙半島所有其他地區著手調動的人馬提供了保護與爭取不少時間。他躲過了拿破崙向前的猛撲，卻像沃爾夫與納爾遜一樣，在勝利即將到來的時刻中辭世。他的軍隊未受到騷擾而重新上船，他的一番戰鬥已經恢復了英國自查塔姆之日以來日益無光的軍事聲譽，也已經為下一位決定要率領歐洲各國軍隊走上戰場進行決戰的新人物鋪好了路。

　　＊　　　　＊　　　　＊　　　　＊　　　　＊

　　拿破崙皇帝回到了巴黎，使他想叛變的屬下又再度表現忠誠，他現在必須對奧地利作戰，為了這個目標，他要求徵集法蘭西的青壯男丁。但多年來的豐功偉業早已經使人力不繼。宣戰這件事使他的諮議大臣都感到震驚。他抽調一八一○年的應徵士兵入伍，強迫各大家族將十六歲以上的子弟送往軍校就讀，並由西班牙撤回若干部隊。四月，他以為有二十四萬新兵加入他的隊伍，或在後方受訓，於是便行軍去攻打奧地利。有高層人士認為，一八○九年在多瑙河谷的軍事攻勢的開始階段，是表現軍事天才最優秀的範例。拿破崙皇帝發現他的元帥彼此關係不佳，一團紊亂，在他到達前線之前，就先對各個軍團下令。他在塔恩（Thann）、亞本斯堡（Abensberg）、蘭休特（Landshut）、埃克米爾（Eckmühl），與雷提斯堡（Ratisbon）所進行的五日戰役（the Battle of the Five Days）中，只進行一個作戰計畫，每個階段都矯正部屬的不當部署，所以每天都有嶄新且富有成果的勝利。奧地利部隊的防線很長，遭到了中央突破，損失慘重，殘兵紛紛撤退，拿破崙再度領著他的部隊進入維也納（Vienna）。

　　但是他還來不及殲滅奧地利的軍隊就遇到了麻煩。當他企圖在亞斯伯恩艾斯令（Aspern-Essling）渡過多瑙河時，河水突然暴漲，沖斷了許多橋樑，千鈞一髮中，他逃過了在奧地利最善戰的指揮查理大公之手。他在林木蔥籠的洛保島（Lobau）蹲伏了六星

期，同時由他帝國各區調集援軍。不料他名義上的盟友沙皇卻對他
的作戰，讓他感到躊躇不決。七月十四日，他自洛保島上突圍，在
瓦格拉姆大戰（Battle of Wagram）中強行渡過多瑙河，幾乎有
四十萬人馬在這戰場中廝殺，其中有四萬人陣亡。歐洲被這一仗打
得頭暈眼花，沙皇亞歷山大一世急忙祝賀，奧地利再度在這位征服
者的劍下俯首稱臣。

【1】 譯注：Michel Ney （1769-1815）法國元帥，驍勇善戰，曾參與拿破崙多
次的戰爭。
【2】 譯注：Order in Counci 指英國和英聯邦國家的內閣根據制定法所頒佈的法
令，在理論上係君主根據樞密院的奏議會同樞密院頒發的命令。
【3】 譯注：指英國步兵著紅衣，陣形不密。
【4】 譯注：the thin red line（1778-1827），英國詩人，詩路寬廣，擅長諷刺，
代表作有《唐璜》等。
【5】 譯注：George Gordon Byron （1782-1853），英國將軍，曾參加此次半
島戰爭。
【6】 Napier, The Peninsular War, vol. i.

第二十二章　半島戰爭與拿破崙的敗亡

英軍由科蘭納揚帆離去，西班牙就沒有什麼有組織的軍力足以阻撓拿破崙的各路元帥了，西班牙的軍隊在各處嚐到敗績，僅剩無法剿平的遊擊隊仍在繼續活動著。在一八○九年的頭幾個月裡，法軍再度隨意在半島上調度部隊。蘇爾特已經進入葡萄牙，在奧波土（Oporto）紮好了根基。英國早先遠征軍所剩士卒仍佔據著里斯本，而且靠著持續的增援，人數再度提升到三萬人，這些兵卒與同樣數目的葡萄牙部隊，在英軍將領貝雷斯福德子爵（Viscount Beresford）的率領下，使蘇爾特無法動彈達幾個月之久。在此期間，蘇爾特因有意用計自立為葡萄牙國王而分心。倫敦政府對於下一步應當做何行動意見分歧，應當在半島恢復主要軍事攻勢？或者是攻擊尼德蘭呢？最後他們決定將力量一分為二，在兩地都試一試。一支遠征軍準備去奪取荷蘭在須爾德河河口上的瓦恰倫島（Walcheren），並且進一步佔領安特衛普，這將是個損失極重的牽制攻擊，但似乎也很有成功的希望，當時相信在遙遠的西班牙與葡萄牙可以贏得重大勝利的觀察家寥寥可數，阿瑟·韋爾斯利並沒有同樣地懷疑這種可能，他在四月被重新任命在里斯本擔任指揮，隨後在半島征戰了五年，最後取道法蘭西的首都凱旋回到倫敦。

韋爾斯利辭掉了他在議會的席位以及秘書長的官職，在四月底之前抵達里斯本。他面臨選擇，是要攻擊在奧波土的蘇爾特呢？還是重新進入西班牙，與無數法蘭西元帥交戰；這些元帥的兵團都散布在整個半島各地。最後他決定先掃除葡萄牙境內的敵軍，他藉著秘密的急行軍，率部抵達斗羅河（the Douro），趁黑夜用小船與接駁船將一師兵力渡過了河，突襲蘇爾特在城裡的軍隊，他的損失極其輕微，逼得蘇爾特元帥撤退到北方崇山峻嶺的地區，蘇爾特在向南方撤退的時候，還被貝雷斯福德率領的葡萄牙部隊打得損兵折將，被迫放棄所有的大砲、受傷的兵卒以及大批輜重，六天之後，他抵達西班牙屬加里西亞省（Galicia）境內的奧倫瑟（Orense），

全軍已次序紊亂，筋疲力盡，自他進入葡萄牙以來已喪失六千多名士卒。偷渡斗羅河、突襲奧波土，使蘇爾特狼狽不堪，成了這位英國新將領的輝煌成就，並且為進一步的行動鋪好了路。

韋爾斯利決定沿著塔霍河（Tagus）的河谷前進，突破西班牙的中部，而且與奎斯塔（Cuesta）率領的西班牙軍隊會合，再與維克托元帥交戰。蘇爾特的部隊已經經過整編，重新裝備，正移師前往與維克托會師，如此一來將會給予他決定性的優勢。韋爾斯利位於馬德里西南方一百英里的塔拉韋拉（Talavera），現在的處境變得岌岌可危，他的士兵也瀕臨斷炊餓斃。維克托元帥自信兵力夠強，不必等蘇爾特到達就可以從事攻擊，一八○九年七月二十七日下午，英、法兩軍開始交戰，法軍足足有五萬人之多，韋爾斯利只有二萬英國士兵與二萬四千名西班牙士兵，雖然西班牙很勇敢，但仍無法在正規戰役中擔任要角，他們的實力僅在於騷擾戰方面。整個激戰就由一萬六千名英國士兵與三萬法蘭西士兵擔任。維克托於二十八日開始的攻擊很不協調，在以刺刀進行兇猛肉搏拚鬥之後被對方擊退，而且損失慘重，下午時分，戰役到達了危機時刻。英格蘭的禁衛軍團（the English Guards）見到前方法蘭西部隊潰敗而感到興高采烈，心情激動而追擊，離開了他們在防線中的位置，造成英軍的中央門戶大開，法蘭西部隊於是反擊，英軍秩序大亂，但是韋爾斯利將第四十八軍團（the 48th Regiment）調上陣地，他們的陣勢齊整、紀律嚴明，穿過撤退的士兵向前挺進，攻擊法蘭西部隊側翼，挽救了局勢。第二十三輕龍騎兵團（Light Dragoons）發動狂風暴雨般的衝鋒，殺入敵軍的側翼，不過這個兵團的半數人馬都在衝鋒中陣亡了。夜幕低垂的時候，維克托接受了失敗，並向馬德里撤退。這場戰鬥的慘烈或者可由英軍的損失來加以判斷，韋爾斯利所率整個二萬人中已有六千人倒臥在沙場，或死或傷。法蘭西部隊損失了七千五百人與二十座大砲。西班牙部隊則聲稱折損了一千二百人。

韋爾斯利無力追趕敵軍，次日上午，羅伯特·克勞福德將軍（General Robert Craufurd）帶著他的輕步兵旅（Light Brigade）；

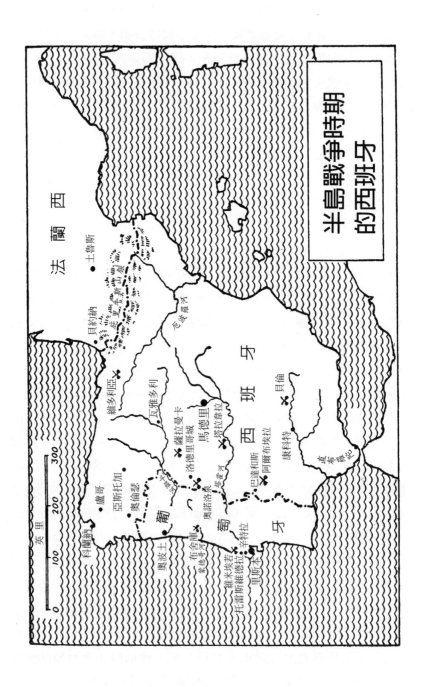

半島戰爭時期
的西班牙

即後來的輕步兵師（Light Division）到達，他們已於二十六小時內行軍六十二英里，是紀錄史上步兵最快速的一次行軍。韋爾斯利已不再信賴西班牙盟軍的合作，因爲他們太隨心所欲了，而並非以他的方式與敵人交戰。他像之前的約翰・摩爾爵士，在冒過極大的風險後，僅以毫髮之差而獲勝。他率著部隊平安無事地沿著塔霍河撤回到葡萄牙，由於他的高明指揮與決心而享有名將聲譽，英國部隊的能征慣戰也使法軍留下了深刻的印象。阿瑟・韋爾斯利被升爲貴族，封爲威靈頓子爵，儘管輝格黨人反對，他還是獲賜一年二千英鎊的年金達三年之久。納爾遜已殉國，皮特已作古，但幸運的是英國還是有個人可以代替他們。

     *   *   *   *   *

    國內的政治發展與前方將領的勝敗有著密切聯繫，是這段歷史的顯著特色。每次軍事上的逆轉都導致身處倫敦的內閣大臣之間的個人關係產生危機；「辛特拉和約」的屈辱使得坎寧與卡斯爾雷二人的敵對態度加深，互相的厭惡更加尖銳，前者急於革除全部涉及將領的軍職，後者卻對韋爾斯利兄弟的軍政生涯極爲關切，幸好卡斯爾雷佔了上風。現在這兩位大臣因爲對派往瓦恰倫島遠征部隊面臨的危難而彼此不合，由於外交大臣與作戰大臣的職掌界定不明且重疊，他們的脾氣更加暴躁。掛名首相的波特蘭公爵[1]（the Duke of Portland）的健康江河日下，使這兩位年輕政治家爲爭取首相職位更加互不相讓，甚至做了一次決鬥，坎寧受了傷，結果兩人都辭了官，波特蘭亦然，使得身爲財務大臣的斯潘塞・珀西瓦爾接掌了政府，他並不裝腔作勢，但卻機敏善辯，在進行戰爭方面態度相當果決。新政府贊成威靈頓在西班牙作戰，珀西瓦爾任命韋爾斯利侯爵爲外交大臣，這位侯爵在內閣中堅定地支持他的弟弟威靈頓。新任陸軍大臣利物浦勛爵[2]（Lord Liverpool）也對威靈頓十分友好。珀西瓦爾政府盡力滿足威靈頓的要求，但它卻面對著平民院中輝格黨反對派以及托利黨叛徒的搗蛋，在微不足道的問題上繼續受到阻撓。一八一〇年國王的瘋狂症重新發作，惹起了新的危機，

帕西瓦爾技巧地避開了政治權力均衡中的改變。威爾斯親王喬治成
了攝政，但是他並沒有召見他以前的朋友——輝格黨的反對派，儘
管他們熱切地希望如此。攝政的親王反而決定信任他父親的大臣
們，這得歸功於他真採取這樣的行動。帕西瓦爾靠著節儉的財政政
策，而能夠維持補給與培植武裝部隊。他執政三年，政府的效率顯
然在默默提升。

＊　　　　＊　　　　＊　　　　＊　　　　＊

這些年都是考驗威靈頓的歲月，他指揮英國唯一留在歐洲大陸
的軍隊，一旦失敗，對英國、西班牙與葡萄牙的愛國者而言，都會
是大禍臨頭，也會使大批法蘭西的部隊抽調出來去支援拿破崙在其
他地方的活動。我們只能猜測，若不是因為威靈頓在西班牙半島穩
定地消耗拿破崙的資源，這位皇帝可能會享受到進一步的凱旋，或
許甚至在俄羅斯告捷。威靈頓對所有這一切並非一無所失，但是他
當前必須採取的策略是小心謹慎，他冷冰冰地寫道：「由於這是英
國最後的軍隊，我們必須小心照顧它。」自從法蘭西革命的戰爭開
始以來，英軍已經在歐洲大陸設立許多的立足點，但是全都沒能留
下來，法軍常常竭盡其力地將英國部隊驅到海上。一八一○年，他
們正在集結軍隊準備重新一試，威靈頓決心不讓敵人逼他匆匆撤
離。前一年的整個冬天，他都一直將位於里斯本附近托雷斯維德拉
山嶺的一系列防線加強得極為完善，這樣做是要形成他最後的軍事
據點，他漸漸地向這些防線撤退。

拿破崙手下最能征慣戰的馬塞納元帥，正指揮著在葡萄牙的法
軍，馬塞納已經順利打垮西班牙的抵抗，帶著八萬人越過了西葡邊
界。英國軍隊只有為數二萬五千人，他們的葡萄牙盟友也只有同樣
的數目。九月間在布舍庫（Busaco）打了一場硬仗，六萬法軍與
僅佔半數英國部隊的五萬聯軍遭遇，葡萄牙軍現已鍛鍊得相當堅
強，法軍遭到重創並被擊敗，不過威靈頓的部隊繼續撤退，突然之
間法軍停止向前挺進，因為他們的前面出現了令人膽寒的，未被擊
敗的英國部隊把守的托雷斯維德拉防線，而四周伸展出去的是堅壁

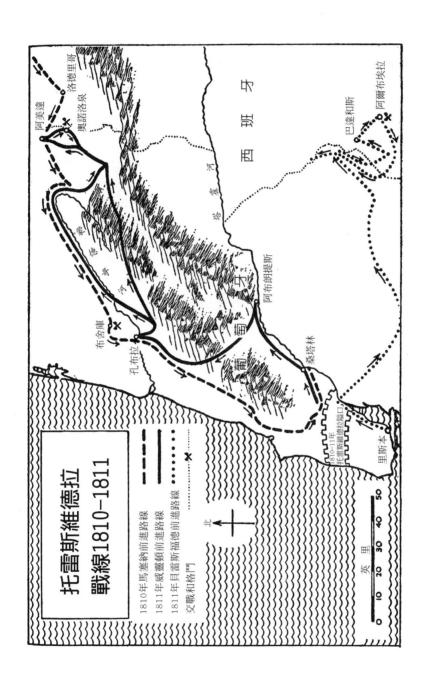

托雷斯維德拉
戰線1810–1811

1810年馬塞納前進路線	– – –
1811年威靈頓前進路線	━━━
1811年貝雷斯福德前進路線	⋯⋯
交戰和格鬥	✕

北

英里

0　10　20　30　40　50

里

西　班　牙

葡　萄　牙

洛德里哥
阿美達
奧諾洛泉
奧諾洛泉
巴達和斯
阿爾布埃拉
塔霍河
布舍庫
孔布拉
蒙德哥河
阿布朗提斯
桑塔林
里斯本
1810–11年
托雷斯維德拉臨口

清野的地區，馬塞納看到未來幾個月的遠景蒼涼、必然缺乏糧秣，沒有成功進擊的希望。這裡是整個戰役的樞紐。法軍暫停下來，掘壕固守過多，威靈頓在他們附近準備伺機而動，正如他們所說的：「決定讓他們遭到種種危難，把他們逼出葡萄牙。」事情的轉變果真如此。次年春天，馬塞納放棄了他的目標，撤退進入西班牙，留下了一萬七千名死者與八千名戰俘。

　　葡萄牙現在獲得解放，威靈頓的一再勝利也加強了國內政府的地位。不過，倫敦與里斯本的歡慶中滲雜著不耐煩的情緒，這位英國指揮官遭到急切的，甚至來自自己軍中的批評，因為他們無法體會他穩紮穩打戰略的智慧，威靈頓並未因為要求火速用兵的叫囂而感到心緒不寧，沒有任何事務能夠使他動搖，他堅持自己的意見，決定在冒險深入西班牙之前，先弄妥一個寬廣的基地與可以信賴的運輸線，他必須掌握到且守住通往馬德里的邊界要塞巴達和斯（Badajoz）與洛德里哥城（Cindad Rodrigo）。兩支法軍與他對峙，一直以來被馬爾蒙元帥（Marmont）取代的馬塞納，把守著里昂（Leon）行省內的北方陣線，蘇爾特位於安達魯西亞境內的南方陣線，他們與在西班牙境內其他地方的法軍元帥共同指揮著大約二十五萬人，其中約有十萬人面對著威靈頓，雖然他們大受游擊隊的牽制，但已無法指望在西班牙獲得補給，無法像法軍在整個歐洲所做的以戰養戰，他們本身之間不和，並經常接到他們在巴黎的皇帝，憑一時興起的怒氣沖沖所給的指示而並非基於事實。忙著應付歐洲大陸帝國種種問題的拿破崙，即使是天縱英才，也未能在遙遠而又無情的西班牙進行戰爭而獲勝。

　　威靈頓已經精確地估量過眼前任務的規模與範圍，一場運動戰（war of manceuvre）於一八一一年在西班牙的邊境內展開，阻止他挺進的兩支法軍分別與他相遇，並且在奧諾洛泉（Fuentes d'Oñoro）及阿爾布埃拉（Albuera）兩地被他擊敗，戰況慘烈。奧諾洛泉位於洛里哥城的西邊，威靈頓承認此役，「如果拿破崙在那裡的話，我們應當早被打敗了。」但是拿破崙並不在那裡，他被

外交事務及為其他地方備戰纏住了而無法分身，除此之外，他才剛剛舉行他的第二次婚禮，科西嘉的新娘是自豪的哈布斯堡家族的女兒瑪麗・路易女大公（the Archduchess Marie Louise）。她為他生了個他長久想要的兒子兼繼承人，但是似乎並未帶給他任何快樂。

　　由威靈頓的副將貝雷斯福德所打的兩場奧諾洛泉與阿爾布埃拉之戰，都不是決定大局的戰役，可是英國軍隊仍佔上風，如同威靈頓寫給利物浦勛爵的信中所言：「我們已確實改變了在西班牙的戰爭過程，它已經成為我們某種程度的攻勢。」這是典型的輕描淡寫，事實上威靈頓已訂下他當日的計畫，他將於何時把法軍趕過庇里牛斯山脈，將戰爭帶回他們的國家。一八一二年一月，在大雪紛飛之際，他終於攻下了洛里哥城，四個月後，巴達和斯在浴血攻擊下陷落，雖然英軍付出了重大生命代價，但是以強大兵力長驅直入西班牙的路已經打通了。威靈頓與馬爾蒙彼此遣兵調將周旋著，互相注意對方所犯的錯，犯錯的是馬爾蒙，威靈頓在半島戰爭中首次於薩拉曼卡採取的攻勢贏得了勝利，約瑟夫・波拿巴國王由馬德里逃走，英國部隊在鐘聲齊鳴、民眾歡呼場合中佔領了西班牙首都，但他們還得對付由南方趕來的法蘭西元帥蘇爾特，他突然轉到威靈頓的側翼，以二對一，在兵力人數上勝過了這位英國指揮官的人馬，由於他的細心，完全不給英軍可乘之機。威靈頓再度將部隊撤回到葡萄牙的邊境。這年的軍事攻勢中，他已經打垮了法蘭西的一支軍隊，使西班牙南部能整個擺脫法軍的控制。同時，一個更大的、來自東方的陰影正在向拿破崙的帝國撲來，當時時值冬天，拿破崙由莫斯科撤退。

　　　　＊　　　　＊　　　　＊　　　　＊　　　　＊

　　一八一二年的整個春天，拿破崙皇帝都一直以歐洲前所未有的規模招兵買馬。夏天來時，他就由他所有的屬地抽調他們向東進行征伐。兩年來，他與俄羅斯的關係就愈來愈使他感到激憤，沙皇已經漸漸相信只要法蘭西皇帝支配著局勢，便不可能普遍解決歐洲問

題。「提爾西提和約」親善的日子已經置諸腦後，曾在尼敏河的小舟上宣誓結交的兩位皇帝現在成了仇敵。拿破崙決定先下手為強，並且使出令人震驚的一擊，雖然他的將領與大臣都不太情願，且十分擔心，但是帝國的軍人階級極其興奮，這個較以往戰役規模還要大的，以及較亞歷山大大帝的豐功偉業還要大膽的戰役，可能導致征服整個亞洲的構想，盤據在戰士的心頭。拿破崙在維斯杜拉河[3]（the Vistula）的河岸聚集了數支大軍，<u>幾乎共有五十萬之眾</u>。他的代理總督（Viceroy）兼繼子尤金（Eugene）帶了五萬義大利兵卒由義大利行軍出發，荷蘭、丹麥（Denmark）與萊茵河畔的所有邦國也都分別派出了部隊，奧地利與普魯士身為拿破崙盡責的盟友，各帶三萬人馬上了戰場。飽受戰禍的歐洲在這些爭戰的歲月中，從來沒有見過這樣龐大的陣容，<u>在這些移師東向的部隊中，法軍還不到二萬人</u>，他們在皇帝直接的指揮下形成了攻擊的中央矛頭，偉大的戲劇就這樣到達了顛峰。

　　許多人都警告拿破崙在俄羅斯進行戰役的艱苦，他也沒有忽視他們的諫勸，他集聚了當時似乎很充分的運輸工具與大軍補給，但是它與這項大舉事件並不是旗鼓相當。一八一二年六月，他渡過了尼敏河，首途東行直搗約五百英里外的莫斯科，遭遇到俄羅斯總數達二十萬人兩股主力部隊的抵抗，他計畫分別打垮他們，並攫取俄羅斯的這個古老首都。他滿懷信心，期盼沙皇的求和，因為歐洲其他的君主面對同樣的情況都趕快屈膝臣服，但俄羅斯並不如此。在這個與命運攸關的六月，俄羅斯駐倫敦的大使做出令人吃驚的正確預言，它反映出沙皇與他顧問們的期望。他寫道：「靠著持久的防禦與撤退，我們就可以打贏。如果敵人開始追趕我們，他們就會走入絕地；因為他由他們的補給基地向前挺進，愈深入一個無路可尋，無糧可覓的鄉野，被哥薩克人（Cossacks）的軍隊弄得斷糧及包圍，他們的處境將愈來愈危險。嚴冬永遠是我們最忠實的盟友，他將被冬天毀滅而告結束。」防禦、撤退、嚴冬——俄羅斯的最高指揮當局唯這些資源是賴。拿破崙已經研究過偉大的瑞典國王查理

十二世（Charles XII）驚人的對俄軍事攻勢，他認為自己已經因
為研讀而受益匪淺。在二十世紀，另一位更加無情的獨裁者還會研
究拿破崙的錯誤，他也認為自己已經注意到這個教訓。俄羅斯使他
們兩人都有所醒悟。

　　俄羅斯的軍隊——在拿破崙的面前撤退，避開為他們所設的陷
阱，並且堅壁清野破壞法軍必須經過的鄉野，在首都莫斯科西邊約
六十英里之處的鮑羅第諾（Borodino），俄羅斯的軍隊轉過身來
做困獸之鬥。在這十九世紀最血腥的戰役中，庫圖佐夫將軍[4]
（M. Kutusov）對拿破崙施以可怕的打擊，兩軍交戰，各自派出
大約十二萬人，雙方都損失了三分之一的兵力。庫圖佐夫再度撤
退，莫斯科落入法軍之手，但俄羅斯人拒絕求和。冬天已近，拿破
崙不由得想到，莫斯科已經無意或有意被燒得只剩個空殼子，他饑
餓的部隊是守不住的，別無他法地只有在大雪紛飛中撤退，這是歷
史上最著名且最慘痛的撤退，冬天的肆虐使法軍傷亡極眾，不論後
衛行動多麼英勇，法軍剩下的兵力仍被敵人削弱中，發動征俄的龐
大「大軍」如今僅剩下二萬人零零落落地回到了華沙（Warsaw），
據說內依元帥是最後撤離俄羅斯土地的法蘭西人。

　　十二月五日，拿破崙離開了他在俄羅斯邊境的殘兵敗卒，乘
坐雪撬返回巴黎，他將拯救這支部隊的工作交給了元帥們，自己對
災難卻無動於衷，他仍然相信他的命運，如果他不曾將他的帝國延
伸到東方，他仍舊可以在西方保持住這個帝國，他會竭力募集武力
重新再戰。一八一三年的春天，他再度上戰場，他的半數人馬都是
毫無經驗的新兵，法蘭西不再支持他，他能夠得到的是勉強的支
持，甚至於他的元帥們全都開始動搖了。德意志在他失勢時崛起，
法蘭西軍隊激起的民族主義精神，一躍而起的使這位歐洲的主人遭
到挫折與困難。由英國財政支持的國家聯盟也都建立了起來。雖然
拿破崙可以得到一個很體面且實現和平的機會，他認為命運會被他
在戰役中展現的天賦扭轉，因此拒絕接受這個提議。他猶豫不決的
盟友紛紛離他而去，由法蘭西元帥伯納多特統治的瑞典，以及普魯

士、奧地利，甚至他自己的屬國（client state）薩克森與巴伐利亞（Bavaria），都放棄他了，沙皇甚至決定進軍到萊茵河地區，一直屈從於法蘭西的中歐各國都加入了俄羅斯的衝刺行動，雙方在薩克森與西利西亞進行了一連串的交戰。最後在十月，於萊比錫（Leipzig)的三天戰役中，拿破崙的所有敵人都向他撲來，雙方差不多投入五十萬人，在這場「萬國戰役」（the Battle of Nations）裡，拿破崙被打敗了，他被追逐向西逃往法蘭西邊境。自一七九三年以來，盟國首次集結到他們敵人的邊界。大規模的革命暨帝國冒險活動正走向結束。

*　　　*　　　*　　　*　　　*

　　威靈頓的成就在南方戰線出人意料。一八一三年，他由前線的軍事據點出發，揮舞著寬硬邊帽，他有感而發：「再見了，葡萄牙！我再也不會見到你了。」他可沒有做到，他再度使約瑟夫·波拿巴國王離開馬德里，他弭平了西班牙整個北部，將撤退的法軍趕入了古老的山間王國納瓦爾（Navarre）。六月二十一日，他在維多利亞（Vitoria）戰役中擊敗了儒爾當元帥（Jean-Baptiste Jourdan），將他的軍隊驅逐越過了庇里牛斯山脈。這個勝利的消息使沙皇及在薩克森的歐洲聯軍受到鼓舞。在維多利亞從事戰爭的兵力，只比集中在德勒斯登（Dresden）與萊比錫周圍的部隊的十分之一多一點，但是戰果卻很可觀，除了加泰羅尼亞，西班牙已由法蘭西人手裡獲得自由。歷史上首次且是唯一的一次，英軍的勝利受到俄文所唱讚美上帝的頌歌（Te Deum）的祝賀。威靈頓不屈不撓，像他所說的，追求著他的目標削減「歐洲大擾亂者的力量與影響力。」到了一八一四年春天，他踏上法國的土地，並且佔領了波爾多。四月初，他在土魯斯(Toulouse)找到了他的老對手蘇爾特，並將他擊敗。

　　對拿破崙而言，末日已經到了，他在南方的戰線已經崩潰，東面的普魯士人、俄羅斯人及奧地利人正攻向法蘭西的心臟。拿破崙在遣兵調將方面，並沒有較一八一四年的短暫戰役中那樣善於用

兵。他於二月打敗了位在蒙密瑞（Montmirail）與蒙特雷奧（Montereau）的聯軍。在以往戰爭中河流從來不是什麼屏障。在這次戰役中，拿破崙使用了和挺進的路線平行而更有利於防禦的河流，他的調兵遣將可說是軍事藝術的典範。他兩渡埃納河（the Aisne）與馬恩河（the Marne），逼得他優越的對手們倉惶撤退，但是歐洲合併在一起的兵力太大實非他所能抵擋，在法蘭西反對他統治的勢力公開地反對他。福歇公爵 [5]（Duke of Fouche）與塔里蘭，長久以來都被人懷疑長期密謀策畫反對拿破崙，現在也想到法蘭西只有拋棄其皇帝才能夠得救。三月底，防禦巴黎的馬爾蒙元帥棄首都而請降。四月三日拿破崙退位，退居到厄爾巴島（Elba）。長期無所悔恨的戰爭浪潮向後退捲，歐洲各國在納也納會議 [6]（the Congress of Vienna）準備為和平展開外交上的折衝。

　　＊　　　　＊　　　　＊　　　　＊　　　　＊

　　卡斯爾雷代表英國，出席維也納會議。一八一二年，首相珀西瓦爾已在平民院的休息廳中被一位瘋人擊斃，他的同僚利物浦接掌政府，掌權達十五年之久，卡斯爾雷重新加入內閣擔任外交大臣，而守住這個官職直到他去世為止。這幾年的戰時政府已在輝格黨史家的手中得到粗魯的評價。然而帕西瓦爾與利物浦，坎寧與卡斯爾雷，都以勇氣與日增的技巧挑起治國重擔。卡斯爾雷現在將要在歐洲的重建工作上，擔任有影響力的角色。在提議尋求公正而又體面的和平方面，他可說是一言九鼎。他已經在一八一四年三月同主要盟國間議訂「蕭蒙條約」（the Treaty of Chaumont），為未來解決爭端問題打下了基礎。卡斯爾雷相信權力均衡（the Balance of Power），這是二十世紀兩次世界大戰之間令人反感的一個概念。我們從那個時候起就明白，當兩、三個國家擁有極大力量的時候，就有均衡的需求。在卡斯爾雷當時，歐洲有五大強權，他的目標是要協調它們的利益，畢竟它們之間的和諧太重要了，雖然最後無法達成，但是至少可以防止國際間的衝突造成不可避免地的戰爭。

　　卡斯爾雷在維也納的主要任務是與奧地利首相梅特涅 [7]

（Klemens Wenzel Nepomuk Lother von Metternich）以及法蘭西的發言人塔里蘭來往。梅特涅堅信十八世紀的舊政權，他的願望是將一切恢復到法蘭西革命時期之前的情況，他在晚年喪失權勢時，還自豪地宣布他永遠都是「秩序的庇護者」（Rock of Order），趨於附勢的塔里蘭曾經先後為革命、拿破崙以及現在的波旁家族效力，他的目的是盡他所能的，將法蘭西自失敗的帝國冒險活動中拯救出來。卡斯爾雷位於他們兩人中間，地位超然。

治理法蘭西是最迫近的問題。拿破崙已經下台，該由誰來代替他呢？塔里蘭勸說列強助波旁王朝復辟，擁立已遭處決的國王之弟路易十八（Louis XVIII）。在法蘭西革命獲得光榮與拿破崙一再告捷之後，甚至於保王黨人夏多布里昂 [8]（Vicomte de Francois René Chateaubriand）的文筆也無法為陰暗的君主制度添增聲譽或名望。不過至少路易十八代表傳統及法蘭西殘餘的政治信仰，最重要的是他代表和平，因為他本身個性溫和謙讓，多年的流亡生活並未使他性格變得乖戾，過去二十五年的社會變遷都被人們默默地接受了。拿破崙所創的治國與行政制度卻被他的繼任者承繼下去，另添上新奇的部分報業自由以及肇始的議會制。

對戰敗的敵人所提出的條件中，表現出政治上的寬大，戰勝國不向法蘭西索取賠款、聯軍不進行佔領，甚至於不要求法蘭西歸還它從歐洲其他國家的美術館所劫掠的藝術寶藏。拿破崙皇帝在外國征服的土地都交了出來，法蘭西仍維持自身領土的完整，路易十八統治的疆域比路易十六所統治的還稍為寬廣一點。採取這種寬大政策的理由並不難以瞭解，因為分割法蘭西將會使某個歐洲大陸強國過於強大，除此之外，它會燃起所有法蘭西人心中復仇的火焰。

英國人比較關心殖民地的問題，許多征服的土地都歸還原主，然而「巴黎和約」是維也納會議的結果，顯示出建立新帝國另一階段，而這個帝國正可取代失去的美洲殖民地。被奪取的法蘭西殖民地都交了出來，但模里西斯、托貝哥島以及聖露西亞除外。曾經治理富足的爪哇島（Java）而單獨成功的湯瑪斯‧斯坦福德‧萊佛士

爵士（Sir Thomas Stamford Raffles），看到這個英國的戰利品
被交還給它的原主，若干年後他才建立這個貿易站，也就是現在的
新加坡（Singapore）。英國花了三百萬英鎊的代價由荷蘭人手裡
得到圭亞那（Guiana）部分的地區。不過，英國政府還是比較關
心那些具有戰略價值，可作為停靠港口的屬地，因此它守住馬爾他
島，以及通往印度之路的樞紐好望角，由於在南非擁有這樣的屬
地，一個麻煩甚多的冒險故事將要展開。英國仍控制著荷屬的錫蘭
（Dutch Ceylon）與丹麥的赫爾戈蘭島（Holigoland），後者早
已證明是打破歐洲大陸封鎖，以及將貨易走私到德意志去的良好基
地，這些屬地都散落四方、零零碎碎，但是拼湊在一起，它們就代
表著帝國結構有力而又鞏固。

歐洲大陸上列強主要全神貫注的事，是繞著法蘭西所畫的封鎖
線，用來保護中歐免於革命的感染與危險。在北歐(the North)，
建立了喀爾文教派的荷蘭與信奉天主教的比利時合併成尼德蘭王
國，但是它岌岌可危並不自在，維持到一八三○年便結束了。萊茵
蘭(the Rhineland)主要是由英國政府的提議而分配給普魯士。
在南歐，薩丁尼亞國王重新得到了皮德蒙與薩瓦，並且獲得了舊
的熱內亞共和國（the Republic of Genoa）。奧地利將威權伸
展到無人提出責難的義大利其餘地區。隆巴迪（Lombardy）與
威尼西亞(Venetia)、的港(Trieste)與達爾馬提亞(Dalmatia)
全部置於奧地利直接的統治之下。奧地利大公國（Austrian
Archduke）在佛羅倫斯與莫德納（Modena）進行統治。瑪麗‧路
易皇后分到了帕爾馬公國（the Duchy of Palma），乃因她是位
哈布斯堡家族的人，而非拿破崙的妻子，但規定她的兒子將來不能
成為她的繼承人，波拿巴家族的成員將被禁止登上王位。有一陣子
曾讓繆拉元帥[9]（Joachim Murat）在那不勒斯擁有他霸佔的王
國，但為時不久。波旁家族不久復辟，而奧地利的影響力高高在上
管束著他們。

西歐的情況已敘述了不少。根本的麻煩還留在東歐，俄羅斯想

併吞波蘭，普魯士覬覦薩克森，若留給它們自己去處理，它們可能已接受了彼此的要求。但對於法蘭西或奧地利而言，這樣子令人難以容忍，卡斯爾雷害怕俄羅斯擴張的程度就像梅特涅害怕普魯士的情形，於是選擇反對這樣概括一切的解決辦法。英國、法蘭西與奧地利遂結盟抗拒俄、普兩國的這些要求，必要時甚至用戰爭予以制止。不過戰爭並無必要，俄羅斯併吞波蘭大部分地區，不過沙皇做了許多保證，表示將尊重波蘭的權利與種種自由，他可沒有守住承諾，普魯士一邊埋怨、一邊接受了五分之二的薩克森以及萊茵蘭，這種妥協剛好及時達成。因為當會議的人在維也納活動，歐洲的政治家在重畫地圖之時，拿破崙正在厄爾巴島上沈思、企畫，在列強結束他們的爭論之前，他將再度出現在歷史的舞台上。

【1】 譯注：the Duke of Portland，即威廉・亨利・卡文迪什（William Henry Cavendish）。

【2】 譯注：Lord Liverpool，即羅伯特・班克斯・詹金森（Robert Banks Jenkinson）。

【3】 譯注：the Vistula，又稱威斯拉河（Wisla）。

【4】 譯注：M. Kutusov（1745-1813），俄國陸軍元帥，於一八一二年拿破崙發動對俄戰爭時任俄軍總司令。

【5】 譯注：Duke of Fouche，名為約瑟夫（Joseph）。

【6】 譯注：the Congress of Vienna（1814-1815），英、普、俄、奧等因為結束反對拿破崙的戰爭，並恢復封建王朝統治而召開的會議，會後建立神聖同盟與四國同盟。

【7】 譯注：Klemens Wenzel Nepomuk Lother von Metternich（1773-1859），奧地利外交大臣（1809-1848）、首相（1821-1848）、代表奧皇參加維也納會議（1814-1815）、一八一五年參與組織神聖同盟、鎮壓奧地利和德意志的民主運動，被一八四八年的革命推翻，逃亡英國。

【8】 譯注：Vicomte de Francois René Chateaubriand，法國早期浪漫作家、外交家。波旁王朝復辟後，曾任外交大臣和駐外使節。

【9】 譯注：Joachim Murat（1767-1815），擔任法國元帥，（1808-1815）擔任那不勒斯國王。

第二十三章　華盛頓、亞當斯、傑弗遜

　　歐洲政治混雜紛亂的問題在美國一一地提了出來，全美國如火如荼地爲法蘭西大革命展開辯論。任何支持傑弗遜原則的地區，以法蘭西革命爲模式的相關會社應運而生。聯邦黨人的報刊則對新大陸的雅各賓黨人鳴鼓而攻，如同柏克在英格蘭一樣，譴責他們是社會的破壞者。

　　只要美國商業利益一受到波及，是非之爭便變得比較不太偏重理論，而是變得更加激烈。美國的船隻與貨物飽受法蘭西與英國對商船的襲擊與私掠船的劫掠，美國人民群情激憤，兩黨都要求開戰——聯邦黨人要求對法蘭西宣戰，傑弗遜派則要對英國宣戰。華盛頓決定要維持這個稚嫩共和國的和平，因爲法蘭西革命政府派往合眾國的使節的古怪動作，使他較易完成他的任務。這位特使是公民熱內（Citizen Genêt），他發現美國政府並不太情願遵守一七七八年的法美聯盟，於是干預美國政治，企圖募集部隊，使他的政治盟友大感困擾。一七九三年八月，華盛頓要求法蘭西將他召回。熱內深知法蘭西斷頭台的活動甚劇，於是娶了一位美國女繼承人，並且在新大陸安居了下來。

　　華盛頓贏了，宣布了美國傳統外交政策的首項原則。一七九三年四月，他在著名的中立宣言中宣布了「合眾國傾向是對於交戰國採取中立態度」，美國公民若違反這項原則將會在聯邦法庭遭到起訴。但是美國與英國的關係卻因爲有未能解決的問題而像烏雲罩頂。漢彌爾頓的聯邦黨（Federalist Party）積極主張與英國維持友善的商業來往，因爲新英格蘭的海外貿易大都由倫敦的銀行家資助。兩國之間的貿易會帶給東部各洲的船東很大的利潤，他們強烈反對同革命的法蘭西並肩作戰的任何建議。邊境農夫的感受與拓荒者的感受則完全不同。對他們而言，英國是敵人，這個敵人拒絕遵守一七八三年的條約，不撤走加拿大邊境的哨站，並且正將皮毛貿易越過加拿大邊界向南推展，還煽動印第安人對付美國拓荒者，並

且威脅到向西部拓展的側翼。英國人則憎恨美國政府未能解決法蘭西革命之前至今猶未付清的債務。同時英國以協助支持法蘭西為由，干預美國的海運，這也激起美國全體人民輿論的聲討。

華盛頓決定修正並解決英美的整個關係。一七九四年，他任命最高法院大法官約翰・杰依為特使出使倫敦。英國政府對他們不久前揭竿而起的美國人並不友好，他們知道美國人在軍事上的弱點；華盛頓需要漢彌爾頓一幫人的支持。再者，杰依在談判中表現不當，這反而幫了英國人很大的忙，雙方簽訂了一項條約，英國對美國所做的讓步極少。英國人撤走了加拿大邊境的哨站，使美國拓荒者因此減少了困擾，往西部拓展的路這樣才算是打開了，但是英國在它將來與印第安人的關係這個問題上卻沒有給予任何保證。英國雖然願意賠償在公海上對美國船隻所做的損害，但卻拒絕放鬆封鎖，也不放棄劫奪開往法蘭西與其盟國的船隻及船貨的權利。關於強行徵募美國船員為王家海軍服務一事，美國也未得到滿意的答覆。更糟的是，杰依被迫對向英國債權人所欠的債務問題讓步，使得美國不得不賠償英國債權人的重大損失。

這項條約對於聯邦黨的影響可說是極具傷害性。西部各州也因有關加拿大邊境的安排不夠完善而感到氣憤，南方人因為債務條款而遭受到嚴重損失。這項條約在在顯示與曝露了英國外交的卓越以及美國新政府的軟弱。全美國又充滿了不信任的氣氛，並且撒下了英、美之間另一場戰爭的種子。

華盛頓的第二次任期於一七九六年告終，他準備盡早到蒙佛農退隱。在他執政的最後階段，反聯邦黨者對他所做的抨擊與日俱增，同時準備選舉新總統的事又吵吵鬧鬧，著實使他煩惱。華盛頓與他許多的夥伴都為黨派態度的成長感到吃驚，他們堅持認為只有使力量平衡的政府才能反映美國的各種利益。對他們而言，兩大政黨永久爭權的這個觀念既陌生又令人反感。僅僅辭去行政職務的傑弗遜，對於政黨應當扮演的角色有清楚的看法。他看出將派系鬥爭導入寬廣的問題，並且在國內有個有組織的反對黨，作為可能組成

政府的另一種力量，這樣是有利的。但在華盛頓的心目中，派系的危險最大，他在九月發表對全國的臨別演說（Farewell Address），這項文獻是美國歷史中最著名的一項文獻，它文詞並茂，呼籲全國團結，警告「黨派分歧的有害影響」。這項文獻也說明了孤立主義是美國未來的政策：「歐洲有一些主要的利益，它們對我們而言，毫無關係或只有非常遙遠的關係。今後歐洲一定會經常發生衝突，這些衝突的原因實質上與我們無關。因此藉人為的聯繫將我們自己捲入歐洲政局的變化之中或陷入它的友好或敵對的陣營之中，一定是不智之舉。我們的立場超然，距歐洲又遙遠，均要求我們走不同的路。……避開與任何國家的永久結盟才是我們真正的政策。……自立自強，靠著適當的軍事建樹，保持可敬的防禦態勢，我們就可能安全地信賴暫時的結盟以應付不同尋常的緊急情勢。」

喬治・華盛頓持有歷史能賜與的、最引以為傲的稱號──美國的國父，在獨立戰爭中，他幾乎孤軍奮戰，他的堅毅將美洲殖民地為了他們的目標團結起來。在贏得勝利之後，他為國宣勞效力也很偉大，他擔任第一任總統時的堅定態度以及所樹立的典範，抑制住黨派之間的惡鬥，並將國家的分裂延遲了六十年之久。他的性格與影響力制止住美國人選擇對英或對法宣戰的危險傾向，他使自己的職責充滿尊嚴，以自己充分的才智鼓舞政府。聯邦政府的組織井然有序，國家信用得以建立、外交政策之有基礎，全都得歸功於他擔任總統，不過他推辭做第三任總統的候選人，在美國政治上立下了只能連任兩屆總統的傳統。直到第二次世界大戰（The Second World War）期間，才被佛蘭克林、羅斯福總統（President Franklin Roosevect）打破這個傳統。

接下來的兩年，華盛頓平靜的退居在位於波多馬的鄉間，鎮日馳騁於農場之中，過著早些年一直渴望的隱居生活。十八世紀末葉的多雪來到了他的床邊，在一七九九年十二月十四日的午後，他對床畔的醫生輕聲低語道：「醫生，我就要死了，但我不怕。」言猶在耳，便與世長辭了。

＊　　　　＊　　　　＊　　　　＊　　　　＊

　　約翰・亞當斯繼華盛頓之後擔任美國元首，他乃經由聯邦黨提名。對於紊亂與失序的恐懼，對於民主制度缺乏基本信念，使他將革命的熱情冷卻下來，並且成了漢彌爾頓的支持者。他有立場超然的心智，因此是位思想家而非政治家，是位智識分子而不是位領袖，雖然他同意漢彌爾頓加強政府力量與保護財產的主張，卻反對爲了特別的利益而使用聯邦統治機器，並且絕對不是位全心全意的聯邦黨人。他的判斷通常都很正確，但卻缺少說服人的技術，他在用人方面很差，因此名譽受損，不過仍舊是美國政治家當中一位最能幹的政治思想家。

　　在外交事務上，新危機迫在眉睫，拿破崙・波拿巴的崛起使美國人對他們的頭號盟友法蘭西的崇高敬重走向暗淡。人們擔憂法蘭西人可能自西班牙手中輕易獲得路易斯安那（Louisiana）與佛羅里達這兩個殖民地，強大而具野心的歐洲強國將會取代弱國，成爲美國向墨西哥灣（the gulf of Mexico）拓展的障礙。法蘭西在加拿大說法語的居民中間廣泛宣傳的消息也傳來了。美國對此的反應很強烈，聯邦黨人終於開始想辦法超越對手。戰爭的歇斯底里症橫掃全美，聯邦黨人抓住機會強行通過法案，給予政府非比尋常的權力管制外國人。一七九八年的「歸化法」（The Naturalisation Act）將合格居留的時期由五年延長到十四年，而「客籍法」（The Aliens Act）使總統有權下令將外國人驅逐出去，更加突出的是「叛亂法」（The Sedition Act），它實際上是批准對報業做嚴格的檢查，而且具體地針對反對派的報紙。結果這些法引起了激烈的憲法衝突，漢彌爾頓徒勞無益地告誡他的同僚：「我們不要建立暴政，精力與暴力截然不同。」傑弗遜決定接受這個挑戰，草擬了在肯塔基與維吉尼亞兩地通過的決議案，主張各州可以審查國會的法令，並且廢除任何被視爲不合乎憲法的措施。這是自美國有史以來所聽到的重要原則，一七九八年的這些決議，在以後的歲月中成了各州權利的宣言。

　　聯邦黨人對於個人自由的抨擊顯示他們開始失勢，漢彌爾頓幾年前就已經辭去了財政部的職務，後又認爲他可以迫使政府與法蘭西作戰而重新掌權。他勾勒出一個與英國一起瓜分西班牙在新大陸殖民地的大計畫，他心中想到陣容浩大的戰役，由自己率領美國軍隊南征到密西西比河河口，可惜總統使他的這些希望化爲泡影。亞當斯並不愛群眾，也痛恨財閥統治與窮兵黷武。直到一七九九年，他都沒有表現出有反對聯邦黨人的跡象，但是他卻明白戰爭已經逼近了，身爲總統，全權掌管外交事務，所以很容易快速地行動。他突然任命一位特使前往法蘭西，於一八〇〇年十月一日在巴黎與法蘭西訂立了貿易條約，同一天，法蘭西卻秘密由西班牙購得了路易斯安那。

　　亞當斯的任期即將結束，選舉總統的時間又到了。因爲雙方內部都發生了戲劇性的分歧，選舉成了很複雜的景象。聯邦黨人因爲亞當斯阻止他們對法蘭西宣戰而不原諒他，不過他卻是聯邦黨人尚有一絲希望的唯一候選人，所以還是贏得了提名。然而黨內的眞正大權掌握在漢彌爾頓手裡，因爲他心懷憎恨，因此盡所能地阻撓亞當斯。

　　傑弗遜是共和黨的候選人，而想角逐副總統之職的是位紐約腐敗的政客阿倫・伯爾（Aaron Burr）。美國憲法在當時有個古怪之處（它不久就加以矯正了），贏得最多票數的人當總統，票數位居第二者爲副總統，因此總統與副總統可能分屬相反的黨派。亞當斯在選戰中被傑弗遜與伯爾擊敗了，但是傑弗遜與伯爾各自獲得同樣數目的票數，他們兩人之間幾乎沒有什麼情義可言。伯爾設法推翻他的上司，這個僵局便交由眾議院（the House of Representative）裁決，漢彌爾頓此時卻插手進來使伯爾受到挫折。美國的地方政治常常喚起死心塌地的忠誠與十分強烈的厭惡，這種忠誠與厭惡還勝過聯邦議題。漢彌爾頓與伯爾在紐約拚命爭奪權力，他容不下伯爾當選總統，所以他在參議院以他自己的分量支持傑弗遜，靠著運氣非同尋常的扭轉，漢彌爾頓舊日的對手成

了美國的第三任總統，影響力的中心再度由麻薩諸塞移到了維吉尼亞。但是，湯瑪斯‧傑弗遜獲得權力的意義不宜加以誇大。以約翰‧馬歇爾（John Marshall）為首的最高法院，仍然是聯邦政府權利與威權極為熱心的、不偏不倚的守衛者與支持者。傑弗遜自己雖然是位農業民主派，但既非不務實，也並不濫情，不久情勢就逼他遵守前任兩屆總統的政策與方法。

*　　　*　　　*　　　*　　　*

　　傑弗遜於一八○一年三月四日就任美國總統，美國在它短暫的存在期間已經成長得很快，而且仍在繼續成長。自從宣布「獨立宣言」以後的二十五年裡，人口已幾乎增加了一倍，現在已有五百五十萬人，三個新的內陸州也已經建立起來，並且被納入了美利堅合眾國之中；它們分別是北部的佛蒙特（Vernont）、中南部的肯塔基與田納西（Tennessee）。阻止西部移民的美洲印第安人聯盟已經遭到徹底的打敗，他們的土地都被分成許多地區，後來變成了州；俄亥俄（Ohio）是一八○三年首先這樣成立的州。美國這個國家正由它大西洋海岸原有地區的各處向外伸展，它的貨物現在借道快速興起的港口波士頓、巴爾的摩，尤其是紐約，流經海上繞過合恩角（Cape Horn），運往中國或向東渡海運往歐洲各國。費城仍是美國最大的城市，但它卻正漸漸失去作為合眾國生活中心的地位，它現在已不再是首都。傑弗遜是在新興的華盛頓城（Washington）宣誓就職的第一位總統，這個新都早就擬定了興建計畫。容納國會的國會大廈才只有建妥一個側廳；白宮也還未竣工，只有一個方便的旅館以及供參議員與眾議員食宿的少數房舍；除了沼澤與荒地別無其他。傑弗遜對於選在偏僻林地中的首都所帶來的困苦毫無畏懼，他只要一想到美好的城市終有一天會在那裡誕生便信心滿滿，而這城市開拓時期的生活也適合他節儉、樸素的風格。

　　傑弗遜總統不能忽略當日的世界鬥爭，他所代表的農民依靠歐洲作為他們的市場，西部各州與地區需要通行無阻的運輸，將農產

品沿密西西比河順流而下運往墨西哥灣。新奧爾良這個港口就位於
這條大河的河口，可它當時尚掌握在西班牙人的手中。法蘭西祕密
購買路易斯安那的謠言正在流傳，不久即得到證實，拿破崙派遣遠
征軍去鎮壓在法蘭西殖民島嶼海地（Haiti），由圖森・路維杜爾
（Toussaint L'Ouverture）[1] 領導的黑人起義。法軍完成這件任
務之後，就要以法蘭西政府之名佔領路易斯安那。當「亞眠條約」
為歐洲帶來並不自在的和平之時，訓練有素的法蘭西部隊已再度到
達北美大陸的外海，似乎不久就要登陸。這件事就像十八世紀法蘭
西對加拿大構成的威脅，促使英語民族團結在一起。傑弗遜在寫給
美國駐法特使的信中說：「一旦法蘭西佔領新奧爾良……我們國人
自己必須與英國艦隊聯手禦敵。我們必須將我們所有的注意力轉到
海上武力，使第一枚在歐洲施放的砲彈成為……控制美洲兩個大陸
為英國與美國的共同目標服務的信號。這並不是我們尋求或希望發
生的，而是法蘭西一旦採行購買路易斯安那，我們被迫採行的唯一
辦法。」傑弗遜一直是仰慕法蘭西與反對英國，這番表白，真是他
見解中令人感到驚奇的轉變，但理論上的見解，一定得時常就國際
政治的事實讓步。無論如何，如果讓步算得上是聰明的話。傑弗遜
便算是很明智，講求實際的。

　　一八○二年夏天，法蘭西逼西班牙人關閉新奧爾良港，拒絕接
納美國農產品，整個西部地區（West Country）又怒又驚。如同
傑弗遜寫給他在巴黎的特使：「地球上有個地點，誰佔領這個地
點，誰便是我們的天敵與宿敵，這個地點就是新奧爾良，因為我們
八分之三的農產品都必須通過那裡而進入市場。」詹姆斯・門羅
（James Monroe）現在奉特別使命前往巴黎，設法由法蘭西手中
購買路易斯安那或新奧爾良。他還在途中，美國的計畫便突然被其
他地方的局勢向前推進。法蘭西遠征海地的結果失利，損失三萬士
卒，法、英兩國在「亞眠條約」之後即將重啟戰端。拿破崙以迅雷
之勢，放棄了建立美洲帝國的希望，而且使美國特使感到驚訝的
是，拿破崙提議賣掉西班牙割讓給法蘭西的路易斯安那土地，結果

花了一千五百萬美元，路易斯安那就轉賣給美國了。

　　大筆一揮，美國的疆域就這樣增加了一倍，獲得了廣大的土地，後來又產生了十幾個州，事實證明它是美國歷史上最划算的交易。當消息傳到大西洋對岸的時候，對岸的抗議之聲響徹雲霄，拿破崙有憑簽字就將這些土地賣掉的合法權利嗎？美國是否已付出大筆的金錢來獲得這個令人詬病的地契呢？而且憲法並沒有明確表示聯邦政府有權完成這樣的交易啊？但是必須馬上批准此項交易，否則拿破崙將改變他的心意，於是參議院立即開會批准此一割讓交易，傑弗遜力稱依憲法授予他簽訂條約的權力，這次交易的談判都合法。聯邦黨人大聲譴責這項新的購買行動，說購買的價錢高昂，同時邊境並沒有界定清楚。他們十分清楚這項交易會惹起美國權力廣泛的變動，以及西部農業利益團體快速的成長。但是東部大西洋沿岸地區發揮所有影響力與壓力，反對仍徒勞無功。一八○三年十二月，美國的國旗在新奧爾良的政府大樓升起，美國開始佔有九十萬平方英里的新土地。

　　得到路易斯安那這件事後，國內又出現浮燥不安的情緒和擴張的欲望。沿著墨西哥灣伸展的西佛羅里達（West Florida）仍屬西班牙，而這新獲得的土地之外的德克薩斯（Texas）平原也格外引人注意。西部各州及地區與聯邦首都之間產生了麻煩，這個時期的邪惡天才是阿倫‧伯爾。

　　如我們所見，由於漢彌爾頓的干預，伯爾於一八○○年錯失了當總統的機會。一八○四年，又因為漢彌爾頓的反對使他沒有選上紐約的州長，於是他向漢彌爾頓提出決鬥的挑戰，漢彌爾頓接受了，他卻意圖滿足對方的榮譽心而打算在射擊時不對著目標。但伯爾致命地擊中漢彌爾頓，結束了美利堅合眾國創立歲月中這位傑出人物的性命。在所有人的眼中，伯爾因此名譽掃地，他便尋求途徑去創造屬於自己的美國新天地，甚至企圖自英國政府取得龐大賄賂。他的舉動是否希望使西部各州脫離聯邦，抑或是將西班牙的屬地切走一大塊，至今仍然撲朔迷離頗有爭議。因為被捕，以叛國罪

受審使得他的政治生涯告終，後因證據不足，他獲得無罪開釋，自行流亡國外去了。

　　傑弗遜已於一八○四年獲勝，再度當選總統，但是他的第二次任期不如第一次任期來得愉快。在往西部拓展的壓力下，他在東部的黨人正分裂成地方派系。歐洲的戰端重起，也恢復了禁運、封鎖與強行劫奪海員這些舊的、不幸的問題。傑弗遜面對英國艦隊持續在美國領海的邊緣，甚至在領海之內，攔截美國船隻與擄走水手的挑釁。雖然英國根據當時的慣例有資格徵用剛好在美國船上服務的英國臣民，但是他們也抓走美國公民及許多國籍不明的水手。除了這種苦況之外還有另一種，英國為了報復拿破崙的「柏林勒令」（Berlin Decrees），由歐洲大陸建立對英國的封鎖，一八○六年在倫敦頒布了樞密令，對所有與法蘭西及它的盟國進行的中立貿易加以嚴格的限制。美國的貿易遭到英、法雙方敵對措施的嚴重打擊。但如同特拉法加戰役所證明的，王室海軍比法蘭西海軍強大得多，美國海運在英國人手中的遭遇最為慘重。

　　傑弗遜面對這些煩惱仍舊泰然自若，維持著按兵不動，但是反對他的輿論日益增強。一八○七年基於他的推薦，國會通過了「禁運法」（Embargo Act），禁止美國船隻駛往外國海域，禁止由海上或陸上出口美國貨物，以及禁止英國製造的某些進口貨。傑弗遜希望失去美國的貿易會強迫交戰國講和，但實際上，他的新措施證明對美國貿易造成的損害，大過於對英國或法蘭西貿易的損害。新英格蘭及大西洋沿岸所有海港的經濟都依賴與英美的貿易，因此東部諸州各地的抗議四起，尤新英格蘭為甚。聯邦黨人也團結起來，加入這場反對的行列。傑弗遜連自己的共和黨內部也意見分歧，起而反對他。在禁運付諸實施十四個月之後，他終於被逼將新措施撤消。而三天之後他任期已滿，便回到維吉利亞的蒙提瑟洛莊園退隱。

　　在總統任期的最後兩年中，雖然他的政策未能有任何成績，但也不至於使傑弗遜在美國歷史上的崇高地位黯淡無光。他是美國政

治家中第一位政治理想家，以及美國民主傳統的眞正創立者。在世界戰爭危機發生之際，與極端政策的危險保持接觸，修正了他原來的單純看法。但是他對於一般人的信念從未發生動搖，雖然他在晚年有減弱對工業主義的厭惡，但自始至終對自耕農耕作與民主制度之間的密切關聯都堅持自己的信仰。他的實力存在於西部邊境的各州，他眞正代表著它們，並且花費三十多年的政治生命爲它們效力。

【1】 譯注：Toussaint L'Ouverture（1743?-1803），又稱杜桑‧盧維蒂爾，海地革命領袖、黑人、奴隸出身，一七九一年領導黑人起義。

第二十四章　一八一二年的戰爭

一八〇九年三月，美國所選出的新總統是詹姆斯‧麥迪遜（Jame Madison）。他做過傑弗遜的國務卿，因此有很豐富的公職經驗，他也是位有名氣的政治理論家。他的天性中有頑固的一面，而他處理實際問題的技術與判斷力常常都與傑弗遜前輩所擁有的並不相稱。麥迪遜繼任時，全國輿論對英國至表憤慨，因此與英國出現微妙的關係，起初似乎頗有解決爭端的希望。他與英國駐美使節達成對英國的利益有利的臨時協定，但是英國外交大臣坎寧否定了這項文獻，且召回負責的使節。他從來沒有像他對歐洲事務如此關心地處理美洲問題。以後三年，英美的關係就愈變愈壞。拿破崙撤消了關閉法蘭西控制的所有歐洲港口之「柏林勒令」，麥迪遜卻被拿破崙此舉所騙。他現在設法勸英國為回報起見，廢除關於禁止與法蘭西控制的港口從事貿易的「樞密令」。比較聰明的政治家都警告他，說拿破崙的行動僅只是外交動作，「要將我們拖下水與英國作戰」，可惜麥迪遜並未聽取諫勸。

與美國進行的非正式貿易戰對英國造成的損失很顯著。美國市場的喪失與一八一一年至一八一二年發生的嚴冬使大批人失業，英國商業發生危機，請願書紛紛送到議會，請求政府取消「樞密令」。在外交部任職的卡斯爾雷幾番猶豫之後，於平民院宣布撤消樞令，但是為時已晚。橫渡大西洋要花很長的時間，以致於這個消息無法及時傳到美國。在卡斯爾雷宣布的兩天後，即一八一二年六月十八日，美國正式向英國宣戰。

接下來的那個星期，拿破崙發動了他計畫長久的征俄之舉。

美國的史家都已指出，英、美不和的根源並非對海事法的敵對闡釋，而是美國西部邊境問題。大西洋沿海地區都想要和平，特別是新英格蘭，它們主要關心的是已經嚴重減少的美國對外貿易，與英國作戰會使貿易終止。但美國國內的政治形勢使仇視英國的西部及西南部的代表奪得權力；是他們逼得美國進入此一衝突而並非大

西洋沿岸的商人。在邊境，尤其是西北部，人們都渴望擁有土地而這只能由印第安人或大英帝國手中取得。

與印第安人的衝突已經醞釀了一段時間。十九世紀早期，美洲的拓荒者都是以林業爲生，他們已經占據了美洲印第安人部落在伊利諾（Illinois）與印第安那（Indiana）擁有的林地，現在又覬覦大湖區四周英屬加拿大地區的森林，那裡是無人拓居的王室疆域以及極少的忠王派人口。美國西部地區已人滿爲患，因此必須向西北做進一步的拓展。一八一一年，位於俄亥俄河畔的美洲印第安人就在他們最後一位偉大的戰士領袖提昆瑟（Tecumseh）率領下團結起來。依他的命令，這些部落都對酒與貿易的引誘無動於衷。邊境一再告急，印第安人的東山再起將會結束美國人進一步的拓展。印第安那州長威廉‧亨利‧哈里森（William Henry Harrison）主要負責最近期間向西部的拓展，遂召集部隊出征；而一八一一年十一月，印第安部落聯盟（the Indian Confederacy）就在蒂普卡努戰役（the Battle of Tippecanoe）中被打垮了。

印第安人的抵抗活動其實是受到加拿大的鼓勵與組織，這堪稱爲美國歷史上的一則傳奇，是一八一二年由主戰派編造的神話。一個新的世代，由肯塔基的亨利‧克萊（Henry Clay）與南卡羅萊納的約翰‧麥德維爾‧卡爾霍恩（John Caldwell Calhoun）爲首，正進入美國政壇。這些年輕人在眾議院形成了一個強大的組織，被人稱作「戰鷹」（the War Hawks）。他們對於歐洲的事務毫無概念，對於拿破崙的意圖毫不在意，對於俄羅斯的命運更是漠不關心。他們主要的目的與目標是攫取加拿大，並且在整個北美大陸建立美國的主權。由於克萊的影響力，總統站過來支持作戰的政策。衝突的導火線仍然是傳統的說辭：英國海軍強行徵募美國船上的英籍水手、違反三英里限制的領海權、實行封鎖與上述的樞密令。美國國內的意見嚴重分歧，新英格蘭以多數票反對宣戰，但是「戰鷹」卻以大肆宣傳的手法主張宣戰。美國政治中的邊境勢力懷著報復的心理加入這場爭執而且表現得很有信心，邊境的農人覺得

他們確有苦衷，他們認為採用「維護自由貿易與水手權利」這個口號，頗有理由，因為英國對於美國船運的限制妨礙他們農產品的出口。一般認為，拓荒者的短期遠征就可以扭轉乾坤，而且在幾週內魁北克就唾手可得，國會甚至沒有投票表決給予美國陸軍或海軍額外軍費便逕行休會了。

＊　　　　＊　　　　＊　　　　＊　　　　＊

依書面數字，雙方的軍力極不相等；美國的人口現為七百五十萬人，其中還包括奴隸。加拿大只有五十萬人，其中大多數為法蘭西人，但卻有幾近五千名訓練有素的英國部隊及約四千名的加拿大正規軍，與大約同樣數目的民兵，印第安人也供應了三千到四千名輔助部隊。

美國正規軍為數不到七千人，雖然政府費了很大氣力由各州調集了四十萬名民兵，但幾乎沒有用到。在任何交戰中，美國這方面的參加戰鬥者從來沒有超過七千人，而未受過訓練的志願兵都不堪一擊。不僅如此，七年戰爭已經顯示，只有溯聖勞倫斯河而上的進攻才能征服加拿大，但是美國並沒有從事此一計畫的充分海軍，因此被逼在廣大的邊境發動攻勢，有些邊境地段根本不能通行，他們的隊伍遭到印第安人的猛攻，如果他們曾在安大略湖區（Lake Ontario）集中部隊，或許可以獲勝，但是他們並不熱心，而且並不協調地越過了邊界進攻。

美國第一次遠征的結果以災難收場，英國最善戰的指揮官伊薩克‧布羅克將軍（General Issac Brock）由印第安聯盟支持，將他們擊退了。到了八月，英國部隊佔領底特律（Detroit），幾天之內攻陷了現在芝加哥（Chicago）所在地的迪爾伯恩要塞（Fort Dearborn）。美國的邊境再度縮到由俄亥俄河到伊利湖（Lake Erie）的一道防線。這一年剩下來的時間，美國人在尼加拉瓜前線作戰但毫無成果，戰爭尚未有勝負便結束了。在加拿大的英國部隊被迫採取守勢，同時歐洲正發生大事。

海上的戰爭比較多采多姿，對美國人而言也比較令人欣慰。他

們有十六艘軍艦，其中三艘的配備超過任何船艦。這三艘軍艦是各擁有四十四門砲的護航艦「憲法號」、「合眾國號」與「總統號」。它們的舷側砲比英國護航艦的舷側砲口徑要大，都是用更堅實木材製造的，平滑的吃水線使它們在海上的航速遠勝其他船隻。它們的船員都是志願投效的，軍官也都訓練有素。一位倫敦的記者稱：「它們是幾顆樅樹建造的，並由一撮雜種與不法之徒駕駛的護航艦。」美國人很高興地採用了這句話，不過卻以行動駁斥這侮辱並爲此感到光榮。在越洋停泊站的不列顛艦隊包含九十七艘船，其中包括十一艘戰艦與三十四艘快速帆船。他們的海軍傳統既悠久又光榮，對特拉法加與尼羅河戰役的記憶猶新，船長也都信心十足地認爲可以擊沈任何美國船艦。但是當英國船艦相繼發現砲彈發射的射程不及美艦，而被重擊成碎片的時候，「樅樹建造的護航艦」便一鳴驚人。美國人民本來就對在加拿大的種種挫敗感到痛心，但由這些勝利中重新恢復了勇氣。美國的護航艦，一年之內打贏英艦的次數，比法蘭西與西班牙於二十年戰爭中贏得的還要多，但報應就在眼前，一八一三年六月一日，由勞倫斯船長（Captain Lawrence）指揮的美國護航艦「切薩皮克號」由波士頓港口啓船，率了一群毫無經驗、抗命不從的船員去迎接英國「香農號」布洛克船長（Captain Brock）的挑戰。戰鬥十五分鐘後「切薩皮克號」便投降了。美國的損失接踵而至，海權又落到了英國人的手中。不過，美國的私掠船在戰爭剩下來的整個期間繼續騷擾著英國的船隻。

　　這些海上插曲對於戰爭的過程並沒有什麼影響。如果英國政府放棄強行徵募美國海員的話，一八一三年新的戰役可能可以避免，但是他們並沒有這樣做，美國人於是修改戰略。戰爭正繼續就海軍強行徵募海員這個問題進行，因爲美國從來沒有宣布其戰爭的目標是爲了征服加拿大，不過加拿大仍舊是它主要的目標。美軍數度襲擊現在稱作安大略（Ontario）的上加拿大地區（Upper Canada），洗劫焚燒城鎮與鄉村，其中包括從那起成爲多倫多城（Toronto）的小省都。戰爭變得愈來愈猛烈，在一八一二年至一八一三年的冬

季期間，美軍也在伊利湖上的布利斯凱要塞（Fort Presquile）建立基地，費力地翻山越嶺將軍需品運給美國的指揮官奧立佛‧佩里（Oliver H. Perry），當時他正率領一支小艦隊在淡水區域戰鬥。一八一三年秋天，佩里的小艦隊出發去爭取勝利，且於九月打了一場奇怪的兩棲戰。黑人、邊境部隊與民兵都匆匆登上了用剛砍伐的樹木匆匆建造的船，在靜止的湖上一直戰鬥到最後。由於美國的軍艦較強大，英國人終於被打敗了，且損失慘重。佩里簡潔地報告說：「我們與敵人交戰，他們敗於我們之手。」

美國在蒂普卡努戰役中的勝利者哈里森，現在可以長驅直入安大略。十月在泰晤士河戰役（the Battle of the Thames）擊敗了同年稍早時擊敗他的英軍以及其印第安盟友。印第安聯盟被打垮了，提昆瑟被殺，就這樣美國在五大湖的南岸建立了地盤，印第安人無法再由側翼擾騷它的邊境。但是由陸路入侵上加拿大地區失敗了。年終的時候，加拿大人佔據了尼加拉瓜要塞（Fort Niagara）。

　　＊　　　　＊　　　　＊　　　　＊　　　　＊

迄今，在加拿大的英國人缺少進攻的手段，因為他們的部隊與船艦都在歐洲與拿破崙做生死搏鬥而調動不易，而且英國政府不敢從北方威脅新英格蘭各州免得激怒它們，甚至於到一八一四年封鎖都還沒有延伸到麻薩諸塞州，而英國的兵力幾乎由新英格蘭的港口供給給養。但到了一八一四年的春天，在歐洲的爭端有了結果，拿破崙在四月退位，英國人終於能派遣充分的增援部隊。他們打算由尼加拉瓜與蒙特利爾借道善普連湖（Lake Champlain）發動攻擊，以及在南方則是於新奧爾良下手，同時以海軍對美國海岸進行襲擊。威靈頓的老兵還沒自西班牙半島到達前，這場戰役就已經開打了。由尼加拉出發的部隊，在尼加拉瀑布附近的隆狄巷（Lundy's Lane）激戰中敗北。但是八月底，由歐洲來的一萬一千名部隊都已經集中在蒙特利爾附近，沿著伯戈因以舊路線往哈德森河谷挺進。他們於九月在喬治‧普雷沃斯特爵士（Sir George Prevost）的率領下，前往普拉茨堡（Plattsburg），準備爭取善普連湖的控

制權，他們僅面對由幾千民兵和一千五百名美國正規軍抵禦著他們，勝敗全賴英國與美國小型艦隊的交戰而定。一如在伊利湖的戰役那樣，美國製造了較好的船艦進行內河戰鬥，並且得到了勝利。這件事使英軍的挺進受挫，這次也是這場戰爭中最具決定性的交戰，普雷沃斯特與他的部隊退回到加拿大去了。

　　儘管英國人先前幾年在海上走霉運，但仍佔優勢，許多船艦都陸續由歐洲的海域到達。美國的海岸處於無防禦狀態。八月，英國的羅伯特‧羅斯將軍（General Robert Ross），率領四千人馬在切薩皮克灣登陸，美國的民兵足足有七千之眾，但都沒有經驗且未受訓練，只能迅速撤退。二十四日，英軍部隊就進入了聯邦的首都華盛頓，麥迪遜總統逃往維吉尼亞避難。因為美國人的撤退十分倉促，所以英國軍官在白宮還能享用為麥迪遜及其家人烹調的餐點。然後，為了報復美國民兵在加拿大的所作所為，英軍燒掉了白宮與美國國會大廈。華盛頓在波多馬河（the Potomac）河畔的家宅逃過此劫，但也被英軍嚴加看守。這次軍事攻勢在英軍企圖於巴爾的摩（Baltimore）登陸時結束，因為民兵在那裡早有埋伏，羅斯將軍因此陣亡，英軍遂撤回到船艦上去。

　　英軍最後且最不負責的猛襲是遠征新奧爾良，他們十二月到達了基地。但在這西南邊境的地區，已經出現了一位很有氣質的軍事領袖安德魯‧傑克遜（Andrew Jackson），他早期在田納西開墾的時候，就在抵抗印第安人的戰爭中贏得了名聲。當英國人設法補助與組織印第安人的時候，傑弗遜將他們趕入了西班牙控制的西佛羅里達，並且佔領了它的首府朋沙科拉（Pensacola）。

　　同時，八千英國部隊在以前於薩拉曼卡指揮一師的愛德華‧帕克南爵士（Sir Edward Pakenham）率領下於新奧爾良登陸。密西西比河河口上的許多沼澤與小港灣使得兩棲作戰變得極端危險，所有的人馬與軍需品都必須用划艇自七十浬外的軍艦運來。傑克遜由佛羅里達匆匆趕回，自行在河的左岸掘壕防守，他的兵力在數目上太差，但仍有許多技術高超的神槍手。一八一五年一月八日的上

午，帕克南率領士卒向美軍的土壘展開正面攻擊，這是英國戰史上最不聰明的一次軍事調度，也促使他在這裡陣亡。他的二千名部隊非死即傷，唯一大難不死的一位將級軍官將部隊撤到運輸艦上。美軍僅折損了七十人，其中十三人陣亡。這一役分毫不差正好只進行半個小時而已。

一八一四年耶誕前夕，英國與美國已經簽訂和約，但新奧爾良戰役是美國歷史上的一項重要事件，它造就了一位未來的總統——傑克遜的生涯。它使人們相信美國人已千真萬確地贏得了這場戰爭，同時也創造了一個不幸的傳說，就是這項戰爭成為第二次反抗英國暴政的獨立戰爭。

＊　　　　＊　　　　＊　　　　＊　　　　＊

在美國國內，形勢一直都在快速地發展中，仰賴船運與貿易的新英格蘭遭到嚴重損失，它的領導者都感到困窘，因為他們曾經支持現在內部混亂的聯邦黨，他們痛恨曾推他們作戰的西部各州與地區之張揚得勢，並且開始打算脫離聯邦。一八一四年的夏天，麻薩諸塞已經被甩到只能依靠自己資源的地步。英國部隊佔領了緬因，英國船艦封鎖住港口。稅賦的重擔大都由新英格蘭諸州承受，然而聯邦政府似乎沒有什麼能力提供地方防禦。十月，麻薩諸塞、羅德島，與康乃狄克的代表接到開會通知，他們將於十二月在哈特福（Hartford）開會，他們想要與英國另簽和約，並且不再與快速成長的西部做進一步的聯繫，他們相信英國遠征新奧爾良會獲勝，而且由於西部各州被英軍在海上截斷與東部的聯繫，大概會讓聯邦主動照顧它們。總統為此大感震驚，主戰派更感恐懼。幸運的是，新英格蘭在哈特福佔了上風，就在此時，代表大會僅對麥迪遜的政府做出嚴厲的指責，而脫離聯邦之事胎死腹中。他們宣布：「企圖濫用任何權力改變憲法的企圖，將會使社會改革的弊病禍害千年。」

安德魯·傑弗遜在新奧爾良獲得的勝利以及和談的成功，產生了譴責新英格蘭不忠的呼聲，並且使聯邦黨就此蒙羞。然而哈特福代表們堅持的州權利原則，將會成為美國政治中的一股活力。這場

戰爭也促使新英格蘭的經濟變得多樣化，除了海運與貿易利益，新英格蘭還增添了大規模且有價值的製造業與其他工業的發展。

美國在整個戰爭期間都謀求和談，但是直到一八一四年一月，英國才同意談判。美國的代表包括亨利‧克萊，於六月抵達剛特。起初英國拒絕討論中立權或強行徵募美國海員的問題，他們仍希望在美國西北部建立印第安人緩衝國。威靈頓的判斷力改變了這種氣氛。前一年的十一月，英國政府已請他赴美國接掌英軍的指揮權，但是他研究了普拉茨堡戰役的報告，明白勝利有賴於五大湖上的海軍優勢，他也看出無法得到這種優勢，並且認爲要求得到加拿大邊界上的美國領土與英國的利益不符。因此雙方同意漫長的北方邊界「現狀」，其他問題則談而未決。在五大湖的海軍力量於一八一七年由一個委員會加以規範，而有爭議的緬因邊界到後來也以同樣的方式解決。到英國海軍再度赴戰的時候，強行徵募海員的活動早就已經放棄了。

就這樣子結束了一場無益也無必要的衝突。英國的反美情緒幾年來都很高漲，但是美國成了獨立的強權，再也沒有得到不適當的對待。英國的陸軍與海軍已經學會尊重他們以前的殖民地居民。當和平的消息傳到尙在新大陸的英軍軍中時，一位士兵寫道：「我們全都很高興，因爲我們這些參加過西班牙半島戰爭的士兵，看到了靠這種形式的陸戰、海戰、遊擊戰、劫掠戰，既贏不到名聲，也得不到任何其他軍功。」

和平的成果紮實又持久，這場戰爭是加拿大歷史上的一個轉捩點。加拿大人對於他們在防禦國家中所扮演的角色引以爲榮，也加強了他們與日俱增的民族情緒，許多意見不和的地方仍將動搖英美的關係。三十年後，關於俄勒岡（Oregon）所有權的爭執將涉及到廣大的疆域，並且有訴諸戰爭的威脅。但是此後，加拿大與美國之間有條三千英里的國際邊界一直沒有兵卒或槍砲防守。在海洋上，英國海軍在即將來臨的世紀中稱雄，而美國在這塊盾牌後面也將自由自在地去實現它本身的命運。

第二十五章　厄爾巴島與滑鐵盧

　　一八一五年的新年，歐洲與美洲洋溢著一片和平氣氛。在巴黎，頑強、年邁、任性的波旁家族成員登上了法蘭西的王位，並對他的親戚、顧問及追隨者所犯的錯誤置若罔聞。他保王派的支持者比他還要更像君王而頤指氣使，正在考驗他臣民的耐性。法蘭西的人民仍然夢想著帝國的光榮，已經做好準備可去從事另一次冒險。歐洲列強已經在維也納解決了一個最惱人的問題，它們已經決定如何在飢不擇食的勝利者——普魯士與俄羅斯——之間瓜分薩克森與波蘭（Poland）民族。但無論如何，它們對於開會重新畫定歐洲各國疆界的許多細節並無一致的意見。在奮戰二十年之後，它們感到已經掙到了足夠的閒暇，可以用來盡情討價還價、談判交涉與尋歡作樂。這得靠一種劇烈的、突如其來的震驚，才能使它們憶起它們的目標得統一才行，而這個震驚來自熟悉的地方。

　　拿破崙已經在厄爾巴島稱霸九個月之久，這個歐洲大陸以前的主人，現在眺望著萎縮成島嶼的版圖。雖然仍舊保有帝王之尊的排場，他仍有指揮大軍的無窮精力，如今只能用來指揮他的小王國採礦煉鐵與捕撈鮪魚。他仍擁有一支軍隊，包括四萬名禁軍、少數被迫離開家園的波蘭士兵以及當地民兵。他也有一支海軍，並為它設計了厄爾巴島特別的軍艦旗。他的艦隊包括一隻雙桅橫帆船（brig）與若干獨桅縱帆船。他將注意力全部放在這些微不足道的武備以及厄爾巴島微薄的預算上面。他告訴厄爾巴島的人民，此後他將全力為從事能使他們快樂的任務。他為文職高官設計了令人動容的制服。並在首都費拉約港（Porto Ferrajo）裝飾了一座富麗堂皇的皇宮，他與母親玩牌而且也習慣耍詐。他與心愛的妹妹和忠實的波蘭情婦娛樂。唯獨他的妻子瑪麗・路易皇后和他們的兒子不在這裡，奧地利政府小心地將這兩位母子留置在維也納。皇后並未表現出想要違誓逃走的徵兆。對她而言，對哈布斯堡家族的忠貞比對他的丈夫來得更重要。

　　大批好奇的外國訪客——許多來自英國——都來看這位下台的皇帝。其中有個或許是帶有偏見的人，報導皇帝看起來比較像是位機靈的教士，而非偉大的指揮官。駐厄爾巴島的盟國行政官員尼爾·坎貝爾爵士（Sir Neil Campbell）觀察得比較清楚些。幾個月過去了，密切的觀察者都確信拿破崙正在等待時機。他也正注意著法蘭西與義大利的局勢，他繼續與間諜與各方言論接觸後察覺到，復辟的波旁王朝無法使法蘭西人效忠輸誠，也未依合約中的規定付給他年金，這種小器的作法，使他相信可以不必遵守合約中的條件。一八一五年二月，他認為他看到了維也納會議正在鬧分裂，盟國互相不和，法蘭西國內怨聲載道，似乎在向他招喚，而坎貝爾這個狡猾的蘇格蘭監察員又正在義大利。

　　拿破崙疾如閃電，抓住了這種機緣巧合的時機，在二月二十六日，一個星期天的夜裡，乘坐雙桅橫帆船，由一小隊較小的船隻陪同溜出了港口，他率領著一千人向法蘭西駛去。三月一日，他在安提伯（Antibes）附近登陸，當地的人為了歡迎他，還唱起像英文「甜蜜的家庭」（Home，Sweet Home）的法國歌曲。

　　「百日改變」（the Hundred Days）的戲劇已經開始了，隨後便是不流血進軍巴黎，奉命阻止這位闖入者的保王部隊冰消瓦解並且向他投降。「勇者中的最勇者」內依元帥曾為波旁王朝效力，誇口說他會將以前的主子囚入鐵籠送回巴黎，結果卻發現他仍無法抗拒皇帝的召喚，反而加入拿破崙這一邊，其他曾經變節的元帥如今再度變節。拿破崙在登陸十八天之內便已經於首都坐定，波旁王朝開始逃亡並尋求藏身之所，結果避難到剛特去。拿破崙於是宣布他追求和平的意圖，並且開始發展他的軍隊尋求支持，承諾將自由的制度給予法蘭西人民。其實他希望在軍事上獲勝使地位鞏固，以便恢復帝國所有的舊制。但是自從奧斯特里次、耶那與瓦格拉姆幾次戰役的頂峰時期以來，法蘭西人的心情已經有所轉變，雖然熱誠依舊在，但不再有高的戰鬥情緒，軍隊與將領都已人事全非。在入侵俄羅斯的戰役以及萊比錫戰役中，令人毛骨悚然的損失都無法彌

補。自一八〇三年以來，已有一百四十八位法蘭西將領在戰役中陣亡。活著的將領中，只有半數還願意效忠拿破崙，像馬爾蒙與維克托元帥就逃到比利時去了。維克托在布魯塞爾的威靈頓大飯店中避難，這家飯店是以在塔那維那之役擊敗他的那位公爵名字命名。拿破崙當年不可或缺的參謀長貝蒂埃元帥（Marshall Berthier）也沒有前來援助。拿破崙只好依靠後來他所抱怨的「白痴蘇爾特」。他表現出常見的精力且充滿自信，但是早年迅如電光火石的軍事判斷力已經黯淡下去了，長期所患的胃潰瘍使他斷斷續續地感到疼痛。

　　然而對歐洲而言，拿破崙依然是位令人生畏的人物及挑戰。參加維也納會議的歐洲列強以不尋常的速度及一致的步調採取了行動，他們宣布拿破崙是不法之徒，宣稱他擾亂世界和平，應當受到公開的起訴，列強也都著手整頓自身的兵力，曾經領導國人與全世界抵抗這位科西嘉人的英國政府，明白它將在戰役中首當其衝地面對旋風似的軍事攻勢，俄羅斯與奧地利都要花時間集聚他們的兵力，普魯士是當時唯一已有所準備的盟國。為了備戰，一點時間都不能有閃失，威靈頓建議立即派軍到尼德蘭，在那裡建立向巴黎進軍的基地，以及為法蘭西邊境上的衝突做好準備。拿破崙自厄爾巴島脫逃不到一個月，威靈頓便已在布魯塞爾坐鎮指揮了。

　　英軍的狀況並未能使威靈頓公爵感到喜悅，他參加西班牙半島戰爭的精銳部隊，有許多都已經被調派到美國去，其中包括他的參謀長喬治·默里爵士。英國政府費了九牛二虎之力才覓得六個團的騎兵與二十五個營的步兵，包括部分參加半島戰爭的老兵，部分未受過訓練的新兵，其中最不足的是砲兵。根據一八一四年締結的「巴黎和約」，英國政府已下令整批砲兵與瞄準手退伍，所以人員短缺的情形非常嚴重。但就如同歐洲歷次戰爭中的情形，總是有歐洲大陸的盟友與輔助部隊出現。英國國王依然是出自漢諾威的家族，漢諾威的部隊，在經由尼德蘭回國途中停了下來，並且加入了威靈頓的新軍陣營。威靈頓因為人馬不足，設法說服葡萄牙派數營兵力，他已經對他們教導戰爭的藝術，稱他們為自己的「鬥雞」而

引以爲榮。但這一次未能奏功，他們未派任何兵卒。由尼德蘭國王
交給他指揮的荷蘭與比利時部隊看起來並不可靠，他們的國家二十
年來都被法蘭西人佔領，比利時人也曾對法蘭西的統治表示友善，
他們行伍大概都傾向於拿破崙這邊，也還有來自拿索（Nassau）與
德意志其他地區部隊。夏季日近的時候，威靈頓集聚了一支有八萬
三千人的國籍混雜部隊，其中英軍佔三分之一，他像以往一樣直率
地抱怨著部隊未受過考驗而素質太差，但也竭盡全力地在訓練他
們，企圖改變部隊的素質。支持他新冒險的主要人物是布魯克爾元
帥（Marshall Blucher）。普魯士人有支十一萬三千人的部隊，
但其中差不多有一半是未受過訓練的民兵，駐紮在比利時東部，在
威靈頓與其幕僚企畫大舉進攻法蘭西時，他有意採取主動，不願溫
順地等待拿破崙的猛襲，他鎮靜、周密地制定了全盤計畫，以布魯
塞爾爲基地，在莫巴吉與波蒙（Beaumont）之間設了一道防線，
將普魯士人置於他的左翼，守在菲力佩維（Philippeville）與吉威
（Givet）之間。結果像以往所發生的情況一樣，拿破崙採取了他慣
常的主動。

＊　　　＊　　　＊　　　＊　　　＊

拿破崙一天都不願意浪費，他的兩個大敵站在東北邊境，距首
都只有幾天行軍的路程，他必須立即對聲勢日大的敵人出擊，勝利
的精神價值無可限量，而英國政府的威望將會受到動搖；在倫敦敬
佩他的輝格黨和平人士可能取代托利黨人提出談和之議。路易十八
將被驅逐而長期流亡國外，尼德蘭的比利時地區將歸還給法蘭西統
治，待這件事辦妥之後，他就可以鎮定地面對奧地利與俄羅斯的威
脅。當他利用強烈的意志力去喚醒法蘭西民族的時候，就是懷抱著
這樣的希望，要集聚到足夠的大軍，使精疲力盡的法蘭西受到沈重
的壓力，五個軍團在邊境堡壘防線上組織了起來，大約有十二萬五
千人，這些堡壘提供的屏障使他能夠在後面悠閒地建立力量，這場
戰役的初期給了拿破崙一股動力。威靈頓不得不將他的部隊駐紮在
一道長四十英里的防線上，提防法軍攻打他英國部隊與普魯士部隊

的會合點。六月初，緊張情勢與日俱升，情況非常明顯，至少可以預測拿破崙企圖將威靈頓與布魯克爾的部隊各個擊破，但他會在哪裡先下手呢？威靈頓在布魯塞爾耐心地等待透露拿破崙意圖的跡象，等待他與其死對頭的交鋒，他們兩人當時都已四十六歲了。六月十五日，拿破崙靜悄悄地在沙勒羅伊（Charleroi）與馬希埃納（Marchiennes）兩處渡過了松布耳河（the Sambre），將擋在他前面的普魯士先遣部隊驅趕到距維布魯塞爾不到二十五英里的地方，他攻擊英、普兩軍的相接之處，只要奪下布魯塞爾就是向前邁進了一大步，佔領都城這種成就永遠都在誘惑著他，也是增加他力量的來源。

　　不列顛部隊與普魯士部隊之間的聯絡，不知何故居然在此時出現了問題，幾個小時之後，普魯士部隊敗北的消息才傳到威靈頓那裡，英普兩軍的指揮官之間似乎並沒有詳細的合作計畫，軍事情報像平常一樣都是在情勢擱淺時才到手，場面一片很混亂、矛盾。在滑鐵盧（Waterloo）到沙勒羅伊的路上並沒有英國部隊，只靠荷蘭與比利時的一個師在防守，軍力十分薄弱。十五日夜裡，法軍集結，準備要消滅普魯士人，此時里奇蒙公爵夫人（the Duchers of Richmond）為了招待盟軍軍官而在布魯塞爾開舞會，威靈頓也蒞臨捧場，他知道保持無畏、寧靜的表情確屬必要，在舞會當中，他斟酌著遲收到的消息，決定不惜一切代價與普魯士部隊保持聯繫，以擋住法軍向布魯塞爾挺進，於是將軍力集中在戰略性地點卡特爾布拉斯（Quatre-Bras）。十六日清晨，皮克頓（Sir Thoruas Picton）[1]的一旅部隊由布魯塞爾沿著大路出發，與佔據了英普兩軍之間危險敞開地帶的荷蘭部隊會師。

　　對法軍而言，得先擊敗普魯士部隊，然後才能夠逼威靈頓朝西北撤退到海岸去，拿破崙憧憬著被打垮的英國部隊在法蘭德斯（Flemish）的各港口等候運輸船隻載他們歸國的慘狀，這樣的情形以前曾在科藍納與瓦恰倫發生過。拿破崙命令內依去指揮法軍的左翼，他則調動六萬三千人與九十二門大砲去迎戰集中在利尼

(Ligny)的普魯士軍隊,但是威靈頓遲緩與穩妥的調軍遣將把他巧妙地騙過了。拿破崙此刻明白,截至目前只有一小股兵力守住卡特爾布拉斯,遂命令內依發動攻擊,然後預計在傍晚與他在布魯塞爾會師。十六日下午二點的時候,法軍對兩英里長的戰線展開行動,威靈頓親自帶領七千人與十六門大砲抵達指揮,皮克頓的前行旅在戰役中首當其衝,這些參加過半島戰爭的老兵已經由布魯塞爾行軍十二個小時,卻仍舊精神抖擻,法蘭西的騎兵只能無可奈何地繞著他們打轉。同時,荷蘭與比利時的步兵被迫退出戰場。在六月的下午,於通往布魯塞爾途中的十字路口上,激烈的拉鋸戰中幾乎根本沒有任何戰術表現可言,戰爭是正面交鋒,統御術舉足輕重,但是將帥才幹在其中並沒有什麼發揮。威靈頓在戰鬥最火熾的時刻常常都表現得最冷靜,在這場短兵相接的戰役中,英國步兵的火力佔了上風,在夜幕低垂前投入三萬盟軍,傷亡了四千六百人,法軍損失比較少一點,但是內依沒有完成他的目標,布魯塞爾並沒有落入他的掌握之中。

　　法軍這方面,參謀工作幾乎沒有可稱讚之處,德爾隆(D'Erlon)在拿破崙的命令下,漫無目的地行軍,一度朝著利尼的方向,一度朝著卡特爾布拉斯的方向亂走。拿破崙在戰役初期佔了先機,但他卻沒有打算使大軍兩翼同時行動,看來他似乎沒有依照原來的計畫進行,不過在列尼贏得了驚人的勝利。布魯克爾元帥在戰略上的失算使部隊被裁成兩段,遭到法軍強大的砲兵痛擊,退到瓦福雷,盟軍間的聯絡又告中斷,威靈頓未能立即得到列尼戰果的消息,也無法知道普魯士部隊隨後的動向。他在卡特爾布拉斯擋住法軍的左翼,但是他們在東邊的勝利使他們能夠集中力量到布魯塞爾的路上來對付他。等到威靈頓得知普魯士兵敗的消息時,主力已經集結在卡特爾布拉斯這個村莊的四周。十七日凌晨,拿破崙決定派遣格魯希元帥(Emmanuel Grouchy)率領三萬三千人馬去追趕普魯士軍,同時親自率領主力軍來攻擊威靈頓,這場戰役的緊要關頭迫在眉睫。

　　無疑地，威靈頓在開戰的頭幾天似乎很感驚訝，就像他當時承認的，拿破崙的行動「騙倒了」他。多年後，他讀到法國人關於卡特爾布斯拉戰役的記述，他以常見的坦白態度表示：「他們該死，我打敗了他們，儘管我吃了一驚，選擇了那樣愚蠢的陣地，他們卻更蠢，不知道如何利用我的失誤。」在這戰役之後，他那有條有理的心智立即全盤掌握住情勢，計畫著退守到早在聖尚山（Mont St. Jean）預備妥當的陣地，早在戰役開始之前，英國工兵就已經勘查過這個陣地，預料會在那裡與敵人會戰，他向普魯士部隊要求派一個軍團支援。

　　一八一四年的秋天，威靈頓就已經視察過比利時鄉野的地形，也注意到滑鐵盧山脊的有利地勢。一個世紀之前，偉大的馬爾博羅公爵也曾注意到這一點，但可惜被他的荷蘭盟友阻擋住，未能在那裡與維魯勒魯瓦元帥交戰。威靈頓未打的仗現在可要展開了，十六日夜晚，英國在小心翼翼的掩護下開始撤退，十七日早上就到了滑鐵盧陣地，這個威靈頓已經在半島戰爭中測驗過的防線，法軍一定會被逼著做艱苦的正面進攻，威靈頓知道時間對他的敵手不利，如果拿破崙想要在法蘭西再度重建地位，他一定得快速獲得戰果，一列加強了工事的農莊與起伏的山坡構成了盟軍的前線，由六萬三千人與一百五十六門大砲把守著。法軍未能趁盟軍撤退時進行騷擾，他們的參謀工作再度出了差錯。拿破崙並不知道在卡特爾布拉斯發生了什麼情況，也不知道普魯士軍隊會隨時回頭來與威靈頓會師。布魯克爾與身為普魯士軍隊智囊的參謀長格奈瑟瑙（Gneisenau），正由利尼朝西北方向的布魯塞爾撤退。格魯希因為情報不靈，加上判斷錯誤，認為普軍正朝東西方向往列日移動，未與拿破崙連絡，也未曾發揮作用，格魯希的所作所為都是錯誤，使法軍一直損失慘重。同時，拿破崙聽聞威靈頓技巧高明的撤退消息，大為震怒，並且急乘馬車駛上前往布魯塞爾的大路，他與他的前衛部隊都拼命企圖追上英軍的後隊。暴風雨大作，使行進慢了下來。英國騎兵在雷鳴閃電、大雨如注之下，狂奔到安全的地方。拿

破崙與內依終於碰頭了，他怒不可遏地對內依說：「你已經將法蘭西毀掉了。」拿破崙到達了滑鐵盧山脊，看到英國軍隊已經在他們的陣地上嚴陣以待，同時也明白了英軍的脫逃簡直做得天衣無縫。

＊　　　＊　　　＊　　　＊　　　＊

六月十八日接近中午的時候，法軍攻擊盟軍陣地的兩個側翼，這陣地上的據點是右方已加強工事的烏格蒙堡（Hougoumont）以及中間的拉・黑・聖特（La Haye Sainte）農莊。拿破崙對他的參謀人員承諾當夜會在布魯塞爾下榻。他對提出異議的蘇爾特說：「因為威靈頓打敗過你，你就認為他是位偉大的將領。我告訴你，這一仗像野餐一樣容易。」然後七萬名法蘭西部隊與二百二十四門大砲就集中起來，準備做一場決定性的攻擊。猛烈的砲火開始向盟軍的駐紮地射擊，雙方在草坡上前後來去廝殺，密集的戰鬥都集中在拉・黑・聖特農莊進行，農莊終於落入法軍之手。英軍整天堅守的烏格蒙堡，戰鬥更加慘烈。中午方過，法軍當時驚天動地的大砲發威，朝威靈頓的步兵拼命發射，為內依所率一萬五千名騎兵大舉衝鋒做準備。在法軍砲火如雨的攻擊下，威靈頓將他的步兵後撤到滑鐵盧山脊，給軍隊多一點掩蔽。內依一看到這種情形，就發動騎兵部隊做一連串的衝鋒。現在，英軍的勝敗全賴毛瑟槍與刺刀了。威靈頓焦急地朝東眺望，看看有沒有普魯士軍隊前來的影子，幸好布魯克爾守信，普軍正在馳援的途中，但是法蘭西的重騎兵（cuirassier）已撲向威靈頓，他們永遠也沒有接近盟軍步兵的方陣。一位目擊者寫道：「至於所謂的衝鋒，我認為實際上，一次廝殺也沒有發生。有許多次，我都看到重騎兵大膽地衝到距方陣大約有二、三十碼的地方，一看到我們的士卒堅定穩如泰山，他們都一成不變地避開，退了回去。有時候注視著三排刺刀，他們就會勒馬停下來，這時就會有二、三位勇敢的軍官上前，並且用軍刀將盔高高挑起，努力催他們進攻，但是一切都無濟於事，因為任何努力都無法使這些人馬與可怕的刺刀短兵相接，迎接死亡。」

戰鬥沒有明顯的定局，拿破崙由望遠鏡中看到這令人敬畏的混

戰，不禁嘆道：「英軍從來都不退卻嗎？」蘇爾特回答道：「我恐怕得先將他們砍成八塊。」威靈頓也滿腹憂思，雖然在中午剛過的時候，可以遠遠地看到路上的普魯士部隊，但助陣攻襲法軍右翼的速度嫌慢了點。傍晚六點鐘的時候，內依的猛攻已漸失敗，普魯士部隊正無情地殺向法軍側翼，法軍只好由攻擊威靈頓的部隊中抽調走一萬四千人禦敵。法軍最後再攻，農莊四周再度爆發了生死搏鬥，帝國禁軍由內依率領，翻上山丘，但英國步兵的火力發威阻止了他們。等待已久的反攻時刻已經來了，威靈頓整天都站在危險的最前方，騎著他的栗色駿馬「哥本哈根」到處奔馳，粗暴地下令，氣沖沖地鼓勵他的士卒，現在他沿著飽受打擊的防線奔跑，並且下令前進，他大聲喊：「前進！前進！他們是守不住的！」他的騎兵由山脊飆出，揮舞軍刀，將法軍砍得東逃西散，潰不成軍。內依憤怒得不能自己，一手持著斷劍，踉踉蹌蹌由一隊殘兵走到另一隊殘兵面前大聲嘶喊，但全然無用，為時已晚。威靈頓將追逐的任務交給了普魯士部隊。拿破崙滿心痛苦地循路返回巴黎。

　　　　＊　　　　＊　　　　＊　　　　＊　　　　＊

　　當天晚上，布魯克爾與威靈頓聚首、互相擁抱。這位年老的德意志陸軍元帥一句英語也不會，便先用德語說：「Mein lieber Kamerad（親愛的戰友）。」然後勉強用法語說了：「quelle affaire！（真了不起！）」這簡短的問候大合威靈頓說話簡潔的習慣，這件事也是多年後威靈頓擔任同盟五港的主管時，時常於他在瓦默爾（Walmer）的城堡中，樂於一講再講的往事。他騎馬回到了布魯塞爾，對於一位鐵人而言，這一天發生的事也太緊張了些，幾乎到他無法承擔的地步，這場戰鬥的整個的重擔都落在他一人肩上，他只能憑自己人格發揮的力量與樹立的典範，才能夠將他雜亂湊成的部隊團結起來，壓力大到令人無法忍受，他很公道地說：「天啊！我認為如果我不在場，就打不贏這一仗。」他喝茶、吃點東西，看過死傷名單之後，終於忍不住地哭了起來。

　　滑鐵盧之役隨後的幾天，向威靈頓公爵祝賀的信紛至沓來，奧

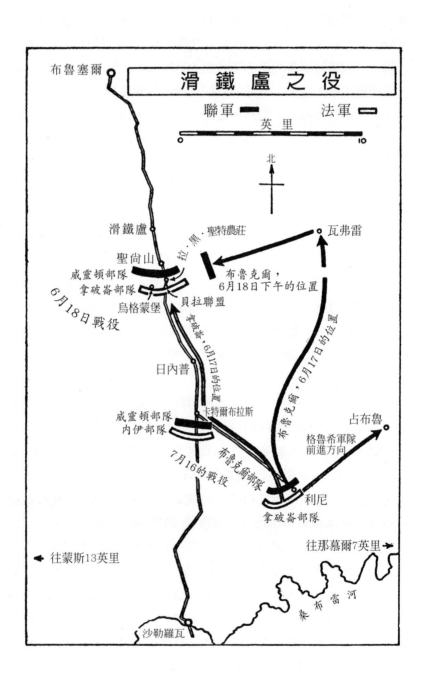

滑鐵盧之役

聯軍 ■ 法軍 ▭

英里
0　　　　　　10

北

布魯塞爾

滑鐵盧

拉·黑·聖特農莊

瓦弗雷

聖尙山

威靈頓部隊
拿破崙部隊

布魯克爾，
6月18日下午的位置

6月18日戰役

烏格蒙堡

貝拉聯盟

拿破崙，6月17日的位置

布魯克爾，6月17日的位置

日內普

威靈頓部隊
內伊部隊

卡特爾布拉斯

占布魯

格魯希軍隊
前進方向

7月16的戰役

布魯克爾部隊

利尼

拿破崙部隊

往蒙斯13英里

往那慕爾7英里

黎布雷河

沙勒羅瓦

地利的首相梅特涅公爵致函祝賀時，謹慎地稱此次戰役是「輝煌的
肇始」，事實上，這一仗已結束了整個戰役，布魯克爾與他的普魯
士軍隊一直平靜無事地向巴黎挺進。在會戰的三天之後，拿破崙就
已經回到巴黎，曾經有一陣子他興起了希望，希望自己可以像一八
一四年的戰役一樣在法蘭西再戰，但是沒有人跟他一樣有同樣的樂
觀態度，帝國中因他而擁有榮華富貴的大官們早已吃足了苦頭，六
月二十二日他再度退位，退居到馬美遜（Malmaison）。陰險的富
歇公爵成立了臨時政府，著手與盟軍及路易十八談判，除此之外別
無他途。六月六日，布魯克爾與威靈頓進入巴黎，威靈頓此刻有一
項首要任務便是遏制普魯士部隊進行充滿仇恨的報復，因為他們的
軍隊在一八〇六年曾遭到法軍的痛剿，把國家弄得殘破不全，他們
衛戍的城鎮遭到佔領，因此懷著公爵未能體會的怨恨。當布魯克爾
提議用爆破方式炸掉塞納河上依著名的普魯士遭到敗績之地而命名
的耶那橋時，威靈頓便在橋上佈哨嚴加防止。盟軍進入巴黎兩天之
後，路易十八終於現身亮相，他第二次的復辟大都歸功於威靈頓伸
出援手，因為多數的法蘭西人與許多盟國都寧可選擇奧爾良公爵擔
任拿破崙幼子的攝政，或者實現立憲的共和制。威靈頓並不重視
波旁王族，但是他深信法蘭西在他們搖搖晃晃的統治下不會再有力
量去擾亂歐洲的和平。路易十八並不是「偉大帝王」（Grand
Monarque），也未曾渴望成為一位偉大的帝王。一如許多偉大的
將領般，威靈頓在取得勝利後，便期望能有個承平的時代，桂冠與
名聲都已經贏到手了，現在該是種植橄欖樹的時候了。

＊　　　＊　　　＊　　　＊　　　＊

　　拿破崙於六月底離開了馬美遜，前往位於比斯開灣岸邊的洛歇
福，在途中千鈞一髮地逃開了布魯克爾麾下普魯士部隊的擒拿，一
旦被他們逮住，一定會被槍決，他曾想到逃往美洲，還訂了一套關
於這個隔洋大陸的旅遊書籍，或許可以在墨西哥、秘魯或巴西創建
一個新帝國，否則就只能讓自己任由不共載天的仇人擺布，可惜最
後的事實就是如此。「柏勒羅豐號」（Bellerophon）[2] 的船長梅

特南（Maitland）正在洛歇福的外海巡弋，奉命防止任何法蘭西船隻出海，拿破崙只好與他進行談判，梅特南提議將他的船作爲拿破崙的避難所，但他無法預測英國政府將如何對待這位著名的人質，也沒能做任何承諾。拿破崙希望可以愉快地被軟禁在英格蘭的某個莊園或蘇格蘭的堡壘，因爲一個世紀以前，塔拿爾元帥與其他法蘭西將領就曾經享受過被強迫居留在英格蘭。拿破崙寫了一封奉承的信給英國攝政的親王（the Prince Regent），並稱呼後者是「我的敵人中最強大、最頑強、最慷慨的一位」。攝政親王看到這封信函的時候，可能深信是他而不是他的將軍或大臣，已經在戰爭中獲勝，他倒是不需要別人做太多的說服便有此看法。「柏勒羅豐號」在托貝（Torbay）下錨靠岸，德文郡好奇的群眾都凝視這位「科西嘉的食人魔」，同時利物浦勛爵與英國內閣在倫敦反覆商議，各大報紙言論都要求將拿破崙付諸審判，英國政府代表盟國，決定將他流放到聖赫勒納島（St Helena），該島的面積與紐澤西的大小相同，但是境內山巒起伏而且距離很遠，想由那裡逃走簡直是不可能的事。七月二十六日，下台的拿破崙皇帝便航向南大西洋度其晚年，他從不瞭解爲何會在滑鐵盧敗北，他認爲這是其他人的錯而非自己，他將與他少數忠實的隨從一起消磨六年的放逐歲月，這些隨從創造了拿破崙天下無敵的傳奇，而此一傳奇對法蘭西的未來將產生十分重大的影響。

   ＊   ＊   ＊   ＊   ＊

  維也納會議已於六月完成了它的工作，列強的代表還會在巴黎集會並與法蘭西簽訂新的和約，最後花了三個月的時間完成這項任務。普魯士人提出對法蘭西非常苛刻的條件，卡斯爾雷代表英國，他認爲寬容的條件會使法蘭西人的怨恨減少到至少能防止重啓戰端的地步，在這方面他獲得威靈頓衷心的支持，而威靈頓現在在整個歐洲都建立了獨特的威權。十一月締結的第二次「巴黎和約」，較一八一四年的「巴黎和約」苛刻些，法蘭西因此喪失了某些小的領土，還得償付七億法郎的賠款，並且由盟軍佔領國土三年，所幸條

1815年維也納會議
之後的歐洲

瑞典和挪威

丹麥

大不列顛

倫敦

愛爾蘭

巴黎

法蘭西

日志

柏林

漢諾威王國

巴登

薩克森

普魯士王國

奧地利帝國

維也納

瑞士

巴伐利亞

教皇國

薩丁尼亞

羅馬

鄂圖曼帝國

兩西西里王國

西班牙

葡萄牙

里斯本

款中並沒有讓人無法忍受的羞辱，這項條約就解決法蘭西問題的方式而言，表現得寬容而至爲成功。威靈頓指揮著佔領軍，在接下來的三年當中，他儼然就是歐洲的強權。卡斯爾雷較爲憂鬱，他認爲如果能維持七年和平，條約將更有道理。他們建立的和平比他們所知的要更好，因爲後來列強之間至少維持了四十年的和平，而維也納會議與巴黎和約的主要原則到二十世紀都還發揮作用。

一八一五年簽訂的一些和約是直到一九一九至一九二○年之前歐洲最後的重要條約。自由黨（Liberal）的史家兼內閣大臣赫伯特・費希爾（Herbert Fisher）比較過這兩項條約：「塔里蘭提出的合法性原則將條約的精神做了個總結：是合法性使波旁王族在法蘭西復辟，爲威廷王族（the Wettins）[3] 保留住薩克森，並且肯定薩丁尼亞王室的權力，對國籍問題或有關人民的願望則未表示任何尊重。因此，在所有的要點方面，在維也納擬定條約的政治家，於目的與原則上，和歐洲創造者的目的及原則格格不入。一九二○年的和約構成的民主制度，這種制度也只有在維也納會議授權維持歐洲太平的君主國家覆亡時，才可能確立起來。一九二○年的條約創建了新的共和國，重新畫分了邊境，正式解散了古老的奧地利帝國，依法蘭西革命分子宣揚的、但是後來長久不見蹤影的自決原則，建立了歐洲。對於維也納會議而言，威爾遜總統（President Wocdrow Wilson）的原則將會是可詛咒之物。由梅特涅、塔里蘭以及卡斯爾雷的指導，維也納會議認爲歐洲的福祉將不會取決於順從有關民族的意願，而只取決於嚴謹地服從合法的權威。」[4]

卡斯爾雷可能摒棄現在由三個專制強權：即俄羅斯、普魯士與奧地利之間形成的「神聖同盟」（the Holy Alliance），而斥之爲：「極端荒誕思想及胡言亂語。」它的確是沙皇亞歷山大一世想入非非、含混不清腦袋所臆想的產物。然而爲了安定，卡斯爾雷準備看著羅曼諾夫王朝（Romanovs）[5]、霍亨索倫王朝（Hohenzollens）[6]與哈布斯堡王朝，在中歐與東歐整個的較大部分，重建他們反動的威權，而無視於人民爭取民族獨立與自由的運

動，這就是歐洲爲推翻拿破崙所付出的代價，甚至於當合法性的原則與某個強權的利益產生衝突時，它就會被人拋棄而置之不顧。一七九二年仍然獨立的波蘭，在一八一四年已不再被人認爲具有合法性。薩克森王國的部分與萊因河的親王——主教管轄區都割給了普魯士，而威尼斯共和國（the Republic of Venice）與它的亞得里亞海（the Adriatic）海岸地帶都讓給了奧地利。合法性並未成爲擴張疆域的障礙。

因此在最長的世界大戰之後，緊接著出現的是曠日廢時的締和活動，法蘭西大革命的衝擊已由拿破崙的天賦散佈到歐洲的四面八方，自由與民族主義的觀念在巴黎誕生，並且傳給了歐洲所有的人民，在即將來臨的十九世紀中，它們將與維也納會議努力追求的世界秩序發生徹底的衝突，如果法蘭西被打敗了，他的皇帝也將下台，曾經激勵法蘭西的原則仍繼續傳承下去，它們將會在歐洲的每個國家扮演值得注意的改變政府形式的角色，就連英國也不例外。

【1】 譯注：Sir Thoruas Picton （1758-1815），英國軍人。

【2】 譯注：Bellerophon，希臘神話中騎飛馬（Pegasus）殺死吐火女怪（Chimera）的英雄。

【3】 譯注：the Wettins，威廷爲德國的一部分。

【4】 譯注：H.A.L.Fisher，History of Europe （1935）。

【5】 譯注：Romanovs （1618-1917），俄羅斯統治家王朝。

【6】 譯注：Hohenzollens 該王室統治勃蘭登堡（1415-1701）。

中英名詞對照表